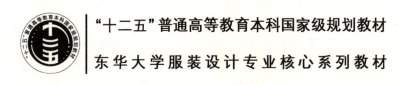

"十二五"普通高等教育本科国家级规划教材

东华大学服装设计专业核心系列教材

PINPAI FUZHUANG YUNZUO

品牌服装运作
第 2 版

刘晓刚　蒋黎文　著

上海市重点学科建设项目资助　项目编号 B601

东华大学出版社

内容简介

当前我国服装产业正处于一个轰轰烈烈的品牌化时代,在服装产业正从量变走向质变的过程中,也出现了基础不稳、经验不足、发展不畅等情况。除了来自外部的不可控因素以外,也暴露出企业在品牌服装运作的理念、方法等方面尚未成熟,缺少专业指导书籍等劣势。

本书结合目前服装企业在品牌运作方面的新动向,从略论品牌服装的涵义、由来、现状、特点和分类出发,提出了品牌服装运作的基本模型及其运作方法,论述了品牌服装定位的原则、方法和内容等,强调了适合服装市场调研的方法、途径,以及有关品牌服装销售的通道、计划、定价和形式,指出了品牌服装的产出流程以及产品与品牌形象的关系、内容、实施方法和形象维护,明确了服装品牌的发展愿景、经营模式(包括特许经营、转让经营、规模扩张等)、服装品牌变革(包括品牌的质素、裂变、提升、优化、推广),最后论述了服装品牌战略的含义、特征和原则。全书配合理论例举了大量作者与企业合作中得来的真实而典型的案例。

本书采用教材式写作方法,定义明确、段落清晰、案例丰富,适合服装院校高年级学生或研究生作为参考教材,给予设计学背景的学生转向品牌服装运作所需要掌握的基本知识,适合正在服装企业从事品牌策划和产品设计工作的专业人员和管理人员阅读。

图书在版编目(CIP)数据

品牌服装运作 / 刘晓刚,蒋黎文著. —2 版. —上海:东
华大学出版社,2013.7
ISBN 978 - 7 - 5669 - 0330 - 3

Ⅰ.①品…　Ⅱ.①刘…②蒋…　Ⅲ.①服装企业—品牌
战略　Ⅳ.①F407.86

中国版本图书馆 CIP 数据核字(2013)第 174259 号

责任编辑　徐建红
封面设计　高秀静

东华大学服装设计专业核心系列教材

品牌服装运作(第 2 版)

刘晓刚　蒋黎文　著

出　　　版:东华大学出版社(地址:上海市延安西路 1882 号　邮政编码:200051)
本 社 网 址:http://www.dhupress.net
天猫旗舰店:http://dhdx.tmall.com
营 销 中 心:021—62193056　62373056　62379558
印　　　刷:苏州望电印刷有限公司
开　　　本:787×1092　1/16
印　　　张:15.25
字　　　数:400 千字
版　　　次:2013 年 7 月第 2 版
印　　　次:2013 年 7 月第 1 次印刷
书　　　号:ISBN 978—7—5669—0330—3/TS·418
定　　　价:47.00 元

序　一

　　服装产业素来是我国重要的支柱产业。今天的中国不再是世界服装的初级加工厂，已从"中国制造"走向了"中国创造"。中国的服装设计师、中国的服装品牌、中国的服装教育纷纷登上世界舞台，崭露头角。在服装产业繁荣发展的今天，无论是本土的还是世界的服装设计教育格局都出现了很多变革性的因子。产业环境对我国的服装教育提出了全新的要求，既要符合全球化、国际化的趋势，又要坚持本土化的特色。

　　服装设计学科是东华大学的特色学科。作为中国最早设立服装设计学科的高等学府之一，学校以"崇德博学、砺志尚实"为校训，自觉承担起培养我国优秀服装设计专业人才，并引导我国服装设计学科发展的重任。中国的服装设计教育从20多年前的借鉴与摸索期发展到如今的成熟与创新期，离不开我校几代服装设计学科专业教师的耕耘与奉献。

　　立足中国、面向世界，上海繁荣的都市产业与时尚产业成为我校服装设计学科成长的沃土。秉承"海纳百川、追求卓越"的精神，我校服装设计学科带头人刘晓刚教授领衔，服装学院专家教授共同参与，在全国率先推出了大型服装设计专业系列教材。此套教材涵盖服装设计的方法、思维、技术、品牌、审美、营销、流行等各个方面，理论与实践并举，内容全面，时代性强。可以说，此套教材凝结并展示了我校服装设计教育精英的集体智慧与敢为人先的创新精神，以及严谨求实的学术风范。

　　一份耕耘，一份收获。衷心希望此套教材的出版能够对我国服装教育与服装产业的发展有所促进。

东华大学校长

徐明稚

序　二

我国高等服装教育从 20 世纪 80 年代初起始，屈指数来已有 20 余年历史，作一个形象的比喻，她已经进入一个朝气蓬勃、活力四射的青春时代。细分起来，服装学科有许多分支：研究生层面有服装人体科学研究、服装工程数字化研究、服装舒适性与功能服装研究、服装产业经济研究、服装设计理论与应用、服装史论研究等研究方向，本科生层面有服装设计与工程、服装艺术设计、服装表演与设计等专业之分。为了表述的方便，我们姑且统称为服装专业。

与一些拥有百年历史的欧美老牌服装院校相比，目前我国的服装专业还只能算是一个新生专业，尽管我们在教学的许多方面是在摸索中成长，在前进道路上遇到不少问题；但是，我国服装教育也因此而有了自己的特色。虽然我们应该学习国际先进的教育理念，然而，教育本身必须注重创新的规律告诉我们：不必事事效仿伦敦、纽约，更毋须言必称巴黎、米兰，在全国服装教育同行们的辛勤努力下，从零起步的我国高等服装教育已经卓有成效地为服装产业输送了大量专业技术和经营管理人才，为我国服装产业的腾飞做出了不可磨灭的贡献。

当然，我们也应该看到，服装教育与我国服装企业所取得的成绩相比，后者在发展速度和品质提升方面以自己辉煌出色的成果交出了似乎比服装教育更为显著的答卷。在服装进入品牌化时代的今天，服装企业的进一步发展需要更高水平的服装教育等相关领域的支持，为服装教育提出了新的深化课题。因此，我们不能以已经取得的成绩而自喜，更不能以此为由而裹足不前，必须进一步理顺教学体系，更新教学内容，深化教学内涵，为我国服装产业尽快出现有国际影响的品牌和建立自主知识产权的设计创新体系而培养高级设计人才。

教育也是品牌，特色是品牌的内涵，每个学校办学都应该有自己的特色，东华大学（原中国纺织大学）是一所以纺织、服装为特色的综合性大学，服装专业倚靠得天独厚的国际大都市——上海的服装产业背景，在学校致力于建设"国内一流，国际有影响、有特色的高水平大学"的办学思想指导下，以"海纳百川、追求卓越"之勇气，重视服装学科规律，关注服装产业变革，倾听服装企业建议，广泛开展国际交流，以"根植产业土壤，服务社会需求"为专业教学理念，取得了颇有特色的学科建设成效和经验。为此,作为教育部"服装设计与工程"唯一的国家级重点学科所在院校——东华大学服装学院,深感自身在我国服装产业转型期所肩负的责任,从建设《服装设计专业核心系列教材》着手,进行一系列顺应时代需求的教学改革。

本系列教材集东华大学服装学院全体教师20余年专业教学之经验,涉及30余门服装设计专业核心课程,由我的学生,也是我国服装设计领域首位博士——刘晓刚教授担任主编。整个系列涵盖本科生和研究生的服装设计专业课程,以专业通识类、专业基础类、专业设计类、专业延伸类和专业提高类五大板块构成立体框架,注重每个板块之间的衔接关系,突出理论与实践、模块与案例、现实与前瞻的结合,改变常见的插图画家式的设计师培养模式,重点在于培养学生的创新思维、表现技能和企划操作之完成能力,其中部分教材为首次面世的课程而撰写,目的在于缩短应届毕业生与企业磨合的时间,使他们能够"快、准、实"地成为品牌企划和产品设计的生力军,也能够为毕业生自主创业提供必须掌握的知识结构。

我相信,凭借东华大学服装学院为本系列教材提供的鼓励和保障措施,以及全体编写教师的集体智慧和辛勤努力,也凭借刘晓刚教授多年来一贯严谨的教风,与服装企业合作的成功经验和已经出版10余本教材的业绩,这套系列教材应该非常出色。

据此,我很高兴为本系列教材作序,并期待其发出耀眼的光芒。

东华大学服装学院　学术委员会主任

教授　博士生导师

前　言

　　《品牌服装运作》(第 1 版)于 2007 年出版,在多次重印之后,我觉得有必要进行修订。由于在这五六年间中国服装产业发生了很大变化,不仅企业结构、运作成本、经营范围、管理技术等服装企业本体内涵出现了更新,而且包括消费者构成、零售业结构、导向性政策、物价指数等在内的产业周边环境格局也发生了改变。从服装产品角度看,尽管品牌服装运作的一些基本原理大同小异,但是,先前的某些内容,特别是一些数据已经不再完全适应,一些具体的操作方法也出现了不同程度的调整或创新。因此,在观察服装产业新动向以及总结第 1 版教材使用情况的基础上,要对原教材的有些内容进行与时俱进的修改和补充。于是,这本《品牌服装运作》(第 2版)应运而生。

　　《品牌服装运作》是东华大学服装学院服装设计理论与应用研究方向的硕士研究生学位课程。从当前世界服装产业特征来看,一个称职的资深服装设计师,特别是身居设计总监位置的服装设计师,应该懂得品牌服装运作的基本原理,才能更出色地完成新产品开发任务。应该说,研究生的教学目标是培养该领域的领导型人才,而不只是对本科生的重新加工;同理,研究生课程也应该是高于本科生课程的开拓型课程,而不只是本科课程的复习型课程。毕业以后到服装企业工作的研究生越来越多,但他们的定位不是与本科生抢夺普通的设计岗位,而是要出任类似设计总监的领导岗位。因此,本课程的教学目标是以服装设计专门知识和技能为基础,从一个设计团队带头人所需要了解的品牌服装运作专门知识的角度出发,培养学生拥有相对宏观的专业视野,掌握品牌服装运作的基本规律,在日后工作中带领好设计团队。在企业实践中,设计师已不再是画得一手好画的绘图员,而担当设计总监岗位的人才更是需要设计技能与行业知识兼备,才能得心应手。事实上,设计品牌服装运作的内容非常多,但限于专业要求和课程时数等缘故,远非本课程能完全覆盖的。

　　基于上述情况,本课程将"服装设计"剥离出去,放入《品牌服装设计》课程中,本教材不再涉及一般的服装设计方法,而是适当融合一些经济学、管理学、社会学、商品学等多学科知识,拓宽服装设计的专业视野,展开品牌服装运作基本内容的讨论,形成品牌服装运作的知识集合,是衔接《品牌服装设计》课程的后续课程,其中有些知识点分解在《品牌服装设计》课程中讲述。更确切地说,本课程是仍然带有明显的设计学特征的、关于"品牌服装设计的运作",并非一般的企业管理类课程。

尽管"品牌服装设计"和"品牌服装运作"两门课程各司一职,但是,其实有些内容是不可分的,如品牌定位,既属于品牌设计的内容,也属于品牌运作的内容,但是为了这两门课程内容不重复,也考虑到不同学科背景学生的选课需要,还是把它们分开了。学生既可以连贯修学,也可以各取所需。本书也适合正在服装企业从事品牌策划和产品设计工作的专业人员和管理人员阅读。

目　录

第一章

品牌服装略论

　　服装是我国最大的传统性大宗出口产品之一,服装产业是具有低污染、高就业、易入门等特征的劳动密集型产业,在我国国民经济中占有很重要的地位。服装产业的发达不等于服装品牌的发达,虽然我国是国际性服装生产大国,但是,离服装品牌大国还很遥远,至于服装品牌强国更是望尘莫及。我国的服装产品量大利薄,在国际服装品牌中缺乏竞争力,整个行业缺少全球公认的世界级服装品牌,其中,服装设计水平的滞后和品牌运作能力的低下是长期困扰我国服装品牌跃升国际品牌地位的主要原因之一。因此,服装品牌建设变得十分重要。而服装品牌建设的第一步是真正懂得品牌的涵义。

第一节　品牌的涵义

我国服装品牌的发展历史比较短,无论是企业还是消费者,对品牌以及相关概念的理解比较模糊和混乱,甚至有些分不清"品牌经营"和"产品经营"之区别的服装企业坚持认为自己在走"品牌建设之路"。这种状况从一个侧面反映了我国服装理论,特别是服装品牌运作理论研究和推广的不足。因此,建设服装品牌首先要弄清品牌的涵义。

一、名词界定

由于地方习俗、产业历史和产业基础的不同,许多专业名词在服装行业内的称谓并不统一,内涵也不一致,造成不同地区间的专业交流在某些方面存在着不便,甚至误解。为了能更好地研究和说明问题,在正式展开之前,有必要对本书中的常见专业术语做一下界定,有助于理清脉络和统一表达。

(一) 商标

商标是指企事业单位或个体工商户等生产者或经营者,为了区别其制造、加工、拣选、经销或提供某一商品或服务在质量、规格和性能上的特征和来源而使用的标志。其构成要件是文字、图形、颜色、三维标志及其组合,包括商品商标、服务商标和团体商标等类别,主要作用是"促使商品保证质量,便于消费者选购,维护商标注册人的信誉和权益"。因此,商标可以通过国家管理部门依法进行登记注册,商标注册者拥有受到法律保护的商标专用权。就服装行业而言,商标是企业为了区别不同的产品或服务而依附其上的标志。

(二) 品牌

品牌是指具有一定认知度和形象度的、形成一定商业信誉的产品系统或服务系统。系统是指由各个分部和环节组成的整体,其构成要件不能一概而论,是企业的商标、历史、文化、形象、价值等综合体,其包括产品品牌(也称有形品牌)和服务品牌(也称无形品牌),主要作用是"维护和拓展产品市场,传播和推广企业文化,成为企业经营附加值的载体"。因此,品牌不是简简单单的商标,它既不是有形产品上单纯的识别物,也不是服务行当里简单的称谓名。相对服装行业来说,品牌是一个较为完整的、组成商品形态或服务形态的商业形象。

(三) 品牌服装

品牌服装是指具有一定市场认知度和形象较为完整的、形成一定商业信誉的服装产品系统。通俗而言,品牌服装即以品牌运作理念经营的服装产品,或称"有品牌"的服装,一般是指品牌知名度较高的服装。狭义上的品牌服装构成要件通常不包括企业所提供的售前服务、售后服务等服务系统,也不涉及企业伦理、品牌形象等其他内容,只是实物形态的物质产品,其系统化表现在于系列化产品。然而,在品牌运作实践中,服务、形象等内容会对实物产品的综合评价产生作用,因此,对品牌服装的认识不能完全孤立地局限于品牌名义下的服装产品系统。

(四) 服装品牌

服装品牌是指以服装产品为载体的品牌形式,是关于"服装的"品牌。服装品牌是诸多品牌门类中的一个类别,其品牌运作方式必须符合服装产品的特点。与品牌服装的实物特征不同的是,狭义上的服装品牌只是一个具有认知意义而非物质状态的产品符号,通常情况下,其识别意义远胜于实物产品。它是以消费者为主体的社会公众对于服装企业推行的产品和服务所建立起来的内在质量和外在特征的综合反映,也是对服装企业的品牌文化和社会责任等方面集中评价的聚焦对象。

(五)品牌形象

品牌形象是指品牌在社会公众,特别是消费者等感知主体心目中呈现出来的概念、图像及其联想的集合体,其中,差异化鲜明的品牌个性特征更易于被感知主体所认知。品牌形象与品牌不可分割,体现品牌总体面貌的完整架构,品牌形象的内容主要由两方面构成:一是有形内容,主要包括产品形象、宣传形象、卖场形象和服务形象;二是无形内容,主要包括精神魅力、情感联想、个性符号。为了集中讨论问题,本书将淡化品牌的产品部分,主要研究品牌的其他有形内容。

(六)品牌建设

品牌建设是指针对品牌战略展开的计划、运作、宣传、维护、更新和推广一个品牌而做出的一切行为和努力。品牌建设工作是品牌拥有者必需长期坚持的基本任务,是与一般的企业经营工作平行推进的主要工作。两者不同之处在于,企业经营必须是不能中断的持续性工作,品牌建设可以是有间隙的阶段性工作。品牌建设的主要内容有品牌的资产建设、渠道建设、形象建设、网络建设、客户建设、平台建设、服务建设、文化建设等。

(七)产品

产品是指企业生产出来的全部物品,主要是指商品和成品之和。广义上的产品包括有形产品和无形产品。有形产品一般指具有实体形态的物质产品及相应的可见物,无形产品主要指以虚拟形态呈现的精神产品,两者具有一定程度的兼容性。从品牌运作的角度来看,产品可分为概念产品、核心产品、延伸产品三类。概念产品是承载独特设计主张和预期未来市场的产品;核心产品是表现企业经营特色和承担市场盈利的主要产品;延伸产品是关联核心产品和沿袭品牌风格的扩展产品。

(八)成品

成品是指企业已完成全部生产过程,经检验符合规定的质量标准,并可供销售的产品,也称产成品。经检验不合格但有一定使用价值的产品称为次品,已无使用价值的产品称为废品。目前的绝大部分服装品牌的产品是成品,也叫成衣,其生产流程、生产工艺、生产成本乃至销售方式与传统意义上的量身定制服装有很大区别。因此,尽管服装行业也有不少出色的量身定制服装品牌,但此类品牌运作不是本书的讨论范围。

(九)商品

商品是指为了达到交换而生产的,并已进入流通渠道的劳动产品。按照政治经济学的定义,商品具有价值和使用价值。价值是商品的本质属性,使用价值是商品的自然属性。与产品一样,广义上的商品也具有有形和无形两种形态,其不同之处在于产品可以不进入流通渠道而被人们使用,商品则必须在使用之前,经过流通渠道进行交换,才能完成其完整的定义。本书主要讨论的是有形商品。

(十)样品

样品是指能够在物理特性、化学组成、机械性能、外观造型、结构特征等方面有效代表大量同类物品普遍品质的少量实物,其作用是能够非常清晰地传递概念和方便直观地了解样品所代表的物品。在服装行业,样品主要是指在完成设计之后,批量生产之前,提供给对方确认的试制产品,也称样衣。样品往往存有很多不成熟之处的首创产品,因此,样品通常需要经过多次试制才能达到设计意图和量产技术要求。

二、几个区别

在实际的品牌运作中,特别是在人们日常交谈中,上述名词经常容易被混为一谈或指示不清,造成一定程度的曲解。为此,有必要从概念上进行有利于后续章节展开的区分和澄清。

(一)商标与品牌的区别

商标具有从法律意义上简单区分同类产品归属的作用,即使在外形、材料、功能上完全相同的产品,商标的不同即意味着产品拥有者的不同。一般而言,商标仅仅用来标识商品,不用来标识服务,品牌则不仅能标识不同的商品,也可以标识不同的服务。商标的内涵比较单一,品牌的内涵相对丰富;商标是品牌的符号,品牌是商标的外延。比如,旅行社提供的是服务产品,能提供优质的全程旅游服务是旅行社的无形产品,这类产品并不能冠以商标,旅行社的名称成为能代表其服务质量的品牌。

社会上容易对商标和品牌产生误解,把著名商标代表的产品称为品牌产品,即:著名商标等于品牌;把普通商标代表的产品排除在品牌产品之外,即:普通商标等于非品牌或无牌。其实,从某种意义上来说,任何符合国家工商管理登记条例的商标都可以称为品牌,所有这些商标名下的商品都是品牌商品,区别仅在于有名与无名或熟悉与生疏之间。

但是,由于运用品牌理念运作的产品系统和没有品牌理念运作的产品系统,其运作方式和运作内容有很大区别,完整的品牌体系配合一些必不可少的子系统,包括开发系统、生产系统、形象系统、营销系统、服务系统和管理系统,这些系统都是围绕品牌运作理念而运转的。因此,人们习惯上把基于上述理念经营的商标称为品牌。

还有一个区别,商标仅仅是一个比较微观或单薄的认知符号,品牌则是一个比商标更宏观且丰满的完整概念,可供认知的内容更多,人们谈论品牌而不说商标,主要也是为了从宏观上对品牌和商标进行区别。

(二)品牌与名牌的区别

名牌即著名品牌的简称,是品牌中极少的优秀部分和精华部分,是在品牌竞争中取得优胜业绩的佼佼者。我国正式商标登记的服装商标有20余万件,表示在理论上拥有20余万个品牌。其中,一部分商标注册以后从未被实际使用过,一部分商标使用后业绩不佳而退出市场,真正能发展成为名牌的品牌可谓凤毛麟角。由于两者的确切定义和衡量标准相对模糊,对名牌与品牌的讨论往往只能止于定性层面,定量研究则比较困难。

品牌与名牌有其天然的联系。品牌涵盖了名牌,品牌发展的正面结果是形成名牌,负面结果则是一文不值。品牌之所以成为名牌,是因为它的运作理念规范、运作手段科学、市场销售规模大、品牌美誉度高,因此,从这个角度上来说,名牌才是人们更愿意认同的品牌。

企业与消费者对品牌的认识存在偏差。企业一般认为合法商标就是品牌,贴有商标的产品就是品牌产品。而消费者通常认为著名品牌才是品牌,著名品牌的产品才是有品牌的产品。这种认知差异导致了双方在品牌预期和品牌评价上的不一致。

美国市场协会对品牌的定义:品牌是名字、术语、标记、符号或设计,或是它们的组合运用,用来识别某个或某群销售者的商品和服务,以便使它们与竞争者的商品和服务区分开来。当代市场学权威菲利普·科特勒所著的《营销管理》一书中把消费者对品牌的态度分为五种程度:不分品牌的购买;对具有一定知名度品牌的购买;对具有相当接受度品牌的购买;对具有偏好度品牌的购买;对具有高度忠诚度的品牌的购买。他认为:"各种品牌在市场上的力量和价值各不相同。"可见,国外对品牌也不是泛泛而称,而是分级别的,把好的品牌称为"good brand, strong brand",直至"top brand",就像国内消费者习惯于将品牌称为:烂牌,杂牌,大牌等。所谓顶级品牌是指获得最高程度的品牌美誉度、偏好度和忠诚度的品牌,特指奢侈品品牌。因此,品牌并不天然地含有高知名度和美誉度,只有在通过企业努力运作下,在消费者中获得较高程度的品牌知名度、美誉度、偏好度和忠诚度时,才能成为较好的品牌。

(三) 品牌服装与服装品牌的区别

从语法修辞上可以看出两者的区别。品牌服装是用"品牌"来修饰服装,即:以品牌为表征的服装、品牌化的服装或有品牌的服装,是指实实在在的服装产品。因此,品牌服装是一个物质概念。服装品牌是用"服装"用来界定品牌,即:以服装为载体的品牌、服装产品的品牌或服装行业的品牌。因此,服装品牌是一个标识概念。

用事物存在的形态来划分的话,品牌服装可以归类为具象形态,具有实物含义,是指冠以品牌名义的产品类型;服装品牌则更接近抽象形态,具有虚拟含义,是指属于服装领域的品牌类型。

> ■ **案例**
>
> 众所周知,iPad 是美国苹果公司旗下拥有的风靡全球的产品品牌,谁能想到,它在中国的注册商标权竟然属于中国深圳唯冠公司。2012 年 2 月,深圳唯冠公司起诉美国苹果公司 iPad 商标侵权案一审宣判苹果公司败诉,法院颁布苹果 iPad 2 禁售令。国内多地区工商局接到相关律师函,调查 iPad 侵权案。为此,历时 2 年的商标诉讼案暂告一个段落。虽然 2001 年深圳唯冠即在中国内地注册了 iPad 商标,但并没有成为名牌,而苹果公司 2010 年以出色的产品和企业形象,使用于平板电脑的 iPad 一举成为威名远扬的著名品牌。这一事件表明,商标只是区分产品归属的识别标志,品牌才是象征产品特色的认知符号,由此可见商标与品牌、品牌与名牌的区别。

三、品牌的要素

要素是指构成事物必不可少的主要因素。按照系统论的观点,要素具有层次性、相对性和排异性特征。层次性是指某一要素相对它所在的系统而言是要素,相对于组成它的要素则是系统;相对性是指同一要素在不同系统中的性质、地位和作用有所不同;排异性是指系统中某一要素与其他要素差异过大,便会自行脱离或被清除出该系统。品牌要素可以看成是组成品牌系统的基本单元,从存在关系来看,品牌要素主要分为外在要素和内在要素。

(一) 品牌的外在要素

品牌的外在要素是指影响品牌生长的生存环境,主要包括经济发展水平、社会意识形态、民众文明程度和品牌文化历史等几个部分。其中,经济发展水平是至关重要的。这是因为品牌在很大程度上是经济发展到一定高度的必然事物,良好的经济状况使人们拥有了消费品牌产品的自然权利,其他三个因素只是决定了人们对品牌风格的褒贬或取舍。

消费品牌产品的实质是追求高品质消费。品牌消费理念是人们在满足了吃饱穿暖的基本生存需求之后,为获得社会最大认同而企盼消费品升级的想法。在没有相当的物质基础支持的国家或地区,品牌理念根本就没有生存空间,启动品牌工程只是一种近乎天方夜谭的奢望。

品牌的发生和成长需要良好的、适合品牌生存的社会环境。品牌理念得以推广的最根本条件是整个社会的精神文明和物质基础必须处于强势发展状态,只有在此基础上,才能为品牌理念创造很好的社会氛围,才会有树立品牌观念和响应品牌消费的受众群体。从当前城市和农村社会发展水平的不平衡性来看,前者更具备适合品牌生存的外在要素。

(二) 品牌的内在要素

品牌的内在要素是指紧密构成品牌体系的主要核心,主要包括品牌的产品系统、形象系统、营销系统、服务系统和管理系统等几个部分(图1-1)。其中,产品系统是品牌核心中的核心。这是因为品牌的精髓是产品,市场基础良好的优质产品是支持品牌价值递增的关键所在,没有在同行业中领先的产品,品牌建设会成为无本之木,惊动四方的 iPad 商标案之争便是一个很好的印证。

品牌的形象系统、营销系统、服务系统和管理系统仅仅是一个提供产品表演的舞台,登台亮相的主角是过硬的产品。对消费者而言,除了价格以外,服装产品的物质透明度较高,一目了然的品质和即试即买的特点使它的功效远比一些滋补品、护肤品等需要长期使用才能验证效应的商品更为实在和直观,买与卖之间没有过多的观望与疑惑,外表的风格、内在的品质和合适的尺码是促成服装产品销售的重要内容。相对企业来说,支撑品牌可持续发展的主要动力是良好的企业文化,这也是构成品牌内在要素的重要内容。

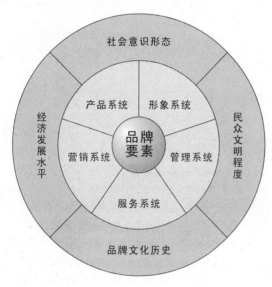

图1-1　品牌的内在要素与外在要素

四、品牌的周期

品牌是有生命周期的,其生命周期也是产品的市场寿命。在市场上站稳脚跟的新产品会逐渐形成一定影响力,提升品牌美誉度。一旦产品在市场上失宠,并且没有更新、更好的产品接力,品牌将不再具有影响力。因此,坚持不渝的创新成为品牌运作的一贯主题。

品牌生命周期的长短与品牌内外要素、品牌生成基础、品牌运作过程、市场竞争环境有最直接的因果关系。虽然每个品牌的生命周期不尽相同,一些品牌面市不久便很快夭折,而有些如日中天的百年品牌似乎毫无颓败的迹象,事实上,当来自外界和内部的支撑某个品牌的主要因素发生不可逆转的质变时,其衰退的结局将指日可待。

（一）品牌诞生期

品牌诞生期是指由酝酿企划一个品牌到首期产品上市为止。品牌诞生期也是资本投入期。从经济学角度来看,品牌建设的本质是经营行为,需要投资人具有明确的投资意愿和投资能力,像培育生命一样,为一个品牌注入生命基因。相对而言,在相同行业内,以品牌战略开拓市场的投资行为,其资金需求量较大,收回投资的周期较长。对于品牌运作来说,这个时期的主要工作就是采用科学与艺术结合的手段,完成一系列周密而可行的品牌策划。

（二）品牌生长期

品牌生长期是指由产品实现正常销售到收回投资成本为止。品牌的生长期也是资本回收期。由于走品牌服装道路的产品毛利率较高,只要在连续几个流行季中,有几个品种投准了方向,形成产品的大量热销并获得可观的盈利,企业就会在较短的时间内如期收回投资成本,使品牌进入健康的生长期。这也是为什么人们在经济发展初期热衷于相对汽车、石油、航空等行业来说投资少、见效快、周期短的服装行业的主要原因之一。

（三）品牌发育期

品牌发育期是指由投资的产出超过行业平均利润到规模进一步扩展为止。品牌的发育期也是资本扩大再生产期。度过了生长期的品牌会积累包括人才、资金、市场和经验在内的相当能量和底气,将自动进入快速成长的发育期。服装企业起初的管理比较简单,只要产品适销,环节运作得当,企业规模会发展得比较迅速。为了扩大市场份额,做大企业底盘,投资者通常会将初期投资赢得的利润作为再投资,继续扩大品牌运作的资本金。

（四）品牌鼎盛期

品牌鼎盛期是指企业达到人均创利最大值和市场最大容忍度。品牌的鼎盛期也是资本达到最佳投入产出比的时期。任何一个品牌都有规模一定的市场容忍度,此时,作为基本建设的品牌规模将放慢扩张的速度,前面投资的资产折旧行将完成,成本核算相对降低,如果积压产品得到有效控制,利润额就会明显上升,品牌运作将进入最佳状态。如果服装企业遇到良好的市场机遇,加上有效的企业管理,就能较快地进入鼎盛期。

（五）品牌持续期

品牌持续期是指由利润产出和市场份额占有的稳定阶段进入波动徘徊阶段。品牌的持续期也是资本运做出现颓势的时期。由于企业规模和市场规模不断扩大,原先因销售良好而掩盖的企业内部隐患开始暴露出来,创新能力的薄弱、管理系统的紊乱、运作环节的滞缓、劳动力成本的上升,以及社会环境的改变等原因会遏制企业上升的势头,如果这些问题得不到根本性解决,企业的发展将面临很大困难,出现盛极而衰的前兆。

（六）品牌衰落期

品牌衰弱期是指由投入产出连续出现负增长到企业停止运转为止。品牌的衰落期也是资本运作进入恶性循环的资本坏死期。没有度过品牌持续期难关的企业,必然会趋于衰落。品牌衰落的迹象首先由企业内部开始,优秀人才持续流失、技术创新投入不足、产品开发能力有限、管理系统效率低下、缺乏企业文化根基等情况将导致品牌失去强有力的生命支持,这些内部原因是品牌开始走向衰落的主要原因。

以上是品牌从诞生到衰落的基本过程,有些品牌会走完上述全过程。其中,每一段时期会因为每个品牌主客观原因的不同而有长有短,并出现忽上忽下的阶段性反弹;还有一些品牌则会因为运作不良而中途夭折,尚未走完上述全过程便退出市场;也有一些看似病入膏肓的品牌在注入新鲜血液之后会奇迹般地起死回生,从而延续昔日的辉煌。品牌的整个市场存活期将根据企业运作情况和社会大环境变化而长短不一,尤其是服装品牌,由于它本身就拥有流行因素和季节因素,其运作难度比一般商品品牌要大得多,能经受住市场考验而长期生存的品牌并不多见,服装品牌的市场淘汰率比其他品牌的市场淘汰率高,品牌的平均生命周期较短。市场调研的结果表明,从默默无闻的小品牌变成人人皆知的大品牌以后,能持续5年以上保持良好的稳定发展态势的品牌不到10%,达到5年以上市场存活期的品牌不足50%(图1-2)。因此,品牌没有常胜将军,经过千辛万苦培育起来的品牌必须依靠持续创新和精心维护,才能青春长驻(图1-3)。

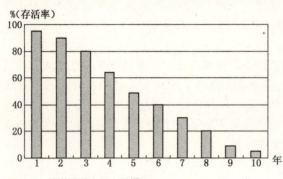

图1-2 服装品牌市场存活期图示

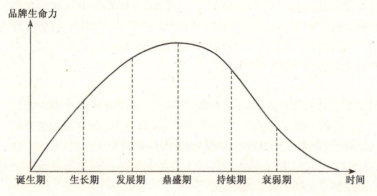

图1-3 服装品牌生命周期图示

▓ 案例

　　来自我国北方的 MN 集团是国内为数不多的以服装为主营业务的上市公司之一,1995 年以前在业界做出的成绩相当可观,又是出国参展,又是赞助公益活动,又是连锁经营,在业界享有很高的声誉,品牌的经济效益和社会效应都非常良好。在取得上市资格以后,面对似乎唾手可得的巨额资金,集团领导没有妥善找准投资方向,管理断层的过早出现使大量资金浪费;随后,集团领导个人作用的夸大使集团管理又呈现出家族管理上的弊病,欲望的膨胀和独断专行的做法使企业经营产生严重亏损,其专卖店内竟然出现了一个多月不上任何新品种的反常现象。此时,如果集团的最高管理层能够正视现实,积极反思,致力改革措施,应该有起死回生的机会。然而,该集团领导为了达到欺上瞒下的目的,竟然采用弄虚作假的手法诳报业绩,伪造财务报表,导致其股票停牌,集团领导已严重触犯法律,其品牌命运岌岌可危。

五、品牌的作用和意义

尽管人们习惯于把品牌等同于商标,认为品牌的作用也等同于商标的作用,但是品牌与商标还是存在不小的区别。人们从法律上认定"商标侵权案"而不说"品牌侵权案"的事实就可略见一斑。因此,它们的作用也不完全一致。品牌的作用和意义具体表现在以下五个方面:

(一)提高产品认知程度,形成固定消费群体

产品认知度是指产品被消费者认识和了解的程度。产品认知度可以引发消费者的购买欲望,由此而产生重复购买该品牌产品的行为,即发展为品牌忠诚度。在通常情况下,品牌从商品风格到服务质量、从形象道具到展示方式等特色都是可以改变的,唯独商标是除了必须通过工商变更才能改变的品牌认知标志。因此,商标是品牌的不可变要素,消费者根据商标辨别商品,这种对商品的认知方式具有很强的安全感和信任感。

在服装商品极大丰富的今天,顾客对品牌的忠诚度是极其脆弱的,尤其是价格敏感度较高的地区,顾客很容易受到价格因素的影响而改换品牌——除非有足够的理由,这个理由就是品牌除了能保证其产品满足顾客的基本需求之外,还带来更大的品牌价值上的象征意义。

(二)规范企业产品运作,提升品牌形象风格

品牌运作方式与非品牌运作方式最重要的区别之一是两者对品牌形象重要性认识的不同,进而影响到品牌的运作是否规范及持久。规范化的运作方式不仅有助于品牌风格的体现,也会有助于企业形象的改变。品牌运作对管理人员的知识结构提出很高的要求,需要企业上下步调一致,用现代企业制度的管理理念贯穿企业的经营管理全过程。由于大部分由非品牌运作方式导入品牌运作概念的企业,是从不自觉到自觉地走上品牌运作道路的,往往难以在很短时间内达到非常规范的运作状态,因此在品牌运作的规范性方面需要对其原有运作模式进行脱胎换骨的改变。

(三)提供企业法律保护,重视无形资产权益

通过工商注册的商标将受到法律的保护,与商标一体的品牌及相关事物也能得到相应的合法地位。经营好一个品牌需要花很大的人力和物力,在市场体系不够成熟的情况下,仿冒品牌极易在市场上生存,这就会对品牌的原始拥有者产生极大的损害。以前的企业不太重视产品的知识产权和品牌的无形资产,商标不进行工商注册或注册后不进行维护,往往会造成不必要的损失。品牌运作非常注重品牌所拥有的无形资产,从品牌概念导入开始,就会注意维护品牌形象和相应的无形资产。自己的品牌一旦受到侵权,就可以运用法律武器保护自己。

■ **案例**

ST品牌是一家已在中国注册的法国服装公司的品牌,在中国市场拥有很高的知名度。仿冒产品的不断出现使其正牌产品的销售受到影响,这种状况令该公司大为恼火。在一次公司自行组织的"打假"活动中,发现在国内一家二类商场的外销产品专卖区内,有一家未经授权的国内贸易公司在设柜销售其产品。经调查证实,后者以极低的价格收购了ST品牌委托加工单位的剩余产品,以正牌产品1/3的价格抛售。于是,法国公司向当地工商部门投诉,要求对方停止侵权并弥补已造成的损失。最后,法国公司依法获得对方销售ST品牌产品的全部销售收入和2倍于此的罚款。如果ST品牌尚未在中国注册,则很难得到这项法律保护。

（四）提高产品的附加值，争取市场利润空间

以品牌经营理念推广产品，其最主要的目的是追求由品牌带来的产品附加值。产品附加值是指某产品因拥有无形资产或知识产权而产生的高于社会其他同类产品的价值。企业经营的宗旨是为了获取最高利润，即：以最少的投入获得最大的产出。在产品利润趋于社会平均化以后，企业希望自己的产品比其他同类产品拥有更高的附加值。服装和化妆品等导入品牌理念的流行产品，因其具有时效性和人格化等特点，产品附加值愈加突出，其价格比普通的同类型、同品质产品可高出数倍甚至数十倍，由此可见，品牌商品的利润空间是极其可观的。

> ■ **案例**
>
> 上海一家早年获得"国家二级企业"荣誉称号的国营服装厂在业内颇有名声，除自营一个西服品牌外，还抽出一部分加工力量专门承接国外客户的委托加工订单，因其具有良好的技术力量和商业信誉，包括 Ralph Lauren 等品牌在内的外销订单不断。但是，在这些产品的总利润中，绝大部分被这些品牌的拥有者攫取。比如，该厂在国内市场上销售订上了自己商标的外销剩余产品时，只能以该产品不到国外市场 10% 的低价销售——尽管这些产品的直接制造成本基本相等！这种令人唏嘘的差别使缺少著名品牌支撑的国内服装企业十分尴尬，生存艰难，其关键在于这些厂家的品牌知名度远不如国外同行。

（五）维护企业内部认同，增加员工凝聚合力

品牌竞争的真正利器是人才竞争，一个声誉卓著的品牌公司更容易网罗业内精英人才为其服务。选择服装品牌作为就业载体的择业者可以从工作目的上分为两大类：第一大类的工作目的主要是追求眼前利益者，即自己眼前能得到多少工资收入是他们最关心最根本的内容。这部分人选择企业的标准是企业的工资福利水平。第二大类的工作目的是要实现自己的人生价值，做自己想做的事业。这部分人选择企业是看重企业是否具有发展前景及是否具有良好的工作环境和激励机制。品牌是企业的中心符号，对这个符号所包含的精神价值的认同，容易使企业员工达成共识，犹如一个凝聚人心的精神支柱。

六、企业形象与品牌形象的关系

在实践中，企业形象和品牌形象是两个极易混淆的概念。从某种程度或某些场合来看，两者确实相互渗透，难解难分，但是，由于企业和品牌本身是两个界限清晰的概念，两者自然也就不是同一个事物。认清两者的关系，对品牌服装运作有着十分重要的作用。简单来说，两者的关系主要表现在以下两个方面：

（一）企业形象是品牌形象的后台支柱

企业形象是指人们通过企业事物的各种特征（如行业特征、营销特征、行为特征等）而对企业建立起来的总体印象。人们往往通过对企业形象的认同，引起对品牌形象的联想，进而产生了解和拥有品牌产品的欲望。在社会公众接触企业的过程中，或者在企业向外表达的行为中，企业形象成为企业精神文化的外在表现。尽管如此，企业形象特别是成长中的企业通常不直接出现在消费者面前，但这并不妨碍企业有目的、有计划、战略性地塑造自身所希望获

得的形象,由此提高企业的社会知名度和品牌知名度,最终得到最适合自己的经营环境。没有好的企业形象作品牌支撑,就不可能有灵性丰满的品牌形象。因此,企业形象是品牌形象的后台支柱。

相对而言,企业形象是较为抽象的后台形象,面对的是社会职能部门和专业客户。在服装领域,主要以批发渠道销售产品的企业更注重企业形象。

(二)品牌形象是企业形象的前台表现

品牌形象是指消费者通过品牌事物的各种特征(如产品特征、价格特征、服务特征等)而对品牌建立起来的总体印象。人们通过对品牌形象的好感,引起对企业形象的联想,进而产生探究和熟悉企业背景的企图。品牌形象是其名下产品及其服务的外在表现,企业围绕着品牌的方方面面进行美化其形象的包装,希望预期中的品牌形象能反映出企业的实力与本质,在品牌形象的烘托下,把产品推至市场终端,与消费者直接见面,并给后者留下良好的总体印象。对消费者来说,品牌形象比企业形象更具体更实在,品牌形象的出色表现可以映衬出品牌背后的企业形象,从而为企业带来直接经济效益。因此,品牌形象是企业形象的前台表现。

相对而言,品牌形象是较为具象的前台形象,面对的是形形色色的具体而真实的消费者。在服装领域,主要以零售渠道销售产品的企业更注重品牌形象。

七、服装品牌与其他商品品牌的区别

由于服装产品具有作为"人的第二皮肤"的特殊性,其品牌运作方式及其表现形式也与其他商品品牌有着一定的区别。认识这些区别,将有利于根据服装品牌的特征,更好地运作服装品牌。

(一)投资额少,回报快速

与生产彩电、冰箱等家用电器或生产汽车、轮船等交通工具的技术密集型行业相比,品牌服装是投资额较小、劳动力密集、毛利率较高、资金流转周期短、投资回报较快、技术含量较低,比较适合社会中小投资者投资的行业,投资服装企业几乎是一个立竿见影的投资项目。正是由于这些特点,使得服装行业的投资来源众多、品牌杂乱,投资者的综合素质落差很大,竞争手段不够规范。

(二)以人为本,受人关注

服装是与人关系最密切的生活用品。在人们为了基本生存需求而创造的发明物中,服装是人类最有创造性的文明产物,也是直接装饰于人体的生活用品。服装产品的设计始终围绕细分化了的人群展开,因而受到人们的广泛关注——知道服装设计师名字的人比知道高铁设计师名字的人要多得多。这也是服装设计师比某些对社会更有贡献行业的设计师容易出名的重要原因。

(三)起伏性大,更替频繁

服装品牌的经营十分明显地受到季节因素和流行因素的影响,对产品的款式、材料、花型或档期把握不准,就可能"差之毫厘、失之千里",其市场业绩的起伏性较大。一个资本原始积累不多的品牌,经不起几个销售季节的业绩闪失,服装商场也经常出现柜台频繁更替不同品牌的情况。因此,密切关注服装流行趋势和竞争品牌动向是运作服装品牌必要而基本的工作内容。

第二节　品牌的由来

如果用不太苛刻的尺度来衡量的话,中国服装产业的历史有着几乎与中国近代工业一样长的历史。和其他产业一样,我国的服装产业也经历了从起步、规范、成长到兴盛的阶段。近百年来我国服装产业的发展,经过蒙昧坎坷与艰难,终于走到了如今的"品牌建设"的阶段,"品牌"已经受到越来越多企业的重视。有关品牌由来的说法莫衷一是,大体上可以归纳为以下三种:

一、品牌的由来

(一)原始生产模式促成标记的自发生成

用最简单的语言来描述的话,品牌就是符号,是一种可以用来识别产品属性的标记。品牌一词是英文"Brand"的译名,据称它源于意为"to burn"的古挪威单词"Brandr",即当时牲畜的主人采用灼烧的方法在牲畜身上留下烙印,以此来识别属于自己的牲畜。于是,用来辨识物品的"标记"在不知不觉中以非常原始的方式自然而然地生成了,人们就此以为品牌的原义最早起源于牲畜的识别记号。事实上,类似这样的行为可能出现得更早,比如在自家的山洞前插一根树枝当作记号等,只是无从考证而已。

人类早先的生产活动完全是为了自给自足,进入奴隶社会经后,商品交换已具雏形,从以物易物到原始货币的出现,生产活动孕育出用来交换的"商品"意识。随着生产方式的改进、生产数量的增加和商品交易的频繁,为了便于辨认,人们开始将这一古老的方法演变成以各种各样的方式,在自己的产品上作一些记号,为自己生产的商品注明产地和身份。此后,为了便于雇主与雇员之间记账,也为了便于官方征税,人们开始在商品上使用更为正式的商号,这是商标的萌芽。例如:在青铜器皿上灌铸文字、在陶瓷器底部记载窑场、在织物表面印上产地等,最终发展成为一个商品的识别符号。随着商品经济的发展,商品标识的重要性逐渐被人们认识,买卖双方也通过这些标识更加了解对方。

(二)近代社会发展促成商标的自然生成

以1640年英国资产阶级革命为开端,拉开了西方近代史的帷幕,逐步完成了资本主义体系和帝国主义过渡的历史。这一阶段,自然科学进步显著,社会生产能力提高,商品经济正式登场,取代了自给自足的自然经济。早在13世纪时,欧洲大陆盛行的各种行业组织要求行业成员在商品上打上行会认可的标记,从而起到区分生产者的作用,使"商号"具备了现代商标的内涵。当商号逐渐从指代性标记成为功利性标记,并越来越多地承载了象征意义时,这种商号与商品结合起来的"商标"就出现了。

到了1804年,法国以颁布法典的方式,第一次肯定了商标权受法律保护,产品进入正常的销售渠道必须先进行商标注册,注册后的商标也会得到法律的保护,促使行业之间的竞争规范化、秩序化、权益化,人们终于懂得,规范的市场竞争才会有双赢的机会。至此,法国成为世界上最早建立商标注册制度的国家之一。此后,现代意义上的商标制度在欧洲各国相继建立。较早进入工业化社会的西方国家政府为了建立正常的市场经济秩序,制定了大量配套的政策法规,《公司法》《消费法》《商标法》和《知识产权保护法》等一系列有利于促进和规范市场竞争的法规相继出笼,无序竞争的时代随着法制的建立健全而告结束。因此,原先的商标并不是让消费者认知的,而是用于行业内产品之间的识别,随后才逐渐被消费者知晓。随着生产活动的深入,人们发现最初用作保证质量的标记符号在商业竞争中显示出了明显的竞争优势,商标的外延和内涵被不断丰富,最终演化为现代意义上的商标。

(三) 现代产业革命促成品牌的行业生成

近现代产业革命的特点之一是工业化批量生产。以前的传统手工生产方式效率很低,难以保证产品品质的一致性,无法满足人们对大批量产品的需求。大量工业产品的出现使人们生活质量得到了极大的改善,开始享受工业文明带来的便利。先进的现代制造技术所达到的完美境界是以前的手工生产不可企及的。虽然目前仍然还有少数传统行业坚持以手工技艺生产单件定制产品,但是,这些手工技艺大部分也是在先进机械设备辅佐的条件下才得以很好地完成的。

工业化初期的批量产品因当时加工制造技术尚不成熟、生产工艺比较简单,导致雷同和无个性产品大量问世。一些生产历史悠久、产品品质上乘的企业发现,除了商标之外,应该还有其他标记可以为自己的产品区别于其他企业的产品,赢得更多的买家和更大的附加利润。于是,对系统性产品和系统性服务的探索为企业带来了今天被人们称颂的、比商标更为完整和丰满的"品牌形象",人们对这一商标之外的符号进行了强化,品牌便自然而然地在行业内生成了。

西方服装品牌的大量涌现及飞速发展,主要发生在 20 世纪。20 世纪以来科学技术、工业生产、社会经济和民主意识突飞猛进地发展,造成了社会物质财富和精神财富的极大丰富。尽管两次世界大战给人类社会带来了灾难性的破坏,但同时也给人们的生活方式带来了前所未有的变革,刺激了工业生产的创新,比如,大量军服的规格化生产就使服装产业得以迅速发展,被视为英国"国宝"的"Burberry"品牌也以为英国皇家军队生产军服而声名远扬。尤其从 20 世纪中叶起,服装与以往各个时期相比,在款式、材质、工艺、销售、传播等各个方面都有了划时代的革命性进展。产品系统的意识使品牌概念浮出水面,在日趋激烈的市场竞争中,人们懂得了有形资产和无形资产的关系,发现了只有内涵更为丰富的品牌才能替代形式单一的商标,承载复杂多样的商品信息的道理,因此,"Brand(品牌)"被隆重提出,其外延和内涵均覆盖了"Trade Mark(商标)"。

二、品牌在我国的发展

直到 20 世纪 70 年代末的改革开放之前,我国经济建设的步伐一直比较缓慢,生产始终处于自给自足的半封闭的计划经济状态,产品定价受到政府有关部门的严格控制。人们不知道什么是品牌,生产厂家并不注意宣传自己的产品,消费者在购物时也只是自发地挑选自己喜爱的牌子(商标)。虽然到了 1980 年前后出现了以"国家金质奖"为最高荣誉的,带有政府行为色彩的产品评优活动,但是,在轻工产品长期以来严重供不应求的情况下,人们仅满足于能买到实用有效的商品,并不关心此商品是否拥有著名商标。

纵观我国服装品牌发展的历史,大致可以划分为五个阶段:

(一) 意识启蒙阶段

由于特殊的历史原因,封闭了几十年的中国国门于 1980 年前后被有限地打开,社会主义市场经济逐步取代社会主义计划经济。几十年的"短缺经济"给市场经济留下了很大的市场空间,一度形成了只要敢于投资就能盈利的"无风险"投资环境,大量的产品生产造就了一大批目的在于尽快实现资本原始积累的市场淘金者。由以前一味攀比上缴利润到懂得追求企业留成的国有企业也开始知道著名商标的经济价值,出现了模糊的品牌意识。

随着对外交流的日益增多,走出国门的人们发现国外遍地都是"肯德基""沃尔玛",才知道那叫品牌连锁经营;惊叹标有 LV、CD 商标的商品为何能卖到如此天价,才听到了顶级品牌一说;看到令中国企业引以为豪的"出口产品"被摆放在地摊上销售,才懂得没有品牌的痛楚。在一系列诸如此类的惊讶、震撼、打击之下,中国国民对品牌有了一定的感性认识,启蒙了品牌意识,他们中的有识之士开始依样画葫芦地在国内市场上担当起中国第一代品牌开拓者。

> ■ **案例**
>
> 　　由于品牌运作意识模糊,当时一些著名企业因为盲目追求经济效益而纷纷扶持产品品质缺乏保证的乡镇企业,赚取所谓"商标使用费"。这种现在看来有点像"品牌特许经营"的行为受到了市场机制不成熟的报复,不仅使众多著名商标的原始拥有者被自己扶持的对象以低成本策略打败,后者也因不谙品牌运作之道而最终败落市场,使许多国货名牌毁于一旦。GJ 公司是当时中国最著名的三大自行车公司之一,该品牌旗下的许多产品远销国外,占当时全国自行车出口总量的 1/2。20 世纪 80 年代初期,中国经济开始进入新阶段,形成产销两旺的喜人势头。为了扩大市场规模,该公司开始大力扶持技术力量薄弱的乡镇企业,并把大量内销产品外发到这些企业加工,甚至将这些企业冠名为自己的分厂,公司本部则以生产出口产品为主。然而,好景不长,日渐强壮的"分厂"眼看只能赚得辛苦的加工费,品牌效益却与己无关,便纷纷倒戈,自创品牌,使 GJ 公司措手不及。10 年以后,这种经营模式的矛盾开始扩大,加上企业所有制等难以克服的原因,公司效益急剧滑坡,大量职工下岗,市场上已难觅其产品踪迹。不过,那些"分厂"最后也因底气不足而相继歇业,倒是给大造品牌声势的境外企业一举占领了我国自行车市场,坐收渔翁之利,上演了现代版的"螳螂捕蝉,黄雀在后"的寓言。

(二)重视设计阶段

品牌在我国受到重视是 20 世纪 90 年代的事。国门的进一步打开使国人看到了品牌在国外市场的面貌,亲身体验了品牌的神奇力量。先前一直满足于为国际著名品牌加工产品的国内加工企业开始不甘心仅为他人配鞍,希望自己也能拥有"响当当"的品牌,并以品牌的名义,进入了服装品牌的产品设计阶段。政府主管部门也注意到了品牌对于发展经济的重要性,开始积极制定相应的经济建设策略,提出要建设中国自己的品牌工程。比如,当时的纺织工业部于 1990 年前后提出了"中国服装品牌建设工程",支持部分有实力率先打出品牌旗号的服装企业。在初师告捷的业绩面前,一些企业增强了走品牌道路的决心,如浙江杉杉集团成为第一个借款在中央电视台打广告的服装企业,数年后,于 1996 年成为第一家服装行业股票上市公司。

进入 20 世纪 90 年代中后期,随着国内经济的进一步发展,中国服装市场的发展由追求数量转向了追求质量,相继出台的产品质量法规和消费者的成熟促使服装生产企业由数量扩展转向质量提高,也理所当然地包括了设计质量的提高。为推动我国服装跻身国际市场,实施名牌战略、推动名师工程成为我国服装产业的主要任务。以前,传统的强调"集体主义观念"的人才意识对人才的个人作用讳莫如深,中国服装设计师曾经在很长一段时间里不被重视,"尊重知识、尊重人才"的口号在企业中无法落实。随着品牌意识的增加,人们逐渐认识到设计应该是品牌特征的核心部分,如果品牌产品没有上乘的设计,则谈不上品牌,更不用说品牌的风格了。通过对设计师作用的重新认识和评价以及设计师自身意识的萌芽,设计师在企业中的地位有了一定的提高,个别设计师在服装企业里的地位甚至出现了言过其实的说法,对设计师的注重以及某些设计师就是经营者的状况,促成了现在整个服装行业乃至社会对设计工作和设计人才的尊重。

> ■ **案例**
>
> 　我国从 20 世纪 90 年代起由原国家纺织工业部、中国服装设计师协会等部门开始筹划和启动"中国服装设计师工程",从 1995 年起,相继设立了"全国十佳服装设计师""中国服装设计新人奖"和"中国服装设计金顶奖"等一系列评选优秀服装设计人才的举措,为勉励和表彰在服装设计领域做出年度贡献、发现和培养设计新秀、推动和促进我国服装设计事业发挥了积极作用。与此同时,全国各地举办的国际、国内服装设计大奖赛也不胜枚举,一些获奖者被服装企业高薪聘用。

(三)形象建设阶段

　新世纪伊始,经过多年呕心沥血的经营之后,我国不少服装企业的市场业绩迅速增长,出现了一大批实力相当的企业。但是,如何才能使品牌定位收到如期成效,进一步扩大市场份额,成为不少企业面临的难题。此时,国外服装品牌开始大规模登陆中国市场,他们的市场策略被本土企业所称道,并发现了这些本来不为国人所知的陌生品牌站稳国内市场的门道,那就是为品牌树立居高临下和叹为观止的形象。这些犹如为国内服装品牌进行现场教学的案例,使国内服装品牌看到了品牌服装的真正含义,认识到仅有品牌设计意识或一味提高产品质量是不够的,品牌的"形象意识"才是企业在创立品牌过程中的传神之笔。

　在 20 世纪 90 年代后期,国内诸多品牌服装企业开始热衷于品牌 CI 企划,通过赞助服装设计大赛,寻找明星充当形象代言人,在卖场里大肆店铺装修,在媒体上大做品牌广告,在社会上大搞事件营销,在服装博览会上大摆龙门阵,等等,成为当时品牌服装企业推广品牌的主要策略(图 1-4)。

> ■ **案例**
>
> 　自从 1989 年中国大连率先在全国举办国际服装节以来,全国各地打擂台式地陆陆续续办起了 50 多个大大小小的服装节,一些有经济实力的服装企业暗中较劲,纷纷斥巨资打造大型展位,企图以骇人的阵势来吸引客户。2001 年 9 月,在中国南京举办的第三届"江苏国际服装节"上,当地一家服装企业动用 40 余辆大客车,在服装博览会现场浩浩荡荡地一字排开,专门接送来自全国各地的客户,显示其藐视群雄的强大实力。

图1-4　2006中国国际服装博览会上，各大企业纷纷摆出龙门阵

（四）渠道经营阶段

在我国服装市场还处于"卖方市场"的短缺经济时代，各种营销策略、促销手段在当时显得多余。然而，随着市场的进一步成熟，竞争的进一步加剧，单一的销售形式已不适应市场的要求。国外先进的市场营销理念随着他们的产品进入我国，国内服装企业开始借鉴并探索具有自身特色的服装营销模式，灵活随机的多样化服装营销模式逐渐为人们所采用。由于服装是面向消费者的终端产品，如何在品牌和消费者之间建立最合理的流通渠道，成为企业必须考虑的重要问题，希望拥有属于自己的出奇制胜的流通渠道，一些财经类书籍甚至喊出了"决战商场""渠道为王"的口号。

企业开始重视渠道经营，纷纷增加投入，建立和创新渠道网络和物流体系，通过良好的运转和维护，巩固和扩大品牌的市场占有率。从自销到代销、从代理到直营、从专卖店到百货店、从形象店到折扣店、从网下实体店到网上虚拟店、从网络团购到个性定制、从目录邮购到电视导购，花样百出，多管齐下。近年来，以互联网为渠道的网上服装销售呈现几何级数的增长趋势，受到包括奢侈品品牌在内的业界热烈追捧，可以预见，服装电子商务将成为异军突起的服装销售主渠道。

（五）走向国际阶段

进入21世纪，特别是受到2008年至2012年国际金融危机和国内经济波动的影响之后，国内外服装产业格局均发生了一定变化。在大浪淘沙之后，品牌拥有者发现他们手中口碑良好的品牌俨然具有了资本的含量，也看见国外一些品牌在风雨中惨淡经营的窘境，在文化底气不足的自卑心理影响下,在崇拜国外品牌的市场心理驱动下,一些有实力的国内服装企业打算"抄底"国外著名品牌。2010年,国内三家企业争购法国"皮尔卡丹"一案曾闹得沸沸扬扬。时隔一年,福建一些运动装品牌则纷纷显露出收购国际运动装品牌的意愿。

另一方面,一批优秀的本土品牌开始启动全球化战略,走出国门,打入国际市场。它们在海外设立研发、生产、营销机构,招募国际型人才,立志于成为全球品牌。有些品牌则干脆将专卖店开在了纽约和巴黎街头,成为真正走向国际市场的先锋。

第三节 服装品牌的现状

我国服装品牌的发展与经济建设的气候紧密相连,用"雨后春笋"来形容服装品牌的生长现状最为贴切。其中,全国各地为了提高本地服装产业知名度、推广本地服装品牌、活跃本地服装市场而争先恐后举办服装节就是很好的例证,这些小至县级城市的服装活动也纷纷冠以"国际"的名义,成为我国服装品牌发展的一大景观。

一、服装品牌发展现状的特征

在符合有关法律条文的前提下,任何企业的任何产品都可以拥有自己的品牌。近年来,在我国轰轰烈烈的品牌工程中,各行各业都不约而同地擎起品牌大旗。由于服装商品的特殊性,服装产业成为争创品牌的洪流中最为壮观的行业之一。纵观国内外服装品牌的发展,已出现以下几个特征:

(一)总体发展迅速,经营成本猛增

相对许多行业而言,服装业是一个不需要太多投资即可上马的行业,并且具有周期短、见效快的特点。以我国为例,经过工商正式登记注册的全国服装企业已从1980年时的20 000余家迅速发展到2011年的80 000余家,这还不包括小型作坊式服装加工企业。因此,我国服装业已经进入了一个相对繁荣的发展时期。在我国恩格尔系数下降地区,人均服装消费增速十分明显,增加了服装个人拥有量和服装更新换代的速度,刺激了服装企业产能的增长。

随着我国劳动保障和福利制度的健全、人民币汇率上升、原材料价格上涨、社会物价通胀、青年人择业观变化等交错复杂的原因,导致了服装行业生产经营成本大幅猛增,与国外纺织服装行业新兴国家相比,原先的某些竞争优势已不复存在。即便在这种情况下,仍然出现了一方面是企业招不到从业人员,一方面是择业人员无从业意向的尴尬局面。2013年2月18日的中央电视台新闻频道爆出了我国南方沿海地区招工困难的新动向:往年开春之际贴满招聘新员工的广告墙上不见了招聘信息,却出现了大量"制衣厂转让"等歇业信息。从侧面看,这是社会生产能力过剩,生产经营成本增加,导致一些企业因无利可图而难以为继,不得不最终选择退出行业的后果。

(二)品牌交替频繁,争相应用科技

过于剧烈的市场份额竞争和品牌概念的成熟,使缺乏活力的老品牌和没有运作经验的新品

牌倒了下去,充满活力的老品牌和准备充分的新品牌得以生存,生物界"物竞天择"的理论在服装产业同样奏效,同业中的以某个品牌或设计师为崇拜对象的偶像概念越来越淡薄,争创个性化品牌的举措已成为业内主流行为。日益增多的文化交流和信仰多元化使当今世界信奉以个人为价值中心,我行我素的行为准则变成人们的择衣依据,新老品牌交替现象日趋频繁,成为服装市场一大特征。

市场竞争日趋激烈,原来附着在服装商品上的丰厚利润已经因供求关系的转变而出现了利润平均化的局面,微利时代的到来使服装产业开始重视研究企业发展的固有规律,促成整个服装产业不得不进入剧烈的整合、重组、裂变、互补的阶段,企业为了降低不堪重负的劳动力成本、适应信息时代的管理特征和有效保持竞争水平,开始采用快速反应系统、大规模定制系统、服装CAD/CAM技术、先进制造系统、ERP系统、PLM系统、服装人体工效学、虚拟试衣系统、公共技术服务平台、服装电子商务等高新科技手段。

(三)市场竞争激烈,品牌层次错位

从"短缺经济"走向"过剩经济"的过程,是一个"让一部分人先富起来"的过程。我国从20世纪90年代初期开始,市场竞争变得愈演愈烈,首当其冲的就是品牌服装。由于品牌服装的利润空间一般要比普通商品高,是反暴利主义者首选的攻击目标。从20世纪90年代中期开始,国内品牌服装市场的实际利润率开始下跌,激烈的市场竞争使得一些高价位品牌将其所定的高价只是虚晃一枪,尚未等到流行季末便立刻大幅度打折。商品利润不仅越来越平均化,有些企业甚至出现了负增长,我国服装企业的亏损面一度达到了20%(中国纺织工业协会《2006年全国纺织工业发展报告》)。直到2011年四季度,我国服装制造业亏损面才缩小为11.2%(经济日报:2011年四季度中经服装产业景气指数报告,2012年2月1日发布)。

竞争的结果迫使市场上的品牌主动拉开了竞争档次,不同层次的品牌开始与同属于一个层次的品牌开展竞争,层次错位的结果使得市场格局由单一结构转向立体结构,不同层面的消费者可以在对等的卖场内找到合适的商品,丰富了服装市场的商品定位。

(四)品质良莠混杂,品牌仿冒严重

一个品牌从无名到有名要花费大量的人力和物力,需要时间和文化的沉积,产品由此而获得高附加值回报也是理所应当的。然而,商业竞争中的唯利是图现象使一些不法商贩利欲熏心,企图以仿冒产品窃取著名品牌的前期投入,服装行业知识产权的不健全现象更使这些商贩有恃无恐,大量的仿冒产品流入市场,满足了囊中羞涩的消费人群也能过一把名牌瘾的心理。尽管仿冒产品不见得都是伪劣产品,某些产品甚至可以达到几乎乱真的程度,但是制伪者却因为可以省去正牌大量的产品开发和品牌宣传的前期投入而大大降低产品成本,其仿冒产品可以在价格上藐视正牌产品,用低价格策略打败正牌产品,心安理得地分享本该属于别人的利益。更为奇怪的是,工商管理部门往往对此充耳不闻,熟视无睹。

全球范围内的真正名牌几乎无一例外地都受到仿冒产品的围剿,我国服装市场的制假情况也令人堪忧,国内一些城市出现了远近闻名的制假、贩假市场,成为吸引国内外客商的赝品集中地,造成了极为恶劣的负面影响,严重挫伤了企业自创品牌的积极性。因此,健全服装产业知识产权保护体系是保障品牌工程正常进行的首要条件。

(五)企业兼并重组,政府推动转型

我国经济体制改革的结果,使企业的所有制格局和资产比重产生了巨大变化,服装业原先

的以国营体制为主的资本格局早已被日益壮大的民营资本所取代,一些有实力的民营服装企业寻求规模效应,无论在规模效益还是在市场占有率上,都超过了国营服装企业。为了抵抗市场风险,一些条件成熟的服装企业由以前的分散经营和小规模经营走向集约化经营,通过资产重组,形成具有集团性质的规模企业。国际上有些老牌服装集团通过收购其他品牌或消亡自身品牌而不断地优化资产结构,另有些经营上出现问题的品牌则希望寻找新的财力支柱使原有品牌获得新生。2011年9月,刚刚收购宝格丽(Bulgari)品牌的世界奢侈品集团(LVMH)又瞄准了意大利顶级男装品牌比昂尼(Brioni),使其拥有克里斯蒂·迪奥(Christian Dior)、路易·威登(Louis Vuitton)、纪梵希(Givenchy)、香奈儿(Chanel)等50多个国际一流品牌的麾下又增添数员猛将。不仅是服装产业在世界范围内兴起兼并与重组的浪潮,全球经济的并购狂潮也正此起彼伏,其中,中国企业也毫不示弱,掀起了收购海外品牌的波澜。

随着2008年底美国金融危机和2011年欧盟国家主权债务危机的爆发,以加工出口贸易为主的我国服装行业也难以幸免。为此,我国政府及时调整"改变经济增长方式,促进产业升级转型"的经济发展方针,大力推行文化创意产业发展,放宽中小企业融资渠道,为转型企业提供政策与环境的支持,帮助和促使一些长期依赖出口业务的服装加工企业试水国内市场,开展以经营自主品牌为核心的企业运作新策略。同时,大量服装企业的转型也加剧了国内服装市场的竞争。

(六)综合国力增强,品牌基础增厚

综合国力是衡量一个国家的经济、政治、军事、人才、资本、技术等基本国情和基本资源最重要的综合性指标,反映了一个国家在国际上的综合地位。服装产业的发达程度也与综合国力有紧密联系,而一个国家的服装品牌要被国际认可,不是光凭企业的热情、干劲和资金所能做到的,除了需要这个国家拥有被国际社会认可的强大的综合国力,也要这个国家的文化成为国际社会接受的世界主流文化,才能形成保证品牌在全球范围内生存的整体实力。这是因为,品牌竞争的本质是文化竞争。

综观国际流行市场,绝大多数国际著名服装品牌均属西方发达国家,很少有发展中国家的服装品牌被世人公认。随着近年来我国国际地位的改善,我国的服装产业也逐渐被人们认识,但是,要使我国服装品牌真正被世界品牌大家庭所接纳,还需要走很长的路。近年来,我国有不少服装企业在政府部门或有关单位的组织下,走出国门,举办或参加服装博览会,虽说也取得了一些影响,但往往是以文化包装下出台的产物,与预期达到的商业目的还有一定距离。

综合国力的增强使人们生活水平得到很大提高,为服装产业的发展进入高级阶段奠定了重要的民众基础,消费者在服装消费方面的成熟,直接推动了服装产品的成熟,人们从以前的只求"穿暖"到现在的讲究"穿好",是服装产业在物质性和精神性方面的质的转变,增强了品牌发展的基础。同时也迫使整个服装产业不得不认真对待业态走势,自觉地担当起扶植服装品牌成长的重任。因此而受惠的消费者又会对服装产业进一步提出更高的要求,从而形成一个产业发展的良性循环。

二、我国服装企业快速增长的原因

产业是指由利益相互联系的、具有不同分工的、由各个相关行业所组成的业态总称,尽管它们的经营方式、经营形态、企业模式和流通渠道有所不同,但是,它们的经营对象和经营范围是围绕着共同产品而展开的,并且可以在构成业态的各个行业内部完成各自的循环。虽然我国服装品牌的整体水平与服装品牌发达国家相比还有很大距离,但是,我国在服装方面取得的进步是有目共睹的,我国用了不到那些国家三分之一的时间得到了相同的成绩,是全部业内人士共同努力的结果。究其原因,主要有以下几个方面:

(一)市场长期空缺提供了增长空间

由于我国特殊的国际地位和工业基础比较薄弱,政府在相当长的一段时间里,采取了事实上的重视重工业,轻视轻工业的经济建设倾斜政策,形成"重重轻轻"的工业格局,这种产业政策造成与人民生活密切相关的轻工业产品严重短缺。从20世纪80年代前后开始,随着国家经济建设战略重点的转移,尽快提高人民生活水平成为政府工作的重点,我国作为世界人口第一大国,服装工业在轻工业中占很大比重,相对宽松的经济政策为服装产业的发展提供了良好的环境,在短短20余年时间里,服装产品已经从以前的排队抢购发展到现在的铺天盖地,产业状况发生了巨大的变化。

(二)市场经济模式促进了投资行为

在追逐利润的市场经济时代,服装产业投资少、利润高的特点成为许多投资者的投资首选,数年前投资上万元甚至数千元,经过一番摸爬滚打创造一个服装王国的奇迹并非少见,从而大大地鼓励了中小投资者的投资信心,服装企业如雨后春笋般地破土而出。虽然暴利时代已随着市场运作机制的成熟而成为历史,但是,由于品牌运作得当而带来的丰厚的产品附加值仍使投资者趋之若鹜,即使在人们普遍感叹"生意难做"的今天,服装企业总数仍然有增无减。

(三)科技含量不高便利了大量生产

相对一些高新技术产业而言,服装产业的科技含量不高,对人才的专业技能和综合技能要求也不高,在服装企业中,具有技术职称的工程技术人员不足就业人数的2%,远远低于高新技术产业30%的比例。服装企业运用先进技术装备产业的情况不容乐观,应用服装CAD等技术的企业不足企业总数的10%,而这些企业中能够正常运用这些技术的仅为20%。因此投资服装项目比较容易,对人才要求不高,起步迅速,运作过程简单,见效较快。在生产十分便利的同时,也造成了服装产品大量积压。

(四)都市型产业提高了就业率

服装产业是一个具有低能耗、少污染和高就业率特点的都市型产业。就目前状况来看,在相当长的一个时期内,服装业仍将是一个劳动密集型行业,我国目前的社会劳动力形态非常符合这个产业的生存与发展,相对低廉的劳动力成本是服装工业尤其是外贸服装加工企业的利润源。虽然近年来我国服装产业发达的沿海地区出现了"用工荒"现象,但是,这是服装产业重心开始向中西部转移的连带结果,从整体上来看,服装企业总数并未减少,将成为这些地区未来的都市型产业之一。

三、国际服装品牌的标准

我国一些成绩斐然的服装企业在赢得了国内市场之后,开始憧憬成为国际品牌之梦。然而,在全国目前3 200多万家企业中,尽管有12家中国公司挤入了英国WPP集团最新发布的

《2011 年世界 100 强品牌排行榜》的队伍,但是,除了银行、石油、保险等企业以外(与其说是品牌,不如说是公司),其中并没有一个物质产品清晰可辨的品牌。由此可见,我国要甩掉"品牌小国"的帽子还十分艰难。尽管国际性服装品牌门类繁多、国情不一,但是,综合被广泛承认的国际品牌服装特点,可以发现它们共同拥有以下几个特征:

(一)强有力的资金拥有量

打造国际化服装品牌需要大量而长期的资金支持。国际著名品牌的所谓品牌效应,很大一部分内容是用金钱堆砌起来的,没有巨额资金的铺垫,很难在此行业显出足够的霸气。因此,资金实力是衡量国际性服装品牌的重要标准。服装的本意是人们不可或缺的日常生活用品,服装品牌化以后,尽管品牌服装本身也存在着不同的档次,但是,同档次的品牌服装和非品牌服装在销售终端上的价格明显存在很大距离,一些类似产品竟然存在十几倍甚至更多的价格差!因此,品牌服装从一定程度上脱离了服装作为一般日常生活用品的本意,带有奢侈品的某些特征,一些国际顶级品牌干脆就是世界奢侈品集团的一员。

> ■ **案例**
>
> 2006 年春季,在国内的同一个大城市分别举办了"国际服装服饰博览会"和"世界奢侈品博览会",这两个博览会前后相隔两个月。前者的展览规模约 10 万平方米,主要参观对象是业内人士,普通市民凭自己的名片,与展会人员交换成参观证后也能入场参观。后者的展览规模仅数千平方米,主要参观对象是社会富豪或时尚名流;前者的门票是免费的,并且大量发放。后者的开幕日门票则高达到每张 3 600 元的程度,普通门票也要每张 800 元,在参观人数是事先严格控制的情况下,总票房收入仍然达到 700 万元。仅从以上两个博览会的参观方式上就可以看出品牌的魅力。

(二)国际性的市场占有率

国际性服装品牌不是在很短的时期内就可以造就的,一个销售规模较小的品牌也不可能是国际名牌。国际性服装品牌的产品应该在世界各大主要城市拥有较高的市场占有率,即产品在零售市场上的覆盖率。这既表明该品牌的产品能在国际范围内被消费者认可,具有很好的国际认同感和市场适应性,也表明该品牌拥有强大的国际营销网络体系,体现出成熟的市场运作能力和完善的管理系统。近年来,在国内不断开出的大型高档商场中,经营品牌服装的面积超过 3/5 的总营业面积,国际一流品牌纷纷集体进驻,使国人能一睹国际大牌的风采。

(三)经常性的品牌曝光率

国际性服装品牌不仅需要品牌消费者的认可,也需要社会公众的认可。社会公众获悉品牌信息的主要渠道是新闻媒体,提高品牌的正面曝光率是企业保持品牌形象必不可少的重要举措。因此,一个国际性服装品牌要保持良好的品牌形象,就必须经常性地以正面形象出现在新闻媒体中,否则,即使是国际大牌也会在当今信息爆炸的时代里,因其在新闻媒体中保持低调策略而容易被湮没在信息的海洋里,最终被人们所遗忘。法国时装公会为了刺激其会员品牌的活力,审核某品牌是否能成为高级女装(Haute Couture)的条件之一是看其是否有能力一年内举办两次时装发布会。

（四）世界级的著名设计师

国际著名的服装品牌主要由制造商品牌和设计师品牌组成,除了少数制造商品牌(或称公司品牌)以团队的名义完成产品设计外,大部分品牌都会聘请国际著名的设计师担任产品设计,并且把著名设计师看作品牌的一部分。或邀请这些设计师客串某一系列的开发,或策划一些以这些设计师为中心的品牌推广事件,成为宣传品牌的资源。名师和品牌之间的关系是相辅相成的,犹如好马配好鞍,名牌可以造就名师,名师可以推广名牌。因此,国际著名品牌往往拥有世界级的著名设计师。

（五）成熟的品牌延伸战略

从上世纪80年代起,国外顶级品牌的品牌延伸战略逐步成熟。国际性品牌的一个共同特征是重视品牌的延伸,其目的是为了拓宽产品线、搜刮品牌边际利润、扩大品牌影响、拉长品牌周期和满足消费者追求品牌联想,是一种有效的品牌运作手段。国际性品牌需要众星拱月的群体效应,烘托主业的辉煌。过于单一的产品线不仅是对品牌资源的浪费,而且,相对来说势单力薄,"放在一个篮子里的鸡蛋"难以抗衡市场风险。品牌延伸之后,每新增一条产品线势必增加消费者的使用范围,或者新增一类消费人群,使顾客多产生一次品牌体验和联想,增加一次品牌传播的机会。世界顶级服装品牌也大多实施品牌延伸战略。

（六）强盛的国家整体实力

国际性服装品牌几乎均源自经济发达国家。能排上发达国家座次不仅需要这些国家具有很强的经济实力,也需要这些国家有很大的国际影响力。虽然国际流行发源地并不完全与国家经济实力成正比,即国际流行地位的高低不是由国家经济总量的大小决定的,但是国际流行发源地一般都集中在人均收入排名靠前的世界主要国家。国际性服装品牌的特点之一是做工精良,这需要作为衡量一个国家经济实力重要指标的强大的整体加工制造水平支撑。此外,国家的传统服装文化以及现代人文思想也是被世人评判其品牌成长基础的不可忽略的因素。因此,国际性品牌所在国基本上都集中在近现代经济和文化发达国家。

第四节　品牌成功的四大要素

要使一个新品牌的推出或者一个老品牌的改造获得成功,需要四个非常重要的要素:人才、时机、地点和资金。如果缺少其中一个条件,品牌要获得成功就会变得比较困难,甚至会导致失败。品牌成功的公式是:天时＋地利＋人和＋资金＝成功。

一、人才是品牌成功的核心要素

品牌竞争的核心要素是人才,品牌建设需要有一套配合良好、结构合理的运作团队,人才层次的错位、专业知识的交叉和个人性格的互补等是构建品牌运作团队的关键。在这个团队中,除了成员之间的专业素质以外,必须有良好的职业道德和行为规范。优秀团队不在于人才单体的最优,而在于集合之后的最优。人才的配合犹如齿轮,两个从材质到车削工艺都非常优质的齿轮由于齿距不匹配而无法啮合运转；两个齿轮虽非优质，但只要它们的齿距匹配就能照常运转。因此，人才的优化组合是每一个企业必须解决的问题。

团队构建要从品牌运作需要、专业人才种类和人才专业能力三个方面进行。服装品牌运作不仅需要团队人才的专业种类齐全，也需要人才的专业能力高强，更需要人才的团队合作精神和职业道德素质，其中，领导者的综合才能是核心中的核心。

■ 案例

NUT品牌是一家从20世纪90年代中期创建的国内休闲装品牌，其市场规模每年均以超常规速度的高速发展。然而，品牌经营者面对经常发生的供应链危机，不得不告诫各部门在制定发展规划时不能头脑过热，必须保持客观务实的基调，压制过快增长的发展速度，一再降低销售增长率。这一切不是企业自觉放弃大好时机而不想发展，而是担心企业管理人才出现断层，影响发展的基石。面对市场机会与团队实力的不平衡情况，企业高层对企业内部管理人才结构存在着担忧，在向社会公开募集优秀人才，不断加大企业引进人才力度的同时，通过挂靠著名服装院校联合业务培训的办法，有计划地实施面向未来的人才计划。

二、时机是品牌成功的机会要素

时机是指品牌切入市场的时间段，这里需要考虑两个方面，一是品牌切入的年份。对切入年份的选择建立在对市场预期的基础上，在市场大环境良好、消费者购买力旺盛时进行品牌建设，成功的可能性高，反之则要慎重对待；二是品牌切入的季节。对切入季节的选择是在确定了对年份选择的前提下进行的，服装品牌通常以秋冬季为切入点。

国家经济的发展总是有高峰和低谷之分，不同的切入时机应该有相应的策略。虽然品牌最好的切入时机是经济发展的高峰期，但是，经济发展的低谷期也可以进行品牌的市场切入，有些企业将此时期视为强化企业内部管理的好机会。

■ 案例

2003年中国发生了发生一场可怕的"非典型性肺炎"，看着电视新闻中每天播报的疑似病人和死亡病人数量不断上升，听到各大百货商场因人迹寥寥导致销售直线下降。每个出门的人都带着一个大口罩，压抑的气氛让人透不过气来，仿佛一场更大的灾难即将发生，人们的注意力全部集中在生命的安全，根本无心顾及属于身外之物的什么品牌。当时有一家媒体的资深记者曾撰文估计，这场广泛蔓延的流行病在一年内至少将迫使1/3服装企业倒闭，大部分企业在萧条的境况下，试图依靠内部整顿来维护经营。值得庆幸的是，这场灾难在半年后戛然而止，使许多频临崩溃边缘的企业起死回生。

三、地点是品牌成功的区域要素

地点是指品牌推广的销售区域划分和零售卖场选址,也即对销售场所进行宏观预期和微观把握,该地区消费者的品牌意识和消费能力的强弱是品牌运作成败的重要原因。品牌入市的首推地点和将来的普及地点既可以在同一区域,也可以在不同地区,其依据是围绕品牌发展战略制定的营销策略。

■ **案例**

K品牌是由一家总部设在香港的跨国公司在香港首次注册的休闲装品牌,但是,该公司的营销策略是避开香港过于成熟的商业环境,认为香港并没有该品牌的生存空间。于是,在香港不设任何一个销售窗口,而是将专卖店开设在澳大利亚和中国内地,尤其将市场的重心设定在华东、华南和华北地区,这种避实就虚的策略不失为聪明之举。

四、资金是品牌成功的保证要素

资金是指用在品牌上的货币投资,是品牌物化的重要保证。资金状况分为资金总量、到位时间、资金结构等因素。总体来说,资金总量大、到位时间早、流动资金多是非常良好的资金状况,在财力上为品牌得以迅速推广提供了坚实保证。没有资金的保证,任何品牌企划都是无稽之谈。资金支持的力度不够,将使品牌运作的道路充满坎坷,品牌目标的实现也会因此而变形。

第五节　服装品牌的分类

市场上的服装品牌形形色色,五花八门。为了后面关于品牌定位的章节有一个参照,有必要对品牌做一下分类。

一、以主次分类

在一个公司或集团内,根据投资比例、设计定位、销售规模等因素,将所属品牌分为主要品牌和次要品牌。这类品牌主要有:

(一) 主线品牌

主线品牌又称主牌、一线品牌,是企业推出的主要品牌,在产品的完整性、投资额以及资源分配等方面都居于企业的重要位置。一个企业只拥有一个主线品牌。

(二) 副线品牌

副线品牌又称副牌、二线品牌,是企业推出的与主牌有关联的次要品牌,在产品的完整性、投资额等方面都逊色于主线品牌(图1-5)。一个企业可以拥有多个副线品牌。

图 1-5 国际名牌 PRADA 及其副牌 MIU MIU,名称来源于设计师 Miuccia Prada 的昵称

二、以风格分类

风格是品牌服装设计的三大要素之一。这一分类是淡化消费者年龄、性别、收入等因素,强调产品外观风格的品牌类型。这类品牌主要有:

(一)休闲品牌

休闲品牌是指以休闲风格为主要产品线路的品牌类型(图1-6)。面大、量广的休闲品牌常常男女服装兼营,产品放在其同一个卖场内销售。

图1-6　意大利著名休闲品牌贝纳通倡导种族无分、全球一家的精神理念

(资料来源于 Benetton 官方网站 www. benetton. com)

(二)行政品牌

行政品牌是指以礼节性工作场合为穿着环境、具有行政人员着装特征的品牌类型。此类品牌讲究产品的质地,比较成熟而经典。

(三)商务品牌

商务品牌是指以商务性工作场合为穿着环境、具有商务人士着装特征的品牌类型。此类品牌介于正装与休闲装之间,张弛有度。

(四)运动品牌

运动品牌是指虽非体育比赛用的,但同样具有运动趣味的品牌类型。在设计上注重创造轻松活泼的氛围,带有一定的运动特点(图1-7)。

图1-7 国际著名运动品牌 Nike 位于伦敦的旗舰店橱窗

（五）前卫品牌

前卫品牌是指瞄准年轻人的，具有超前的时尚意识的品牌类型。其设计概念比较新颖，突出个性和特色，卖场形象也比较新奇（图1-8）。

图1-8 以前卫的艺术风格风靡世界的 Christian Dior 品牌

（六）乡村品牌

乡村品牌是指具有鲜明的乡村风格的品牌类型。带有回归自然的设计理念,选择具有田园和乡村风味的设计元素进行组合搭配。

（七）怀旧品牌

怀旧品牌是指带有怀旧气息的品牌类型。此类品牌善于调动人们普遍存在的对逝去事物的怀念之情,旨在营造消费者的历史情结。

（八）民族品牌

民族品牌是指以民族设计元素为产品特征的品牌类型。此类品牌强调民族设计元素与现代设计元素的衔接,寓传统内容于现代形式(图1-9)。

图1-9　Kenzo品牌以浓郁的东方民族色彩体现其植根日本的文化溯源

三、以性别年龄分类

按不同性别和年龄组进行分类的品牌,里面所包含的内容非常丰富。这是一种弱化品牌风格的分类方法,即品牌类型无法提示品牌的风格特征。这类品牌主要有:

（一）男装品牌

男式服装品牌的总称。男装品牌在数量上不如女装品牌多，但单个品牌在经营规模上往往超过后者（图1-10）。

图1-10　意大利著名男装品牌 Ermenegildo Zegna 在中国市场大受高阶层商务男士的欢迎，此图为其在北京的专卖店

（二）女装品牌

女式服装品牌的总称，是在服装品牌总数中所占比例最高的品牌大类。相对男装品牌而言，单个女装品牌的经营规模相对较小。

（三）童装品牌

以儿童为穿着对象的品牌。根据年龄特点，儿童品牌又可分为婴儿装品牌、幼儿装品牌和少儿装品牌，产品特点很不相同（图1-11）。

图1-11　童装品牌涉及到各个年龄段的儿童服饰，不同年龄的产品特色各异

（四）少女品牌

以少女为穿着对象的品牌。在实际销售中,少女品牌适应的年龄层比按一般习惯划分的少女年龄层更宽(图1-12)。

图1-12　少女品牌通常时尚感、休闲感较强

（五）淑女品牌

以淑女为穿着对象的品牌。淑女原意是指女性的品德,不用来区分年龄。商业上为了区分服装类别的需要,将介于少女和妇人年龄段之间的女装称为淑女装(图1-13)。

图1-13　淑女品牌体现出淑女的成熟和雅致,同时略带商务功能

（六）妇人品牌

以成年妇女尤其是中老年妇女为穿着对象的品牌。此类服装在女装品牌中所占比例不大。

四、以价格分类

从构成物质状态的服装要素角度出发,按产品品质的高低分成高、中、低三档品牌。通常情况下,产品品质与产品成本有关,成本与售价格联动,因此,品牌的档次往往以代表了产品品质的售价区分。这类品牌主要有:

（一）高档品牌

以产品构成要素高标准组合的品牌(图1-14)。此类品牌的产品制造成本高,品牌形象好,价格昂贵,一般在高档商场里设置形象一流的专卖柜,或开设专卖店、店中店。

图1-14 Louis Vuitton 为当今国际高级奢侈品品牌的代表

（二）中档品牌

以产品构成要素一般标准组合的品牌。此类品牌的产品制造成本一般,但比较强调流行要素,价格中等,销售渠道多样,是服装市场的主流品牌。

（三）低档品牌

以产品构成要素低标准组合的品牌。此类品牌的产品制造成本较低,品牌形象不够完整,知名度低,价格低廉,通常在低档商场内设专柜或被商场集中后分类销售。

五、以品种分类

根据品牌最主要的产品品种分类。这类品牌的产品门类性很强,产品系列化程度高。习惯上,业内将这类品牌的产品称为单品。因此也称单品品牌,国内服装界评选出来的"十大名牌"等称号的服装品牌中,大部分属于这类品牌。这是与此类产品具有比较稳定的评比标准有关。这类品牌主要有:

（一）衬衣品牌

以衬衣为主营产品的品牌，尤其以男式的、比较传统的衬衣为主的产品居多。

（二）西装品牌

以男式西装为主营产品的品牌，相对以比较传统的面料、款式和色彩为特征。

（三）风衣品牌

以风衣为主营产品的品牌，通常以风衣为强项，配合与之匹配的其他产品。

（四）毛衫品牌

以各种原料的毛衫为主营产品的品牌，经常以针织服装品牌的特色面市（图1-15）。

图 1-15　以针织毛衫为特色的国外某品牌的店面陈列

（五）大衣品牌

以秋冬季呢绒大衣为主营产品的品牌，为了延长销售季，一般配有各式套装。

（六）皮装品牌

以皮革服装为主营产品的品牌，款式数量较少，具有比较明显的季节性。

（七）裤装品牌

以裤、裙等下装为主营产品的品牌，往往作为其他品牌的搭配产品。

（八）羽绒品牌

以羽绒为主营产品基本材料的品牌，产品相对单一，具有非常明显的季节性。

六、以销售方式分类

根据产品的主要销售方式分类。严格来说，这种分类法并不切合实际，在实际销售中，一个品牌往往采用多种销售方式同时并存。这类品牌主要有：

（一）零售品牌

以零售市场为主要销售窗口的品牌。适合以本地商场为主要销售市场的品牌服装（图1-16）。

图 1-16　法国艾格 Etam 女装品牌在中国零售市场的本土化策略十分成功,图为其在上海某大型商场的典型店中店形象

(二) 批发品牌

以批发方式为主要销售渠道的品牌。适合拥有生产优势、通过分销商向市场推广的品牌服装(图 1-17)。

图 1-17　上海著名的七浦路批发市场,经过了 20 多年的培育,其中走出了不少闻名全国的本地服装品牌,七浦的规模也在近几年得到了很大的扩张

（三）代理品牌

以代理形式为主要销售渠道的品牌。代理商选定有市场空间的品牌,采用代理方式销售,通常是异地代理。

（四）网购品牌

以网店销售为主要销售渠道的品牌,其产品的特征与普通产品略有不同,应该符合网店销售的特点。

七、以企业类型分类

根据企业所有制类型分类的品牌。这种分类比较容易被品牌忠诚度高的消费者看重,反映了企业形象在品牌建设中的重要性。这类品牌主要有:

（一）国资品牌

以国有资本组成企业所推出的品牌。我国服装行业曾有不少这类品牌,目前已不多见。

（二）外资品牌

以外商资本组成企业所推出的品牌。一般以国外品牌的面貌出现在服装市场上。

（三）合资品牌

以国内资本和国外资本合作投资组成的品牌。普通消费者一般难以辨认其企业属性。

（四）民营品牌

以国内个人或民间资本组成的品牌。这类品牌已经构成我国服装市场的主要品牌。

（五）进口品牌

在国外注册的品牌(图1-18)。其中,一类是在国外完成产品全过程的纯进口品牌;另一类是在国外(或国内)完成产品设计,由国内完成产品的生产加工的境外注册品牌。

图1-18　国外奢侈品品牌纷纷进驻中国,图为英国著名品牌Burberry在北京的专卖店形象

八、以推介方式分类

根据品牌与拥有者的相互关系分类的品牌,其产品特征往往决定了受众层次。这类品牌主要有:

(一)设计师品牌

以主持产品设计的设计师或个人开业的设计师名字命名的品牌(图1-19)。

图1-19　CHANEL品牌以创始人及设计师Garbrielle Chanel的名字命名,目前是全世界最知名的品牌之一

(二)名人品牌

以社会名流或公众人物的名字命名的品牌。一般以体育明星、影视明星居多。

(三)供应商品牌

以提供或制造产品的公司名字命名的品牌,其品牌名称与公司不必一致。也称制造商品牌。

(四)销售商品牌

以负责销售的销售公司名字命名,也称为百货商品牌或零售商品牌。

以上的品牌分类都是单项分类,但是每一种对品牌进行单项分类的方法都是片面的,要完整地描述清楚一个品牌的性质,必须用多种不同的分类方法才能精确说明。比如,高档淑女品牌、进口男士皮装品牌等。

第六节　品牌运作的准备

品牌运作是实现品牌定位目标最为关键的理论到实践的转换环节,是实现品牌价值的必由之路。由于负责实际运作的人员因素,同样一套品牌定位方案,会因为运作班子的不同而出现迥然不同的结果,这也是品牌运作执行力强与弱的结果。由此可见,品牌运作最为关键的因素是人。

在进行品牌的运作以前,应该做好多方面的准备,"兵马未到,粮草先行",不打无准备之仗。

一、心理准备

(一)充分认识行业竞争的激烈性

服装是一个市场经济特点非常鲜明的行业,以优胜劣汰的方式实现市场生存和企业效益的目的,企业所做的一切工作都会在市场中检验出好坏。在这个没有硝烟的战场上,无法躲避的行业竞争演变得越来越激烈。因此,品牌运作者必须牢固把握市场经济的概念,不断地增强竞争意识。

赢得市场竞争的关键是市场竞争力,即一个企业所拥有的资金实力和人才优势、市场研究和开发、市场信誉和品牌知名度、创新能力和快速反应能力、营销网络和促销手段、生产规模和生产效率等因素的综合体现,市场竞争就是企业综合能力的竞争。

站在发展的角度看,现代市场竞争是"意识的竞争"。随着市场竞争的加剧,要求竞争手段越来越强,越来越新,出现了社会化大生产合作程度越来越高,社会分工越来越细,竞争手段显示出独特性等情况,这样在市场上才能体现出品牌的差异化特征。品牌运作者的主要职责就是始终保持清醒和良好的竞争意识,始终坚持市场创新,带领品牌以差异化的竞争方式避免两败俱伤的价格恶战,不断地从成功走向辉煌。

(二)充分了解品牌服装的繁琐性

从事服装行业是一件累人的事情,做品牌服装更是累上加累,曾闻有些服装行业人员发誓下辈子不再做服装的牢骚,可见服装行业工作繁琐之一斑。品牌服装的牵涉面广,配套环节多,系统性强,从企业内外到社会上下、从历史纵横到成败悲喜、从体力劳作到心智运转,无不考验着品牌经营者。面对成功品牌,人们看到的只是其表面的光环,往往看不到它背后的艰辛。

造成这种体力和心力劳累的原因不在于品牌服装的艰难和高深,而在于繁杂和琐碎。且不谈品牌经营,单就产品开发而言,其开发周期频繁、款式数量多、配合环节多的特点就足以使人疲惫不堪,当一个销售季节的产品开发还没有结束,下一个销售季节的产品又接踵而至了,似乎永远没有喘息的机会;产品种类一多,就必须系统地考虑方方面面的因素;一些设计师难以控制的配合环节会令人寝食不安,如面辅料不能及时到位,或者出现色差、疵点等微小的毛病,反复修改的样品依然不如人意等,都可能成为摩擦的焦点。因此,要打算运作服装品牌,就必须了解品牌服装的繁琐性,做好不怕折腾的心理准备。

当然,并不是每个企业都会出现上述情况,关键还是在于用人之道。在关键的岗位上聘用合格的人才,合理地分配人力资源,科学地分解工作环节,就能化解上述问题,在理顺了品牌运作体系以后,能力价值上的成就感就会油然而生,可以享受创业成功或工作业绩带来的喜悦。

(三) 充分具备承受风险心理素质

企业意图使服装品牌化的目的就是希望赚取由品牌附加值带来的高额利润,那么,根据市场竞争的规律,高利润必定伴随高风险。比如,通过资源整合等手段追求的差异化了的品牌风格及其产品未必能获得预期的市场反应;企图扩大知名度的广告宣传,如果不注意搞好广告的策划工作和针对地方的差异、成本、利润等因素选出最优方案,同样会达不到预期目的;在终端销售网络建设的大量投入,如果没有找到最佳切入点,也未必能营造最佳销售结果。凡此种种,都有可能造成品牌运作的失败,需要做好充分抗击风险的心理准备。

心理承受力是指与先天的神经特征有关的人的大脑神经系统,在耐受性的大小、强弱以及兴奋和抑制之间的平衡性,也是个体对挫折、苦难或突发事件等非自我性环境信息处理的理性程度。人在一定意义上是我向性的,即人有自我肯定的倾向,总是习惯以自己的感受作为评价事物的标准。挫折是不以人的意志为转移的客观现实,不是人们喜欢不喜欢、愿意不愿意的问题。任何事物都有两重性,虽然挫折会使人受到打击,给人带来损失和痛苦,但挫折也可以给人激励,让人警觉、奋起、成熟,把人锻炼得更加坚强。挫折既能折磨人,也能考验人、教育人,使人学到许多终生受益的东西。德国诗人歌德说:"斗争是掌握本领的学校,挫折是通往真理的桥梁"。

就品牌运作而言,风险来自于资金运转、广告投入、市场策略、合作伙伴、竞争环境等方方面面条件的变化,如果品牌运作者感觉运作现状未达到自己设定的标准而产生否定、排斥、对抗等看法,而不是客观分析产生异动的原因,那么,这种状况只能向更糟的方向发展。如果以可变的、积极的、乐观的、接纳的方式处理非我向性事物,就能够对这一状况做出合理的判断和采取可行的调整措施,也即其具有很强的心理承受力。

> ▓ **案例**
>
> IZY品牌是一家从被誉为"中华商业第一街"的上海南京路上的国营小店发展成为国内赫赫有名的、热心赞助社会公益事业的品牌企业集团,其曾经面临和克服过无数的挑战和危机。用该集团总裁的话说:一个人要善于把别人对自己的挑战当作别人给自己的机遇,这样才能正确面对困难,才能激发迎接挑战、克服困难的动力,变被动承受为主动出击。该集团正是以这种精神,顶住了来自社会各种压力,成为中国民族品牌的代表之一。

二、物质准备

(一) 团队组建

一个目标的达成必须有一支优秀的团队。无论是运作整个品牌还是管理一个部门,在品牌风格没有偏离产品特质时,执行团队优秀与否往往决定了品牌的发展前途。目前服装企业普遍遇到优秀人才招募困难,组建一个优秀的执行团队则尤其难。其实创建一个优秀团队的决定因素不在于有没有足够的可供挑选的人才,而在于管理者有没有一个正确的组织团队的观念。

品牌运作的团队环节多、人才种类杂、重要性不一、层次性强,人人皆大将,则无人拼刺刀;个个皆李逵,则难有宋江席。对人才的挑选,往往是对应聘者学历、经验、形象的印象,团队的组建则是这些个体的组合。组建品牌运作团队应该做到每个岗位的要素和需求明确、团队结构配备合理、工作责任明确到人,提倡执行力和工作时间节点相互配合,按时报告工作进度,不容许任何人对相应工作的脱节。在某种程度上,运作一个品牌的资金、场地、设备等万事皆备,只欠的往往就是人才的东风。因此,人才是许多品牌发展遇到的瓶颈问题。

在此,不妨再一次以中国四大名著《西游记》中的师徒四人组成的一个优秀团队为例,说明团队组建的意义。观音菩萨深谙用人之道,把四种人才组成一个可以应对一切困难、达到预定目标的取经团队,按照现代人才理论,这个故事依旧具有现实意义。

唐僧——完美型领导。其入选条件有四:一是具备很强的佛经理论的专业知识和传经布道的实践经验,可以指明专业方向;二是谦虚谨慎、吃苦耐劳和不急功近利,具有良好的个人修养和道德品性是领导的重要前提;三是价值观明确、意志坚定,不可能因为难以抵御可能出现的诱惑而半途而废(比如堕入女儿国)的现象;四是个人诚信度高品质好,容易博得上层领导(各路神仙)的支持和社会关系(沿途各国)的协助,企业发展到一定规模,必须取得当地政府和银行等社会方面的支持。

孙悟空——实战型经理。其入选条件有三:一是经验丰富,可以识别任何社会上不诚信商业现象(火眼金睛透视妖魔鬼怪);二是工作能力强,擅于解决问题并且门路宽广,遇到解决不了的问题,可以广开思路(寻求各路神仙降魔)。如果聘请两个甚至更多的人来替代这个工作,那么孙悟空独当一面的工作能力可能会转化为因人多而意见分散的弊端;三是是非观念强,知道在什么场合应该做什么事情,有较强的自制力。但是他同样有缺点,比如能力强的人所具有的共同特点——不服管教,比较主观。为了克服这一现象,众菩萨们健全了管理制度,以鼓励(给予嘉奖)和惩罚(佩戴紧箍咒)相结合,规范其职业行为。

猪八戒——活泼型担当。其入选条件有三:一是监督平衡作用,唐僧没有任何杀伤力,一旦孙悟空一个人照顾不暇,或者闹情绪辞职,猪八戒可以顶替其一部分工作,及时向观音通风报信,起到监管作用;二是外交能力出色,猪八戒出自名门,血统优秀,在天庭时人缘好,为人随和,口才不错,必要时可以充当团队的谈判专家,而且变幻造型和挥舞钉耙的能力也足以抵挡一阵,可以为解决困难赢得时间;三是幽默感与亲和力,他的插科打诨可以为有时显得非常枯燥的工作增加滑稽色彩,能在乏味的取经路途上给人增添些乐趣。这种滑稽的非正式沟通能大大缓冲完美型和实战型的对峙力度,使双方在摩擦中变得和谐。因而,担当起非常重要的团队润滑剂的角色。

沙僧——稳重型后勤。其入选条件有三:一是刻苦耐劳、不计报酬,即使猪八戒再能干,沙僧照样可以上岗。因为团队中需要具有勤恳、耐劳、平和、忠诚的个性人员,沙僧具有这种素质,注定是后勤工作最适合的人选;二是甘当配角、忠于职守。沙僧也有自己的缺点,按照管理学的用人观点,沙僧是一个过于保守、性格有点内向而不易沟通的人,业务能力也有限,虽然他不可能被培养成为团队领导,但这并不影响他所担任的角色。不然的话,必须改变沙僧的性格,因为人的性格决定人的一切,要改变一个人的意识、习惯、态度等都要从改变他的性格开始,而改变人的性格非轻而易举之事,并且在取经途中要做这样的工作,时间不允许,成本也太高;三是注意细节、拾遗补缺。沙僧曾是天庭的"卷帘大将",这个名号暗示着他是一个默默无闻、细心周到、体贴入微的人,孙悟空和猪八戒在外开拓业务的时候,团队内部必须有人做好后勤工作。因为细致耐心的后勤工作是行进的基础,一个不注意细节的人是无法胜任的。

在现实企业中,需要多少业务主力的孙悟空、多少客服接洽的猪八戒、多少行政后勤的沙僧,应该根据企业的实际情况而定。

(二)资金到位

资金是实现品牌运作计划的物质保证。虽然从理论上说,只要有善于募集资金的人才,没有资金的问题便可迎刃而解,但是,在资金没有正式到位之前,一切计划都是纸上谈兵。真正走品牌之路实际上是一条"烧钱"之路,因为,品牌运作与产品运作的最大区别之一就是品牌必须依靠资金来锻造。国内企业认为拥有一个商标就是开始品牌化运作了,以为按照一般的投入力度就是在打造品牌的想法是对品牌的理解不全面的表现。虽然无法确切估计一个品牌需要投入多少资金,但是,用于社会对一个行业的平均投入,打造一个优质品牌的想法显然是幼稚的。这里有一个"资金力度"的概念,打一个比方,就是"集中优势兵力,打歼灭战"。理由很简单,既然品牌的目的是为了获取高于行业平均利润,那么,必须有高投入才能得到这种与高风险同在的高利润。

资金可以分期到位,前提是必须能够保证资金的按期到位,不然,时时刻刻捉襟见肘的资金状况显然为品牌运作的不正常留下了隐患。有了钱,还有一个用好钱的问题,何时用、用多少、合理负债等,都需要企业运筹帷幄,合理安排。

对于品牌运作,特别是新兴企业的品牌运作来说,运作目标与现实资金往往会有一定的距离。虽然品牌运作可以寻求风险投资的帮助,但是,对于大多数创业者而言,风险资金还是遥不可及。风险投资公司通常每年要收到几千份创业计划,然而最后被选中投资的项目一般只有寥寥 10 个左右,中选的机会非常小。

(三)场地落实

除了开办网上虚拟公司,任何实体化企业都需要寻找合适的经营场地。对一个品牌服装公司来说,根据公司的资金规模、经营方式、品牌理念,对经营场地的选择是多种多样的,在厂房、店面、写字楼、仓库、创意园区等种种可以作为经营场地的商业用房中,有些企业会择其一二,有些企业可能希望多多益善。

在资金许可的情况下,品牌服装公司应该选择地段好、品质优的商业用房作为经营场地,一是交通便利的地段可以方便客户近悦远来,二是品质优秀的楼宇可以衬托企业形象。

至于经营场地的面积大小,应该适当以发展的眼光考虑用房计划,随着经营的开展,特别是销售规模的迅速扩大,原先大小适宜的面积立刻会显得局促。虽然,到那时再搬迁也许为时不晚,但是,在经济景气指数高的城市,房屋租金一般都是逐年上扬的,数年后在同一地段、以同样价格租赁或购买同样面积的房产几乎是不可能的,而且,短时期内重新租赁经营场地不仅面临前面租约的制约,而且,与早先因为租金相对低廉而多租了面积的总价相比,重新装修的费用和时间可能会得不偿失。

(四)资源网络

品牌运作是一项社会化程度很高的工作,需要得到社会资源的帮助。在品牌运作中,资源可以看作是等待开采和挖掘的财富。可以被品牌运作利用的资源主要包括人力资源、财力资源、物力资源、市场资源、技术资源、信息资源、人脉资源、信贷资源等。建立资源网络关系对积蓄品牌发展后劲至关重要,而资源网络的建立主要依靠人脉关系得以实现。

资源需要整合,有些是应该坚决舍弃的不良资源,有些是或可利用的"鸡肋"资源,有些是必须依靠的优质资源。所谓资源整合是指不同的事物与物质按照科学合理的逻辑关系和交互价值,相互渗透与合并、集成与共享结合在一起,使单一资源发挥最大的价值,最简单的理解就是"1+1>2"。如果资源不加区别地重新组合,即使是优质资源之间的组合,也可能会出现"1+1<2",甚至负数的结果,这一情况在人力资源中表现最为突出。

资源整合有其自私性、自发性和时代性,作为品牌运作所需要的资源整合及其方式,应该实现一种对社会资源进行整合的迫切性、优化性、辨识性与差异性。只有这样,品牌生存的基础才能更为厚实,竞争的步伐才能更为有序,发展的后劲才会更加充足。

资源整合揭示所有单一资源的本性和竞争法则,揭示时尚演进随之带来的品牌变化和发展,以及这一切中隐含的状态和可能性之最后目的,可以总结出一种声音:品牌无论是进步还是倒退,市场无论是扩大还是缩小,企业无论是兴盛还是衰落,都是资源整合的结果——无论这种整合是有意还是无意,是主动或是被动。因此,可以毫不夸张地说,是否进行资源整合以及资源整合的能力是品牌运作成功的必由之路。

第二章

服装品牌模型

  服装品牌经营的最大特点之一是复制。复制是指以原型为范本,进行不加变化的数量上或体量上的机械性重复和扩大,达到高效、简便地增多同一性质或形态事物的目的。在此,原型的正确性非常关键,直接到影响复制结果的正确与否。对于品牌服装公司来说,为了扩大规模而被复制的对象就是服装品牌模型。在实现自己的品牌运作目标道路上,企业总是希望不断改变或者修正自己的不足,原因是原型未必完全适合特定场合的要求,目的是在于加快实现预想目标的速度。因此,实践中的复制是可以对被复制原型有一定修正的。

第一节 关于模型

模型原来是工业用词,原意是指铸造业在注模以前,用代用材料按照铸成品的尺寸要求制作的样品或构件,根据这个样品或构件做成模具以后,就可以不断复制与其尺寸一致的铸件。本章提出模型的概念,目的有三:一是重视理论研究的应用性,将"非实质上的规律"转化为便于运作的"实质上的规律";二是提倡思维表达的形象化,使品牌运作的概念与操作更为浅显易懂;三是尊重品牌服装的特殊性,提出目标明确的关于品牌经营终端的建设任务。

一、模型的涵义

模型是指用以分析问题和解决问题的概念形式、实物状态、系统过程及其逻辑关系等集合事物的表示体系。模型的涉及范围十分广泛,如物理模型、结构模型、数学模型、仿真模型等。在此,特指经过试验或实践成功,并可不断复制或修正的事物原型,并且具有一定的榜样作用。

服装品牌模型是指基于品牌服装运作特点的,以理想化方式表现品牌典型特征的,可复制的实物形态,即一种品牌定位实物化或可视化的表现形式,尤指销售终端形式,包括实体终端和虚拟终端。一个品牌模型可以由几个不同的模块组合而成,如产品模块、服务模块、价格模块、形象模块等。不管品牌模型的各个模块具有怎样的特点,都应该尽可能地拥有显示度,其目的是为了凸现品牌形象。

品牌模型是通过对市场的研究,摸索出来的用来规范自营行为或吸引代理商的参照标准,对指导市场推广的作用很大,必须在考虑非常成熟的前提下推出。因为,一旦推出的一个品牌模型在短时间内没有获得成功,不能形成很好的口碑,那么,在市场上到处寻找代理对象的代理商们便会对其放弃关注,甚至产生成见;如要调整以后再推广,成本就会提高。为了做到尽可能多地吸引代理商,其前提是让代理商对这个模型产生信心,而这种信心的最主要依据是该模型在市场上的销售业绩。如果一个品牌模型没有在短时间获得成功的话,基本上就意味着这个品牌模型的失败。所以,品牌模型的策划是一项很严肃的工作,内部架构的稳定和严密,与企业的后台管理有着必然联系。

■ **案例**

几年前,国内某一大城市的一家餐饮公司通过市场调研后发现,大部分年轻的上班族因为迷恋上网、喜欢泡吧等生活方式的改变而不能早起制作早点,健康专家的告诫又使得他们不敢完全放弃早餐,而去正规早餐点进食必须花费他们许多宝贵的睡眠时间,于是,该公司及时推出新的早餐模型,在取得小规模的样板效应以后,这一简便易行的模型在短时间内吸引了大量小型投资者,使得许多待业人员也有机会实现当老板的梦想。该模型对具体内容作了统一规定,具体表现为:品牌,统一的店标名称、制服配备和看板形式;店面,10平方米左右经营面积,不设堂吃座位;装修,现代感的装饰材料,简单整洁的店面;产品,只经营各种馅料的包子,统一外观和重量,规定面与馅的总量和比例;人员,配备两

位从业者,营业时间为 3 小时。这一品牌模型不仅使上班族在从家里走出到公交站点的 10 分钟左右步行途中完成了早餐进食,也成为居住在老式社区的居民购买早点的选择。这一模型的成功让这家餐饮公司在接下来的时间里坐收了大量加盟费。

二、模型的特征

(一) 复制很方便

品牌模型是用来进行市场化复制的依据,对自营和代理均起到很好的示范作用。为了达到"拷贝不走样"的目的,模型本身必须具有可操作性强、适应性广的特点,必须对模型的每个细节都有严格的规定,做到构件化、规格化和标准化。可以根据代理规模分解为几种基本模块,对其道具种类、货品数量、卖场面积等做出相当的规定,达到适当的灵活性。

(二) 盈利能力强

复制模型目的是为了盈利,具有说服力的模型才能被复制。当代理商看到某个品牌模型有很好的盈利能力,哪怕是具有盈利的升值潜力,这个品牌无需投入太多的广告费,也会使代理商趋之若鹜。因为在市场上,只有赚钱才是硬道理。这就需要品牌模型的结构科学合理,运作规范易行,维护简便省心,对产品类别、经营方式、卖场形象、资金回笼等内容反复研究,拿出令人信服的理由。

(三) 可持续性好

无论是通过自营来扩大市场份额,还是通过代理商进行市场布局,品牌模型的可持续性发展是一项重要的指标。对于代理商来说,并不希望经常性地更换代理品牌,因为更换代理品牌而做的前期准备工作无疑会增加其经营成本。当代理商代理的品牌在出现问题时没有很好的解决机制,将迫使其放弃该品牌。一个新的品牌模型可能由于各种因素而在推出前期表现良好,但是,真正优质的品牌模型应该通过一定的运作时间才能反映出来,因此,品牌模型的后续服务与局部更新是其可持续性的基本保证。

第二节　品牌模型的策划

品牌模型首先要根据品牌的实际情况和市场的现实需要,结合一定的前瞻眼光,通过精心策划和深入推敲,选择理想的模块组合及其特别内容;其次,要经过投放市场进行实战性试验,在动态中调整和修正,并再次通过实践验证,才能最后成型。

一、模型策划的涵义

模型策划是指应用科学的思维和方法,为品牌制定一个符合各方面利益的品牌模型,以期达到最佳的品牌运作效果。策划的指导思想是实现双赢或多赢,即当事各方都应该从策划出来的模型中各取所需,获得相应的利益。主要工作包括:品牌模型的目标定位、市场调查、创意构想、方案论证、实施细则等。

品牌模型的策划针对企业和产品的实际情况,进行品牌战略目标的考量,研究市场的宏观信息,包括市场流行动态、消费心理动态、营销发展动态、时尚产业变化及趋势等,收集产品与市场信息,制定和规划微观的品牌模型运作策略,并连同企业形象、品牌形象、市场规划、产品设计方案、销售支持、商业化包装等内容进行详细周到的组织、策划与落实。

二、模型策划的原则

(一)差异性

顾名思义,差异性的最简单理解就是强调此事物与彼事物之间的区别与特点。差异化竞争是指通过各个不同的方面实现市场立足,其实质是通过市场细分化和服务个性化,把竞争对手不具备的优势转化成为品牌运作的独门兵器,是"以客户为中心、以市场为导向"的思想在品牌战略中的一种体现。

差异性主要体现在目标顾客的差异、品牌定位的差异、产品类别的差异、形象包装的差异化、销售区域的差异和市场推广的差异。

(二)互利性

品牌模型的互利性是建立在双方互利基础上的关系营销,要求合作各方了解对方的利益诉求,寻求各方利益的共同点,并努力使双方的共同利益得到实现。运作品牌模型的过程是互惠互利的过程,在充满竞争的市场上,各方应进行换位思考,强调与利益相关者建立彼此信任的长期关系,为了共同目的而相互合作,联合行动,协同完成品牌模型的推广。为了获得品牌的长期发展,一旦合作各方之间发生利害冲突,企业往往需先让利于合作者,才能使品牌模型推而广之。

如果把品牌模型理解为商业游戏,那么,它必须由双方或多方参与,才能转动得起来。互利性体现了品牌模型一定是"非零和游戏",如果策划的模型只考虑到自己的利益,那么,即使这个游戏再有趣,也没有人愿意长时间玩这个光赔不赚的游戏。

(三)成长性

品牌模型的成长性是关于这个模型所具备的市场发展前景。在没有经过实践考验以前,一个新的品牌模型只是一个对未来市场的猜想和预测,人们只能借鉴以往的经验来判断它的市场前途,任何正面评价都只是一种期待而不是结论。如果把新的模型作为项目来看,无论企业自身还是合作者,都希望这个项目前途无量,具有很高的市场成长性。

虽然一个模型的差异性和互利性都不错,但是,如果它的成长性不能被看到,那么,其结果会令人望而却步;即使短线投资大有人在,但是,这种短线行为只是短期牟利的行为,对谋求品牌的长期发展却极为不利。这就需要品牌模型的策划者拥有很高的专业素质和丰富的从业经验,在策划中体现出具有前瞻性的战略眼光。

三、模型策划的视角

(一)瞄准合适顾客

品牌服装的共同特征之一是以合适的价格,为合适的顾客提供合适的产品和合适的服务。

虽然低端市场拥有很大的市场份额,争做"低端市场之王"也可以成为一种品牌策略,但是,低端品牌的"荣誉"会令消费者毫无优越感可言,薄利多销的低端产品违背了品牌谋求高附加值的本义;而且,丢失利润丰厚的高端市场,与品牌运作的初衷相悖,长此以往,就会偏离品牌运作的轨道。在价格竞争激烈的成熟行业中,这种做法也意味着承担一定的风险,但是,品牌这一事物特征不仅要求企业看到品牌当前的盈利性,而且要评估其未来的风险和回报状况。

合适的顾客需要通过市场调研去发现,根据消费人群结构上的宏观变化,找到自己想要的顾客,拟定与之相适应品牌模型。当然,市场的高端与低端是相对的,它们之间没有十分明确的界限,表现形式也较为多样化。比如,用比较高端的视觉效果配合相对低端的产品,深化产品的外观设计,降低产品成本,就是一种以"品牌形象"为模型特征的,比较符合目前国内市场的做法。

(二) 认清自身优势

品牌模型的外在表现很容易被竞争对手模仿,新的理念和技术也会变得陈旧,类似模型、替代产品或服务也会很快出现,结果可能会倍受其害而陷入同质化竞争,难以实现当初品牌模型策划的预订目标。以价格竞争为集中表现的同质化竞争,将使品牌的毛利萎缩,成为限制该模型发展的动力。因此,不管哪个品牌模型目前看起来多么独特或新颖,最终都要承受价格竞争的压力。

当竞争对手从更有利的角度进攻时,企业可能陷入品牌价值流失的地位。要防止运作良好的品牌模型出现这种有害转变,必须在策划这个模型前就应该认清企业本身拥有的优势,作为应对这一局面的秘密武器。为此,可以从两个方面着手:一是不遗余力地以扩大规模的方式降低运作成本,以此领先同行,成为本类品牌中成本最低的品牌模型;二是可以围绕自己的品牌模型提供增值服务,以提升品牌价值,让自己的价值定位紧跟市场成长。

(三) 寻找优质伙伴

一个优秀的品牌模型需要优质的合作伙伴,犹如"好马配好鞍"。合作伙伴的范围很广,是指所有与品牌模型有关的外部企业和个人,包括本企业外部的设计机构、生产单位、材料供应商、加盟商、代理商等。其中,尤为关键的是进行销售合作的伙伴,如经销商和代理商。优质的合作伙伴不仅在职业操守和资金力度上信誉卓著,而且能够在品牌运作过程中发生困难的时候,愿意伸出援助之手,帮助品牌渡过难关。

质地低劣的合作伙伴会很轻易地将运作结果变形,使原本优秀的品牌模型难以真正落实。如果有优质合作伙伴的加盟,并处理好其中的游戏规则,就能制造协同效应。不管合作伙伴的新旧,可以运用模拟和角色预演的方法,来评估它们能否在新的品牌模型中有效地开展协作。

(四) 制定务实目标

企业高层的品牌愿景往往是立足云端,畅想未来,在尚未扎稳营盘之际,即注重开辟市场增长点,并欲以此为契机扩大或提高利润。做品牌确实需要一定的理想,但不是毫无实现可能性的空想。目标的制定应客观、连续、可靠,并分段实施。制定目标前,首先要对企业进行一次系统、全面的评估,了解企业的状况以及可提供的能量,这样制定的目标才是企业需要的和切实可行的。目标制定太高,等于"赶鸭子上架",使品牌模型在第一步就陷入困境。目标过低也会影响品牌发展的速度,等于是一种没有充分利用企业各种资源的浪费。

目标的制定必须以企业需要的品牌风格为中心,制定目标时应该和企业各相关部门一起制定,可以使他们了解在这个目标中自己应该发挥什么作用,以及实现目标的最佳途径。目标不是静止不变的,它以实际运作情况为基础,需要在分段时间节点到期时进行一定的修正。如果发现一个可行的目标逾期而没有达标,存在两种可能:一是目标跨度太大,可能需要分解成更小的步骤;二是执行不力,工作效率低下。

(五)坚守定价政策

价格是一个品牌的市场地位象征之一,何种定位的品牌就应该有与之相适应的价格。围绕定价机制策划品牌模型,不但要提供价格的市场立足依据,而且要远瞻品牌的成长潜力,不能过于"机动灵活"。比如,为了照顾地区消费水平的差异,有些企业默许不同地区的自营公司或代理商采取不同的零售价格,企业制定的零售价成了指导价。这会出现两种不利结果:一是实际销售价格的混乱将导致品牌美誉度的下降;二是无规律的价格调整会给产品销售带来实际运作上的困难。

由于市场细分化倾向越来越明显,欲以一个品牌满足所有客户的需求既不现实,也不自量力。有些企业为了尽可能多地将高低端顾客一网打尽,在同一个品牌的同一系列产品中拉大产品价格带的跨度。这样,品牌的高端顾客会在价格的诱惑下,垂青低端产品;低端顾客则因为囊中羞涩而坚定不移地选购低端产品,如此一来,反而在整体上降低了预期盈利。如果此时砍掉低端产品,则两方面顾客都会认为产品提价了,如果取消高端产品,又违背了品牌服装的基本特征。

(六)选择推广时间

任何事情要获得成功,时间因素是一个不得不考虑的非常重要的因素。合适的人在合适的时间用合适的方法做合适的事情,就没有不成功的理由。选择合适的时间推广品牌模型有两层含义:一是合适的入市时间,即某个品牌模型应该选择什么时候推广;二是合适的成长时间,即这个模型本身是否已经成熟或是否应时、应市。离开了这两层时间含义,新模型可能会因为内因和外因都不成熟的原因而夭折。因此,在策划品牌模型之前,应当从时间角度,利用有效的方法和客观的态度,评估新模型推广及合作的成本。

通过反复核算,充分考虑市场上突变和不利因素,做到新模型在理论上的无懈可击;经过企业内部的拷贝,并运作一段时间后进行市场的放样,用市场来做实践检验,克服可能发生的问题,注意运作细节的修正和补充,带着一定的前瞻目光,在判断新模型成功几率达标的前提下,再通过自营或代理的方式向市场推广。

四、模型策划的内容

品牌模型的外在表现非但没有统一格式,而且在提倡差异化竞争的今天,更表现出多样性和创新性。当然,作为一个市场盈利的工具,它有其基本不变的内容。策划品牌模型时,要尽可能多地了解全面情况,确保策划方案实施的准确性。概括起来,一个全新品牌模型策划的基本内容主要有以下几个模块:

(一)文化模块

文化模块由品牌的历史、主张、诉求、价值观等部分构成,是品牌模型的精神内容。

(二)产品模块

产品模块由产品的风格、系列、配比、款式及档次等部分构成,是品牌模型的本质内容。

（三）形象模块

形象模块由卖场的道具、灯光、样品册、广告招贴等部分构成，是品牌模型的外表内容。

（四）服务模块

服务模块由服务人员的态度、语言、外表、行为等部分构成，是品牌模型的媒介内容。

（五）价格模块

价格模块由价格的制定、标注、变更、结算与实施等部分构成，是品牌模型的价值内容。

（六）配送模块

配送模块由配送货品的时间、地点、人员、工具等部分构成，是品牌模型的物流内容。

（七）维护模块

维护模块由保障正常经营的策略、技术、制度等部分构成，是品牌模型的检视内容。

（八）信息模块

信息模块由各类数据的传输、整理、分析和利用等部分构成，是品牌模型的神经内容。

第三节 品牌运作的概念

策划在前，运作在后。当品牌模型策划完成以后，需要通过一系列有效的运作手段和一定的运作时间，才能将策划中的预期目标付诸实现。在策划与运作的关系中，策划是品牌建设思想的表达，运作是品牌建设行为的体现；策划结果是品牌运作的行动指南，运作结果是品牌策划的具体落实。

一、关于品牌服装运作

顾名思义，运作即运行和操作之意，特指具有一定目的和动机的行为主体指向一定客体开展活动的工作过程及其系统状态。从宏观上看，运作含有统筹、调度、盘整、磋商之意，涉及范围很广，如资金运作、市场运作、政治运作等。从微观上看，运作有执行、贯彻、落实、维护之意，针对性很强，如团队运作、项目运作、活动运作等。相对而言，前者比较务虚，后者更为务实，两者在某种场合下相互交融，难以明确区分。

品牌运作就是在品牌建设总体思想的指导下，参照策划结果中的具体目标和要求，通过规范化的工作行为，将一系列策划目标付诸实施，努力达到预想结果的工作过程。品牌运作的内容很多，一切与品牌建设有关的内容都可以纳入品牌运作的内容范围。

品牌服装运作与品牌运作仅两字之差，内容却有很大差异。品牌服装运作首先是关于服装的运作，即"围绕着以品牌名义经营的服装产品的运作"；其次才是一般意义上的品牌运作。当然，这一运作与品牌运作的其他内容非但不能分割，而且联系十分紧密。如果从工作性质和工作范围上区分，品牌运作是品牌总监的工作内容，品牌服装运作是设计总监的工作内容。

二、品牌服装运作的特征

(一) 预言性与变量因素

品牌定位只是一个对品牌未来的市场表现做出的有根据的预想和框架,品牌定位工作的结果是具有预言性的定位报告,是在理想状态下得出的必然结果。预言的结果与预言者的专业水平有很大关系,品牌定位报告的可操作性因人而异。由于实际运作过程中,主观和客观,尤其是客观方面存在着许多不可预计的变量因素,必然会影响这个理想状态,此时,解决突发事件和调整定位内容的能力就显得非常重要。因此,从这个意义上说,一个成功品牌的运作过程是不断克服和解决变量因素,使之朝着预定目标前进的过程。

> ■ **案例**
>
> F品牌是个小规模投资品牌,企业内部的人才状况是设计人才强于营销人才,在国内品牌服装市场不太景气的1998年上市,由设计师出身的投资者担当经营决策者。虽然其品牌企划做的相当完整,但是人才结构的不平衡性严重阻碍了企划的实施,进店计划也受到商场方面的排斥。资金不足也使面料不及时到位等情况时有发生,经营者疲于奔命。为了不使投资计划夭折,经营者不得不做出品牌企划缩水的决定,小心翼翼地应付每个环节出现的问题。由于其产品在市场上颇受欢迎,较好的销售业绩终于帮助其脱离初期运作的险境,从一个卖场发展到目前的20多个卖场,成为许多商场的招商对象。

(二) 规范性与人为因素

人类文明演化的结果,使人类活动产生了行为和人为这两种不同的行动方式。行为是应该而为,是理性的行动。人为是为所欲为,是感性的行动。在团队行动中,行为因素是经过集体认同而固定下来的内容,具有积极和规范意义。人为因素是个人主观意志的体现,容易产生消极和混乱的结果。两者是管理过程中的一对矛盾,当人为因素比例过大,品牌运作将面临杂乱无章、各行其道的局面。因此,管理是否规范就成了企业是否能顺利完成品牌企划的关键。为了保证达到预期目标,品牌运作应该在规范的行为方式下进行。服装企业的管理制度不健全、家族制管理等现象都是不可避免的人为化运作的根源,必将削弱和抵消有效力量。

> ■ **案例**
>
> 和大多数私营服装企业一样,H品牌也是以家族为管理模式的品牌服装企业。在起先的艰苦创业年代,家族成员之间同心协力、风雨共济。使销售业绩和盈利状况达到了1995年185家卖场和过亿元销售收入的顶峰状态。随着规模的扩大,品牌服装企业多部门多环节的特点暴露出家族制管理模式的缺陷,意识的局限和情面观点导致管理上的失控。经营者意识到这个问题的严重性,毅然通过公开招聘引进一位高级职业经理人。但是,"冰冻三尺,非一日之寒",引进人才也因无法摆脱其错综复杂的家族关系而不能有效贯穿其改革措施,从而导致其他家族成员对其行为和目的性疑心重重,迫使其最后不得不

拂袖而去。随后,为了挽救颓势,该企业又匆忙做其他投资,开饭店、买商铺、办旅馆,由于不懂行,这些新增项目非但没有拯救公司主业,还自身难保,岌岌可危,使该企业的经营处于疲于奔命的状态。目前,H品牌已现衰落趋势,市场上几乎销声匿迹。

(三)季节感与时机把握

服装商品的季节感特别强,虽不像蔬菜瓜果等鲜活商品那样限时限刻,但是,服装商品热销时间,尤其是以第一零售价销售的时间很短,商品的品种是否及时上柜和商品的尺码是否齐全将直接影响到销售额。商品上柜的时间过早或过晚都会引起滞销,商品断码或断色也是销售的大敌。只有一切时机和环节都调理恰当,才能使产品利润达到最大值。另外,令服装企业最头疼的问题是积压产品。几乎每一个品牌服装企业都会有因滞销而积压的产品,都会面临如何处理那些积压产品的问题。虽然处理库存的办法很多,但是,在什么时间、什么地方,选择哪一种方式处理库存,其效果截然不同。销售积压产品的目的是使产品利润的损失达到最小值。

> ■ **案例**
>
> W品牌产品的设计定位应该是比较超前的,由于市场拓展能力有限,品牌形象定位不力,使该品牌的产品始终无法进入与其产品风格匹配的商场,不得已而在低一个档次的商场设柜销售,再加上产品加工质量出现了一些问题,该品牌销售状况长期低迷,形成大量产品积压。由于经营经验不足,对积压产品的处理不够果断,使得原先有机会以三折价格处理掉的产品错失良机,两年后以低于一折的价格作清仓处理也无人问津,导致资金周转不灵,亏损加剧,品牌的经营处于停顿状态。

(四)繁琐性与环节把握

品牌运作是以品牌企划报告为行动准则的,因此,品牌运作强调计划性和条理性。从理论上讲,品牌企划可以做得非常具有计划性和条理性,可是,计划执行的过程很容易出现方向偏移。虽然从表面上看,服装产品与其他工业产品一样,无非是经过企划、设计、采购、生产、销售等几个工业化生产的常规环节,但是,由于服装业是劳动密集型产业,其产品是与人体最为亲密接触的人性化产品,具体运作过程中还有许多非常繁琐的细小环节,这些细小环节会大大地影响产品的最终效果,在服装产品长长的环节链接中,很容易出现各种各样的问题。因此,必须重视对各个环节的控制,抓品牌管理的实质是抓环节管理。

> ■ **案例**
>
> Z品牌是由上海的一家小型品牌服装公司于1999年推出的新品牌,该公司没有生产能力,甚至连样衣都经常外发制作。在其部门构成中,营销和设计能力较强,但始终没有物色到一位高水平的生产部经理。产品除了设计以外,从面料到加工到包装全部委托广

东一家外资企业承担,一度销量喜人,态势良好。

　　但是这种包料、包工、包运的做法使产品成本高昂,投入与产出比例失衡,为了降低产品成本,使产品具有价格优势,该公司采用产品本地化的策略,自行组织面辅料,并委托本地生产单位加工,由于对加工单位不够了解,造成因加工质量问题而经常更换生产单位,因此,产品质量很不稳定。另外,其生产计划不够周密,生产前的准备工作不足,面辅料的到位情况和质量情况不尽如人意,经常出现加工单位停工待料的局面,这些不仅使产品的加工成本上升,更严重影响了产品的上柜计划,使生产与销售脱节,卖场里稀疏单调的产品经常受到商场楼面主管的呵斥,最终受到商场实行的末位淘汰制的惩罚。

三、品牌服装运作的企业规模

　　在国际国内品牌服装市场上,服装企业类型可谓名目繁多、五花八门。每个企业都或多或少地存在着一定的特殊性,都会制订出一套针对企业自身特点而行之有效的运作方案。然而,不管这些企业的内部结构有多么复杂,财政状况有多么隐秘,运作经验有多么老道,品牌运作的基本原理和基本套路大致相同,其最终目的是殊途同归的。

　　运作服装品牌所采用的战略战术与企业规模大小和经营能力强弱有关,了解企业规模和经营能力的目的是要弄清家底,为品牌服装模型的策划提供客观依据。按照当前一般做法和价格指数,可以从企业的资产规模、人员规模和销售规模三个方面,确定服装企业现有的规模大小和经营能力。

(一)资产规模

　　资产包括固定资产、流动资产和产成品等公司所有资产的总和。以服装行业现阶段情况来看,资产在500万元人民币以下的称为微型企业,2 000万元人民币左右的称为小型企业,在5 000万元人民币左右的称为中型企业,在1亿元人民币以上的称为大型企业。

(二)人员规模

　　人员是指企业内部比较固定的员工总和。在没有生产加工能力的品牌服装公司内,人员在10人以下的称为微型企业,50人左右的称为小型企业,200人左右的称为中型企业,300人以上的称为大型企业。在具备生产加工能力的品牌服装公司内,人员规模在50人以下的称谓微型公司,200人以下的称为小型企业,500人左右的称为中型企业,1 000人以上的称为大型企业。

(三)销售规模

　　销售包括主营业务收入的总和;全年销售收入在500万元人民币左右的称为微型企业,2 000万元人民币左右的称为小型企业,1亿元左右的称为中型企业,5亿元人民币以上的称为大型企业。

　　以上的企业规模划分并未对应国家统计部门的有关企业划分标准。在现实中,企业规模的划分具有一定的灵活性。原则上,一个品牌服装公司只要达到其中的任何一条,就成为具有该规模的品牌服装公司(表2-1)。

　　值得注意的是,以上的品牌服装公司规模界定并不包括以承接外贸加工订单为主的外贸服装加工企业。因为这些企业原则上放弃了内销市场，两者之间的主营业务不重叠，一定程度是一种互为依存关系。另外，远远超过大型企业规模的企业称为特大型企业。

表2-1 品牌服装企业规模划分表

	资产规模（万元）	人员规模（人）		销售规模（万元）
		贸易型	生产型	
微型企业	500	10	50	500
小型企业	200	50	200	2 000
中型企业	5 000	200	500	10 000
大型企业	10 000	300	1 000	50 000

企业规模的大小决定了企业部门设置层级与数量的多少。下表为各种类型的品牌服装公司运作服装品牌的机构组成，"●"表示此类公司设置的部门，"○"表示有可能设置的部门。为了方便讨论，将管理职能部门，如，经理部、人事部、财务部、审计部、IT部等部门省略（表2-2）。

表2-2 品牌服装运作企业机构组成

	市 场					产 品				后 勤				其 他	
	企划部	市场部	营销部	美工部	售后服务部	设计部	技术部	生产部	质检部	采购部	仓储部	物流部	生活部	相关产品部	面料开发部
公司1			●					○		●					
公司2			●				●			○	●				
公司3	○		●			●		○		●	●				
公司4	●	○	●	○		●	○			●			○		
公司5	●	●	●	●		●	●	●		●		○	○		
公司6	●	●	●	●	●	●	●	●	○	●	●	●	●		
公司7	●	●	●	●	●	●	●	●	●	●	●	●	●	○	○
公司8	●	●	●	●	●	●	●	●	●	●	●	●	●	●	●

说明：

公司1：微型品牌公司，规模小、部门少，依靠批发产品维持销售。

公司2：微型品牌公司，不重视设计，以技术部负责驳样、发单、加工。

公司3：小型品牌公司，自行组织设计，设立设计部，可有小规模加工能力。

公司4：小型品牌公司，重视企划与营销的分离，有一定的市场开发能力和生产能力。

公司5：中型品牌公司，设立市场部开拓市场，重视卖场形象，有相对完整的产供销系统。

公司6：中型品牌公司，重视售后服务工作，有比较完整的产供销系统，也可不设工厂。

公司7：大型品牌公司，有完整的产供销系统和售后服务部。一定的面料控制能力。

公司8：大型品牌公司，有完整的产供销系统、相关产品和面料开发能力，进行集团化经营。

客观地说，品牌运作并没有一成不变的模式，企业自身也在不断的发展壮大中改变和充实着原先的模式。因此，上表不可能列尽所有品牌公司的运作机构模式，实际情况比此表复杂得多,还有更多的部门排列组合方式。

四、品牌服装运作的主要环节

可分为直接围绕产品的主要运作环节和间接围绕产品的辅助运作环节,每个环节都有非常具体的工作分工(图2-1)。不管哪个环节,或者是某个环节中的一个细节,都是非常重要的,都离不开一个贯穿各个环节及各个细节的工作中心——管理。如果每一个细节都能恰如其分地按时、按质、按量完成,就证明了每个环节都完成得非常出色,更预示着整个品牌运作有了充分的保证,这是品牌运作中的工作链接。因此,为了品牌总目标的达成,品牌运作的实施工作要从每个微小的细节开始。

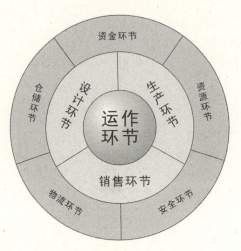

图2-1 品牌服装运作的主要环节

(一)直接围绕产品的主要运作环节

1. 设计环节

设计环节是将抽象的品牌意念转化为具体的可视状态。设计是产品企划的抽象状态转变为具象状态的咽喉和桥梁。该环节最为强调的是设计品质。

2. 生产环节

生产环节是将设计样品转化为标准化产品。从样品转化为产品,需要工业化生产机制的介入,手工作坊式的生产很难保证产品的一致性。该环节最为强调的是产品质量。

3. 销售环节

销售环节是将作为资金投入的产品转化为销售收入。产品的最后出路是销售,是企业得以生存的根本。该环节最为强调的是销售通路。

(二)间接围绕产品的辅助运作环节

1. 资金环节

合理高效地掌握资金的流出与回笼。

2. 仓储环节

严密控制产成品的暂时存放和流动。

3. 物流环节

保证能及时提供产品的输送与回收。

4. 安全环节

保障生产加工过程中的安全与舒适。

5. 资源环节

对内部资源和社会资源进行储备及利用。

第四节　品牌服装运作的要点

品牌服装从企划变成实物的过程比非品牌服装要复杂得多,这也是品牌服装公司的部门设置比外贸服装公司的部门设置复杂的原因。尽管每个品牌服装公司的运作部门设置不一,品牌服装的运作方法却基本一致,在实际运作中,要注意以下几个要点:

一、运作程序

一个从无到有或是改头换面的服装品牌,无论是以网上品牌还是网下品牌面貌出现,或是网上、网下兼而有之,其运作程序基本相同,离不开"企划、执行、管理"三个主要环节。

(一) 企划

企划是一个服装品牌在运作之前必须经过的重要程序,含"谋划""策划""预想"之意,其涵盖内容十分广泛,所有尚未实施的想法、目标、措施、定位等,都可以圈定在企划的范畴内。

任何企划的过程和结果都必须科学和严谨,具有理论的可行性、目标的可实现性和实践的可操作性。根据工作任务,企划可以分为总体企划、环节企划;根据时间节点,企划可以分为全程企划、阶段企划等。

企划大都以相关人员草拟方案并集合讨论的形式进行。企划的最终结果以企划方案的形式呈现。

(二) 执行

完成后的企划方案只是停留在纸面上的东西,既可以说它是价值非凡、前景无量,也可以说它是一纸空文,前途莫测。这中间既有实践认识的问题,也有专业水平的问题,孰是孰非,还是要凭实践的结果说话,"实践是检验真理的唯一标准",能够转化为实践的理论才是有效理论。因此,一个看似良好完整的企划需要有理论到实践的转换过程,需要严格规范的实际运作来检验。

执行是在有效的措施和制度下,由专人负责分工实施的企划落实过程。在企划落实过程中,企划的执行者是负责将企划变为现实的桥梁,执行者比管理者的作用更为直接。

执行中包含着检查,检查制度是执行工作的一部分,要严格地定期检查和确认每一个环节的工作进度。企划的实施对执行人员的素质要求比较高,不仅要求有较高的专业素质,还要求有较高的职业素质。在此,职业素质是指责任心,专业素质是指懂行。

在执行过程中,最为困难的是执行人员的人为因素,不主动发现问题或发现问题隐瞒不报,都会造成运作的损耗。

(三) 管理

管理者与执行者不同,管理者具有宏观控盘能力,不过份强调专业水平。一个好的职业管理人员可以在任何企业找到切入点,因为管理的原理是基本相同的,只是企业的经营范围不同而已。规划的实施需要严谨有效的管理。在品牌运作中,应该采用条例化、数据化管理。管理条例应该具有很强的可操作性、逻辑性、严密性和权威性。

品牌运作是在运作管理体系的保障下进行的,管理体系不能形同虚设。许多服装企业都会有洋洋洒洒的管理条例,但是,真正按照那些管理条例运作的却不多,尤其当发生违反管理条例的情况时,处理方式却并非按照管理条例进行,而是表现得比较随心所欲,这种随机管理的方式对品牌运作非常有害。

二、品牌企划

品牌运作的依据是品牌企划,如果没有企划,运作将变得将随意而为,结果也不可预期。品牌企划是根据品牌理念,对品牌将要达到的目标进行一个系统的合理的预先设定,品牌企划方案的优劣将直接影响品牌运作的结果。因此,在企划一个品牌服装时,一般要注意以下几个方面的要点:

(一)企业性质

全面了解企业的综合情况是品牌企划的重要基础。这些情况包括企业属性、发展历史、财务状况、组织结构、人员规模、技术水平、营销网络、销售业绩等。比如,以企业属性为例,目前我国现行的工商管理制度允许多种不同性质的所有制企业并存。在《公司法》中,企业是按照资本组织形式来划分企业类型的,主要有:国有独资、国有控股、有限责任公司、股份有限公司、合伙企业和个人独资企业等。除国有独资、国有控股企业外,只要是没有国有资本的非公有制企业,均被统称为民营企业。所有制属性不同的企业,其相关政策也不相同,这将涉及到成本分摊和资金使用的灵活性,会在相当程度上决定企业的行为。

如果通过新注册一个公司来实行品牌运作,那么,注册什么性质的公司,如何使用有关优惠政策都大有讲究。

(二)机构组成

机构组成是指采取和配备什么样的工作部门保证品牌运作的畅通。运作品牌所需要的部门机构和组织形式不尽一致,确定各职能部门的职责及部门之间的工作连接方式是提高工作效率的很好途径。

一般来说,品牌服装需要企划部、设计部、样品部、采购部、营销部、生产部、仓储部、财务部等部门协同作战,虽然有些投资规模较小的企业不必设置这么多部门,但是,这些部门所担负的工作职能是不可缺少的。从工作岗位来说,除了管理人员和生产人员以外,需要配备企划师、设计师、样板师、样衣师、采购员、销售员、会计师、营业员、仓管员、送货员、跟单员等岗位(小型品牌服装公司可以用一个员工身兼数职的办法解决从业人员的工作量不足问题)。

(三)资金投入

资金投入的大小决定了品牌规模的大小。也决定了品牌运作的具体策略,虽然小规模资金通过良性的运作也能使品牌逐步发展,但是,大规模资金投入更有利于抵抗市场风险,有利于市场规模的迅速扩大。一般来说,资金总额应该有抵抗两年市场风险的能力,在运作失误后,经过适当的调整,仍有翻身的机会。否则,过小的资金会因为运作的微小差错便周转不灵,从此一蹶不振,很快从市场上消失。

（四）品牌定位

应该给品牌一个清晰的、全面的、立体的、可行的定位，其中，产品的风格和产品的价格是最为重要的。详见第四章，此处不再赘述。

（五）设计方案

企划中的设计内容是品牌服装的灵魂内容，因为品牌的精髓是产品。本节内容在《品牌服装设计（第 3 版）》一书中有详述，请参见。

（六）采购计划

品牌服装对原材料的要求比较高，对原材料的使用是否得当，甚至是品牌有无卖点的重要因素。尤其是作为产品主要成本和拥有产品主要外观的面料，往往是品牌获得成功的制胜法宝，选择时必须慎之又慎，在风格、性能、外观、手感、价格等方面综合考虑。面料并不是越贵越好，应该是与品牌风格越吻合越好。要对原材料的来源、类别、价格、交货期、质量、制约条件等做到心中有数。

（七）产品配比

产品配比分为产品类别（即产品品种）配比和产品数量配比。前者属于品牌定位考虑的内容，后者是指一个品种的产品生产数量企划。目前，大部分女装品牌都是以"5·3"系列或"5·4"系列推出 4 档规格的产品，如 S、M、L、XL 或 34、36、38、40 等，每一种产品会按一定比例生产，如 34∶36∶38∶40＝1∶2∶3∶1，等等。比例数是根据品牌面对的消费群而定的。每一种产品通常配置 3～4 种颜色。

在一定尺寸范围内，规格越多表示推档密度越小，越容易满足不同体形顾客的需要，但是，若干规格的投产比例不准，反而会造成销售中的规格断档，使库存产品同比增长。同理，若面料颜色选择不当，也会引起色号断档。

还要注意整个系列内的产品配比，不能平均对待，而是要凭借灵敏的市场感觉，对重点款式和点缀款式分别处理，适当拉开配比关系。

（八）生产计划

生产计划主要是考虑在保证质量的前提下，产品加工的进度是否能跟上产品上柜的时间。生产速度的过快、过慢都是不利的。生产过快会加大仓储压力，引起生产部门的忙闲不匀而增加生产成本；生产过慢会丧失销售机会，影响产品上柜计划。产品加工的先后顺序是严格根据产品上柜顺序确定的。产品加工可以分为外加工和内加工，外加工是指把需要加工的产品委托其他专业性的加工单位加工，内加工是指由本企业自己的工厂加工产品。这两种加工方法各有利弊。

目前，有加工能力的公司通常采取两种办法：一是完全由自己的工厂加工，其优点是可以控制加工进度，降低生产成本；缺点是加工水平可能不如专业工厂，在销售淡季因生产数量不足而增加企业负担。二是外加工和内加工结合，其优点是灵活机动，淡季负担轻；缺点是生产管理人员增加。无加工能力的公司则只能采取完全委托其他工厂加工的办法，其优点是没有生产性投资，淡季负担轻。缺点是产品成本增加，加工进度不易控制。因此，当一个品牌销售规模扩大到一定的程度时，为了降低加工成本，常用的方式是开设自己的工厂。当然，市场表现良好的品牌完全可以消化因产品外发生产而增加的生产成本，而且可以甩掉自营生产环节，集中精力搞好品牌建设。

还要处理好首期产品和翻单产品的关系。首期产品的产量是以卖场为计算单位的。追加翻单产品的依据是产品的销售率,即产品的生产数量与实际销售数量在一定销售时段内之比。管理不规范的企业常有销售人员误导翻单的现象,只要产品一开始动销,或缺了某个尺码,便立刻要求追加生产,往往因盲目翻单而导致产品积压。例如,从销售报表中看,甲产品销售 2 000件,乙产品销售 200 件,但这并不表示甲产品比乙产品好销,因为,甲产品也许是在 10 000 件内销售了 2 000 件,占全部产品的 20% ,乙产品则是在 400 件内销售了 200 件,占全部产品的 50% ,如果要翻单,应该是乙产品而非甲产品。

(九) 营销策略

再好的产品也必须通过销售才能达到实现利润的目的。营销可以分为两个部分:一是营销谋略,二是销售实施。前者是从比较宏观的角度研究品牌营销思路、店铺划分、进店时间、销售方式和促销手段;另外,还要考虑批发方面和代理方面的营销思路和手段。后者是从比较微观的角度具体落实和处理销售过程中遇到的实际问题。包括商场谈判、货品管理、营业员管理、货款回收等具体工作。两者必须紧紧相扣,不能有任何闪失。

对于一个全新品牌来说,在销售上有一个市场接受期,即品牌亮相后,消费者会有一个从观望、熟悉、认可到接受的过程,这个过程的长短与品牌准备的程度及产品面貌有关。因此,销售计划不宜过于乐观,不能对销售计划的实现满打满算,要有销售目标折扣率,或者分为前期、中期、后期分别确定目标,分阶段实施。

每个流行季节,甚至每个月的销售计划都不应该相等。

(十) 推出时间

在商战异常激烈的今天,一个全新品牌或者是一个改造品牌的推出必须实行开门红,否则,要改变该品牌在人们头脑中的影响可谓难上加难。好比一张画过画的白纸很难恢复原貌一样,它不仅是资金的浪费,也是信誉的殆尽,更是时机的丧失。

品牌推出的时机非常重要,"时机"包含了时间和机会两层意思:一是品牌推出的年份。品牌服装对社会环境有比较高的要求,社会经济状况的优劣会影响品牌推广的快慢,在社会大气候不适宜品牌服装生存的时候,投资服装品牌应该三思而行;二是品牌推出的季节。商家在商场内进行服装品牌大调整的时间一般分为春夏和秋冬两次,在每一个流行季节开始之前调整完毕。到底在哪个流行季节亮相? 需要根据每个企业的实际情况决定。除了有准备时间等因素以外,还要考虑自己的产品优势和资金情况等因素。

(十一) 目标设定

目标设定是对企业对品牌的发展有一个比较长远而可行的预见。如果品牌运作一切都规范流畅,那么,品牌发展的速度可能会超乎常人的想象,一些其他传统产业模式里不可理解的增长现象在品牌服装圈内却屡见不鲜,那种在几年内资产积累超过原始资本数百倍的案例比比皆是。有些企业因为没有考虑到自己的发展如此迅速而出现人才和资金断层等危机,从而丧失了发展机遇。因此,制定一个长远目标并非得陇望蜀之举,而是一个企业应该具备的自信和韬略。具体说来,目标设定要求企业根据原始资本的实际情况,按照市场经济的一般游戏规则,将近年内的企业框架、市场拓展增长比例、部门员工增长比例、资本运作需求量、营业用房增长比例等等作一个既是自信乐观的展望,又是切合实际的设想。

目标设定还包括销售目标的预测,这是其他欲达到目标的基础,是实现其他目标重要的资金来源。销售目标的预测不是做简单的数学题,而是要在考虑销售业绩呈正常的数学公式递增的同时,充分考虑品牌运作中可能会出现的不利销售的困难以及克服这些困难的办法。例如,销售额的增长一定会增加库存产品的数量,当库存产品在保本点以下销售时,多卖一件即多亏一件,如何寻找其中平衡点并努力改善这种状况,也是销售目标预测中要体现出来的内容。

三、投资预算

投资预算是指对各个运作部门和环节所需要的资金按照实际情况进行估计,得出总的资金规模需求量。要推出一个品牌,就会涉及先期投资。作为投资,就必须要考虑投资的回报率,同样数额的投资,由于使用比例或使用方法的不同,会出现截然不同的结果,有所谓运作成功与运作失败之说。所以,投资在各个环节上的资金分配还是大有讲究的。

投资回报率由经理部门匡计,投资预算则是由财务部门测算。

(一)预算的内容

周密详尽的预算能够保证品牌运作按预先设定的轨迹运行。如果主观经验丰富,加上客观环境没有出现太多不可抗拒因素,预算的准确性可以做到八九不离十。在经营场地、生产设备等其他基本费用一定的情况下,用在品牌运作上的预算内容主要有以下几个模块:

1. 产品

一般来说,用于产品上的资金将占整个品牌投资的大部分。产品投资分为产品开发与批量生产。产品开发包括设计费用、样衣制作,都是一笔不小的开支。批量生产是指根据样品成批量地投产。产品和首批生产数量按卖场数量预算,一般每个规格和每个色号按每个卖场备货3~4件/条。产品一旦动销,即可在各卖场之间调配,当产品动销至一定比例,营销部可敦促生产部翻单,即追加生产。

2. 推广

产品推广的主要方式是借助媒体进行广告宣传。根据广告的表现形式,主要分为软广告和硬广告。根据媒体的表现形式,主要分为传统媒体和数字媒体。

所谓软广告是指利用媒体以新闻报道、人物专访或举例引证等方式做比较隐蔽的品牌和产品宣传,其宣传效果比较含蓄、间接和详细,宣传费用较低。硬广告是指在媒体的广告时段里对品牌或产品做直接的宣传,其宣传效果比较直接、实在和概念化,宣传费用很高。

3. 形象

在品牌形象上的投资主要是指对卖场形象的装修。除了商品以外,一切在视野内的东西都是品牌形象的一部分(图2-2)。在相同风格和相同面积内,造价高的装修效果一般要比装修造价低的装修效果好。在使用相同材料的情况下,精细的装修风格要比粗略的装修风格成本高,复杂的装修风格要比简洁的装修风格成本高。

卖场形象可以包括样面、地面、工作台、试衣间、货架、穿衣镜、灯光、形象画、灯箱、衣架、模特、摆件、样本、包袋等。

图 2-2　美国著名品牌 DKNY 配合 Be Delicious 香水系列的推广
形象中运用了大量的青苹果摆设,给人耳目一新的新鲜感觉

4. 经营

经营上的投资主要用于管理成本和销售成本。管理成本是指为了维持正常的业务开展而发生的薪酬和办公等费用。销售成本是指为了维持正常的销售工作而发生的人际往来和差旅等费用。经营成本中还有用于公共关系的费用。

在品牌运作的实际预算模块中,各模块的内容及占用经费因各个品牌所处发展阶段而不同,并无恒定不变的总量及比例。一般情况下,产品:推广:形象:经营 = 5:2:1:2。其中,品牌的每个阶段的投资比例会根据工作阶段的推移而有所侧重。

> ■ **案例**
>
> 　　Y 品牌是一家公司新推出的小规模品牌,公司打算初期投资总额是 200 万人民币,首次到位 100 万元。于是,Y 品牌的经营者将首期资金分为:产品 40 万元、推广 10 万元、形象 20 万元、经营 30 万元。分配比例为 4:1:2:3。第二次资金 100 万元于 3 个月后到位,资金的分配比例为:产品 60 万元、推广 10 万元、形象 20 万元、经营 20 万元,分配比例为 5:1:2:2,总的分配比例为 10:2:3:5。

（二）预算的实施

做出预算比例后，就要进行预算的实施。预算的实施有两个关键环节，一是预算的按时到位，如果资金不能按时到位，很可能因整个运作班子的信心丧失而无法运转，品牌企划目标的实现将大打折扣。二是预算的使用效率，几乎没有一家企业会说自己的资金非常充裕，有限的资金必须得到有效利用。在实际操作中，可以进行以下处理：

1. 资金的分期分批运作

在资金不能短时全部到位的情况下，可以制定资金分期、分批地到位的计划，但要评估资金的分期到位给运作过程和结果带来的不利影响，确定后期资金到位的最后期限。

2. 资金的滚动投资运作

将通过实现销售收入的首批回笼资金用作再投资，充分利用资金的流动性，达到资金的自我滚动效应。

3. 合理占用合作方资金

在一定的合法范围内，合理地拖延支付给合作方的应付款时间。利用供需双方的利益关系，在合同文本中提出本方货款的时间差条款。

（三）两项重要预算

由于品牌运作的环节复杂，需要花钱的地方很多，因此，投资预算牵涉到品牌运作的方方面面。其中，有些可能会发生，有些未必会发生；有些占比大，有些占比小；有些提前量大，有些临时性强。在此，有两项比较重要的预算不能轻视，即卖场铺底预算和卖场装修预算。

1. 卖场铺底预算

卖场铺底是指新进一个卖场时，它应该以多少产品填充卖场。这里有两层意思，一个是产品的数量铺底，另一个是产品的品种铺底。不管哪个方面的铺底，都是与卖场面积有关的。其中，产品数量铺底与卖场面积接近等比关系，产品品种铺底与场面积接近等差关系。在一个卖场内，铺底产品的数量多而品种少，会给人呆板沉闷的感觉；品种多而数量少，则有杂乱无序的感觉；品种多数量也多，则有拥挤堆砌的感觉，反之，则有稀疏零落的感觉。

按照卖场面积计算，以春秋季产品为例，平均每平方米 10 ~ 15 件/条，夏、冬季可有所增减。以在大型百货公司设柜为例，小型卖场面积在 30 平方米以下，中型卖场面积在 50 平方米左右，大型卖场在 100 平方米以上。由此，利用简单的数学公式便可以得出服装商品的基本铺底数量。

按陈列货架计算，以 1.2 米长的标准挂杆为例，每 8 厘米左右间隔放一个衣架，则平均每根挂杆为 15 ~ 18 件/条，夏、冬季可略有增减。以在大型百货公司设柜为例，小型卖场的挂杆总长 20 ~ 30 米，中型卖场的挂杆总长 30 ~ 50 米，大型卖场的挂杆总长 50 ~ 70 米。挂杆的具体长度与服装陈列方式有关，可从商场装修图纸中统计得出。

以叠放方式销售的产品铺底计算应在此基础上乘 1.5 倍左右。

2. 卖场装修预算

对于十分强调品牌形象的服装品牌而言，卖场的大小、装修的风格及质量非常重要。可以说，除了服装本身原因以外，卖场装修是影响销售的关键因素。卖场装修等于是商品的超大型包装（图2-3）。精美的包装是诱发消费者购买欲望的主要原因之一。即使是网络服装品牌，其页面设计和商品信息也十分关键，其目的在于网购者方便、快速、安全地找到自己满意的商品和完成货款的支付(详细内容参见第七章)。

图 2-3　恰到好处的卖场空间能带给消费者全面的购物享受

■ **案例**

　　M 品牌是一个小规模男装品牌,该品牌为了提高销售业绩,打算在产品内容难有很大变动的情况下,尝试通过强化其品牌形象达到目的。为此,企业制定了一个"专卖店装修计划",将属下 14 家专卖柜全部统一更换新形象,结果,销售额在最初的 4 个月内同比增长 15%。

　　在一些分工不太细化的中小型品牌服装企业,服装设计师也充当起卖场装修的主要角色。其实,这不仅是一个很好的考验服装设计师综合能力的挑战,也是一个可以比较充分地按照服装设计师自己的愿望设计品牌形象的良机。在分工细化的企业,这个工作则由美工部完成,在卖场众多的大型品牌服装企业甚至设有装修工程部,专门负责卖场装修。

> **案例**
>
> NCM 品牌的公司总部地处比较偏僻的一个县城小镇上,为了使其全国 200 多家专卖店的道具能够做到及时、快速、节省和标准化地更换,专门在其公司开设了一个颇具规模的商场道具加工部门,其制作质量与专业化商场道具公司相差无几。

(四)投资额度对品牌目标达成的影响

通常情况下,投资总是大一点比较好,既能增强抵抗市场风险的能力,又能给品牌的发展提供足够的后劲,所谓"游刃有余"。但是,投资额大于资金的实际使用量时,就会出现资金空置,这是对资源的浪费。如果投资是通过融资得来的,还必须还本付息,大量的空置资金无疑会增加还本付息的难度。尽管如此,从总体上来说,投资额度还是宁大勿小、宁快勿慢、宁整勿碎、宁长勿短。

品牌服装推出需要一定的声势,需要销售场面好看,用声势和场面去吸引本来不属于该品牌的消费者。因此,资金不宜零打碎敲地使用,应该集中力量,掷地有声,这也就是生意场上说的所谓"魄力"。如果用每颗 1 公斤重的石头投入水中只能溅起 1 米高的水花的话,10 颗石子依次投入水中是不可能溅起 1 米以上水花的,只有将几颗 1 公斤以上石子绑在一起投入水中,才有可能砸出一个超过 1 米高的大水花。

> **案例**
>
> W 品牌是由三方投资合作经营的女装品牌,当时商定投资额为 150 万元人民币。公司成立后,由于甲方和乙方的其他经营内容出现了意外困难,在首期资金到位 50 万元人民币以后,后续资金迟迟不能跟上,迫使 W 品牌的经营者不得不小心经营,恨不得将一分钱分为两半花,包括面料选择、卖场装修等许多投资内容都降低了标准,使原先的品牌企划大大缩水,产品状况可想而知,销售状况自然是不尽如人意。等甲方和乙方发现问题后决心追加投资,试图挽回败局时,前期 50 万元的投资等于已经浪费了;而且,为调整产品增加了困难。因此,当 150 万元人民币分为 4 次全部到位后,已经没有实际意义了,无法挽救 W 品牌陷入困境的命运。

四、影响品牌运作的非产品因素

在市场竞争激烈的年代里,产品价格相对较高的品牌服装也面临着严峻的挑战,品牌的企划和运作都不能盲目乐观。特别是在目前世界经济环境还不够良性的市场背景下,品牌在运作过程中会遇到一些来自各方面的不可预计的负面因素,比如受到来自商家的种种苛刻条件的不合理制约,以及企业之间"三角债"的拖累等,这将严重影响品牌运作进程。所以,品牌经营者应该对此有充分的心理准备。影响品牌运作的负面因素具体表现为:

（一）天气因素

服装也有"靠天吃饭"之说，对气温的变化要心中有数。特别是冬季产品，由于其成本高，资金投入多，更是不可掉以轻心。比如，一些以冬装为重点的服装企业出现了向气象部门购买年度气象预测信息等需求，关心气候变化的举措已成为这些企业的必修课。

> ■ **案例**
>
> TM品牌是以冬季大衣为强项的品牌，想借千禧年带来的商机大干一场。于是，该公司于该年7月份精心组织面料，并大量使用水貂、银狐等毛皮边饰应对千禧年春节服装可能出现的豪华要求。不料，当年全国大部分地区出现暖冬现象，许多消费者的购买服装计划被打消，经过促销、打折等一系列活动后，仍有3万余件大衣压仓，按每件大衣300元的成本计算，即有900万元资金占用，此举给TM品牌带来意想不到的巨大损失。

（二）社会因素

品牌的发展需要安全稳定的社会环境，一旦遇到战乱、经济危机等不稳定因素，人们首先缩减的是在服装方面，尤其是高档服装的开支。20世纪90年代中后期爆发的亚洲金融危机使东南亚地区经济发展遭受重创，消费品购买指数直线下降。我国近几年为了扩大内需而启动的房地产、汽车等大宗消费的政策引导，也分流了包括服装在内的不少日常消费，有相当一部分原本追随流行的消费者为了早日置房购车而不得不节衣缩食。

> ■ **案例**
>
> 1997年前后爆发的东南亚金融危机使大部分东南亚地区的国家经济发生严重萎缩，也同时波及国内外贸服装加工企业，这些企业强大的加工生产能力受到严重威胁，外贸订单的锐减迫使他们在国内寻找加工订单。虽然这种僧多粥少的现象为国内没有加工能力的品牌服装公司带来了降低生产成本的机会，但始料不及的是还有一部分迫不得已地放弃对国外订单依赖的外贸服装企业开始打出自己的服装品牌，加入到内销服装市场，使本已激烈的国内品牌服装市场竞争更趋白热化，市场价格大战由此升级。

（三）损耗因素

损耗因素分为内部损耗和外部损耗。内部损耗是企业内部管理系统出现了问题。例如，人员的突然流动、企划的突然改变使工作没有了连续性；随意性的人为化管理又将挫伤许多员工的积极性。外部损耗是合作方发生违约行为。例如，该到的面料没有按时送到，影响了生产计划的正常进行。

■ 案例

　　HE品牌是8年前在服装激流中异军突起的休闲女装品牌,其"邻家女孩"的品牌形象令许多女孩为之倾倒,优秀的销售业绩使得当地服装企业垂涎三尺,有些服装公司开始对其产品明模暗仿,皆因不得要领而难成正果。最终,当地有一家原来做休闲男装的公司索性一不做,二不休,暗中做起了"策反"工作,以非常诱人的条件,将HE品牌的全部技术人员一锅端地收入囊中,不久,全套翻版HE品牌的JK品牌问世。这种不正当竞争行为为JK公司"开创"了一个成功在望的新品牌,也使HF品牌遭受重创。

(四)库存因素

　　品牌服装公司与专业生产外贸产品的服装公司最大的不同点之一是,任何品牌服装都有或多或少的库存。产品库存并不可怕,是产品经营过程中出现的正常现象。但是,当产品的库存数量与新货超过一定的比例,并且得不到及时有效的处理时,问题就会变得非常严重。

■ 案例

　　2012年冬季的国内服装市场,在网络销售比例越来越大和居民实际收入未增等情况下,不少以传统零售为主的领军品牌的产品库存高居不下,甚至出现了某个休闲装品牌库存高达30多亿的传闻。这些企业使出各种手段忙于抛货,促销打折的力度大大越过了成本底线。如果这种回笼资金的手段没有达到预期目的或者超出可控范围,将严重影响企业对新产品开发和投入的力度。

(五)坏账因素

　　坏账主要是指产品销售出去以后无法收回应收货款。这是对企业造成最大的危害之一。这就要求要与合作方签订合作协议时,先对该公司资质通过有关部门进行了解,在行业内打听其商业信誉,避免坏账风险。经济环境的不成熟和经济法规的不健全使得死账、赖账频频发生,企业之间的"三角债"现象也未得到彻底根治。

(六)商场因素

　　品牌服装是百货商场的大宗商品,是百货商场的主要利润来源。与家电、文具等价格比较透明的商品不同,服装商品听起来利润相当高,售出一套中高档品牌服装的利润远比一台大冰箱或大彩电的利润高。商场经营的好坏是以商场每天的单位营业面积平均效益的高低为标准,俗称"平效"。从商场的日平方米营业面积的效益来看,服装商品也是数一数二的。商场因此也对服装商品特别垂青,甚至采用"鞭打快牛"的政策,迫使服装商品带来更大利润。商场对品牌服装公司最大的不利因素主要有:一是强行促销,不管厂商是否愿意,都有必须参加商场的促销活动并承担绝大部分费用。二是强行挪位,商场会随意挪动厂商原来的卖场位置。三是胡乱收费,商场在销售结算时突然冒出在销售合同中没有规定的费用。四是拖欠货款,商场会以各种理由拖欠占用厂商的货款。五是强行装修,商场会突然为厂商指定某装修公司装修卖场,从中牟利。六是强行推销,将厂商不需要的物品加价卖给厂商。七是强买商品,商场会要求厂商以象征性的价格强行出售给自己。八是索要回扣,商场个别人员会以撤柜为威胁向厂商索要回扣。

第三章

品牌服装调研

　　调研是调查研究的简称,是指为了提高决策水平、解决现状中存在的问题或寻找新的机会,开展系统的、客观的、科学的收集信息、分析原因和认识现状的基础工作。调研要求在尊重客观事实的基础上,为决策提供真实可靠的依据。因此,调研是做好一切后续工作的基础。

第一节　关于调研

在市场学范畴内,一般将针对产品的调研工作笼统地称为市场调研。能否做好调研工作是衡量设计师专业基本功的标准之一,也是设计师转向运作者的必修课。由于服装行业具有一定的特殊性,对于品牌服装调研的方法和内容上有特别的要求,根据品牌服装及其运作的特点,本章将品牌服装的调研工作分为市场调研、企业调研和商场调研三个部分。

一、调研的目的

调研的目的是为品牌运作系统地、客观地、科学地收集、分析、识别和提供信息,发现困扰当前发展的症结和原因,寻找新的市场需求和发展机遇,为决策者提供决策依据,从而为企业提高品牌运作能力和修正品牌建设路径起到引导作用。

运作品牌服装成功的关键是发现和满足消费者的要求。目前,我国服装市场国内国外各方力量的竞争加剧,市场的变化速度加快。随着全球经济一体化进程和国际化营销格局的加快,促使企业对信息有更高、更广的需求,也要求企业必须对品牌运作策略和工具有更深层次、更快速的了解和反应。消费意识的提高也使得企业需要对消费者的消费习惯和消费趋向有更准确和更深入的了解,为了判断消费者的要求,实施能够满足消费需求的品牌发展计划,企业需要对消费者、竞争者和市场的现状有全面而深刻的了解。

二、调研的方法

根据调研需要解决的问题、调研项目的内容和调研对象的不同,可以选择不同的调研方法。调研方法的选择是否合理,对调研结果影响甚大,如果调研方法运用适当,其结果可信度就高,反之,则会降低调研结果的准确程度。

概括起来,适合品牌服装的调研方法有以下几种:

(一) 资料调研法

资料调研法是通过对现有资料的收集、分析和整理,达到调研目的。在如今信息爆炸的时代,资料的分布面大、量广,常以文字、表格和图片的形式散见于专业书籍、网络资源、报纸杂志、行业文献等媒体,也可以存在于企业文件、个人手札等形式。要在短时间内收齐这些资料,需要一定的工作经验。

资料调研法的着眼点是其资料的权威性、全面性和真实性,因为收集来的资料往往是经过别人咀嚼、消化的处理结果,变成了难免会受其主观意识影响的个人观点。所以,权威、全面和真实的资料有助于提高资料的有效性,一般来说,对资料的利用更注重其基础数据而不是结论。

资料调研法的缺点是资料的有效性难以判断,如果资料来源出现了偏差,必然会影响调研结果的正确性。

资料调研法可以分为文献资料、会议资料、媒体资料和网络资料。

(二) 现场观察法

现场观察法是通过调查人员在调研现场,采用肉眼观察(必要时配合仪器观察),记录调研对象的表现,直接获取相关信息的一种调研方法。这种方法要求调研者目光敏锐,被观察对象处于典型状态,才能观察到真实情况。

现场观察法的优点是简便易行,直观可靠。由于获得的信息是观察者在现场亲眼目睹的,因此,这类信息相对比较真实可信。

现场观察法的缺点是必须在实地进行,调研者的体力消耗较大,且易受外界因素干扰。

现场观察法可以分为体验观察、择机观察和随机观察。

(三) 问卷调查法

问卷调查法是指利用事先设计好的调研问卷,向被调研者发放、回收并获取信息的调研方法。问卷的发放较多采用街头拦截,也可以利用不受空间限制的调研工具,比如,利用邮政工具或网络,可以不受调查所在地区的限制,只要通邮或有网络的地方,都可选为调查样本,甚至是国内和国际的许多地区都可以进行调查。目前常通过调研网站或采用问卷软件,实施问卷调查。

问卷调查法的优点是随机性强,得到的情况较为真实可靠。也可不受时间和空间限制,让被调查者有较充裕的时间来考虑回答问卷,避免面谈中容易发生的被调查者受环境因素干扰等情况。

问卷调查法的缺点是问卷回收率低,因而有可能影响样本的有效性。不直接接触被调查者,不能感受答卷者的态度,因没有机会解释问卷而导致答卷者理解偏差。

问卷调查法可以分为街头调查、邮寄调查和网络调查。

(四) 亲身体验法

亲身体验法是指调研者通过对被调研事物的亲身感受,根据自己的亲身体验得到第一手感性认识,形成对事物的直接看法。调研者可以直接使用产品和接受服务,也可以设计一些体验程序来获得所需要的信息。

亲身体验法的优点是能够以当事者的身份,直截了当地感受事物的真相,对被调研对象产生最直观的印象,这是任何上述调研方法无法比拟的。

亲身体验法的缺点是样本数有限,花费时间较长,调研成本较高,而且要求调研者有很好的判断能力和随机应变的能力。

亲身体验法可以分为观测体验、蹲点体验、乔装体验和神秘顾客体验。

(五) 访问法

访问法是指根据合理科学的抽样,由访问员直接与受访对象进行面对面的访谈,获取所需要的信息。这种方法灵活方便,有针对性,谈话伸缩性强,彼此可以沟通思想,能够产生激励效果。采用此方法的要点是注意被访问者有能力回答确属必要的问题,访问时间不能过长,访问者的措辞、语气、表情以及访问场地的气氛必须合适。

访问法的优点是可以掌握一手资料,如果样本数足够多,那么,其真实性应该是值得信赖的。

访问法的缺点是花费时间长,调查费用高,对访问员的沟通能力也有较高的要求。尤其是一对一的入户访问,需要预约以及来回的路程成本预算,不太适用选定样本较多的访问。

访问法可以分为入户访问、街头访问、小组面谈、个人访问和电话访问。

(六) 映射法

映射法是指一种以访问或问卷的形式,采用无结构的或非直接的询问,鼓励被调查者将他们对所关心问题及潜在动机、信仰、态度或感情投射出来。在映射法中,要求被调查者解释其他人的行为或现实状况,而不直接描述自己的行为,因而可以鼓励对方谈出更多的内容。

映射法的优点是可以含蓄地了解被调查者的潜在想法,即在被调查者解释一些问题时,就可以间接地将他们自己的思维、观点、态度、信仰或感情投射到事先设定的有关情景之中。

映射法的缺点是深入核心问题较慢,耗费时间较长,工作效率较低,需要调研者有较高的专业素养。

映射法可以分为语言映射和文字映射。

在实践中,针对品牌服装的调研较多采用资料调研法、现场观察法和问卷调查法,如果条件许可,亲身体验法也是一种十分有效的调研方法。调研是为了给决策提供依据,调研结果必需清晰明确。如果调研结果过于凌乱,分析文字过于冗长,则不利于对其引证。为了决策的客观性,调研分析不能掺杂个人对调研对象的好恶,应该客观实际、合乎情理。因此,无论采用哪种调研法,都应该强调分析的精辟性。

三、调研的设计

为了获得满意的调研结果,调研本身的过程、方法与途径也需要进行设计,并且调研的设计结果直接影响调研的最终结果。调研设计通常包括以下几个方面的内容:

(一)调研目的的确定

在调研之前,根据企业有关部门反映的情况,从已经掌握的信息中,发现和提炼主要问题,决定调研的目的及其次序,并将这些问题设计为便于相关人员理解和操作的形式。

(二)数据来源的选择

根据调研目的和重要性,在可以得到调研数据的范围内,设计出能够保证数据可靠性的获取路径,使获取这些数据的调研工作能够便捷而高效地展开,从而降低调研成本。

(三)调研方法的采用

根据数据获取路径的特点,采用不同方法对应可能出现的问题。在确保调研结果能反映客观事实以及调研目的和工作条件允许的前提下,正确采用最为合理的调研方法。

(四)调研人员的组织

针对不同的调研方法,组织具有不同工作专长的调研人员,形成一个拥有一定的专业知识,分工明确,善于在调查过程中根据情况变化而适度调整,又能完成主要调研目的的工作团队,实施调研计划。

(五)调查样本的决定

根据调研项目的性质和需要解决的问题,事先拟定并明确调研的范围、抽样方法和样本的数量,同时做好问卷设计等工作。由于调研目的不同,调查样本数量有很大差异。

(六)调研成本的预算

调研需要耗费成本,包括时间成本和资金成本。成本预算是为了进行效益分析,以决定调研工作是否必须。按照调研工作内容逐项计算,就可以得出每次调研需要耗费的成本。

(七)调研时间的安排

调研时间将影响调研数据的有效性。根据调研的地理范围、采样数量和复杂程度,设计并确定一个可行的调研进度计划时间表,保证团队成员按部就班地完成调研工作。

（八）调研计划的审核

遇到多部门、多目的的调研工作，可以对单一部门提供的调研计划进行比对，察看其中是否有矛盾之处，经修正后合而为一，送交主管人员审核通过后，便可实施。

四、调研的样本

调研样本数量的确定是市场研究中的一个重要环节，关系到调研结果的精准度和调研成本的经济性。品牌服装调研一般要遵循代表性和经济性相结合的原则，即在达到既定精度和实现研究目标的基础上，节省调研成本。

市场营销学有关于样本数量的基本公式，由置信区间、统计量、抽样误差范围、标准差等数据组成。根据每次调研的不同要求，选取以上数值，再计算出样本数量。但是，由于市场研究的复杂性和调研目的的多样性，根据公式计算出的数值只是一个参考基础，样本量的确定还需要综合考虑以下几个方面的因素：

（一）调研的目的

在实际的市场研究中，有些调研目标比较单一，较小的样本量就可以满足要求；而有些调研需要了解全方位、多方面的信息，所需要的样本量就较大。

（二）调研的对象

对于多个品牌或规模大的品牌的调研，如休闲装品牌、国际品牌等，所需要的样本数量较大；对于单一品牌或规模小的品牌的调研，如某个设计师品牌等，所需要的样本量较小。

（三）调研的成本

市场调研活动均有时间和费用方面的计划。在时间和费用较为宽松的情况下，可以适当提高调研精度，所需要的样本数量较大。反之则设计样本量较小。

（四）子群分析的需要

由于经常要通过市场研究细分不同群体的特殊情况，因此，必须在设计样本数量时保证各子群有足够的样本量可供分析。比如，某次调查的 300 个样本已经可以满足一定精度和置信度需要，但如果要了解 20 岁、30 岁、40 岁等不同年龄层的消费习惯，平均每个子群就只有 100 个样本了。如果再分成男女样本，就平均只有 50 个样本了。

（五）调研的区域

开展调研的区域越大，需要的样本量也越大。比如，在一线城市调研的样本数量要大于较小的城市，通常成依次递增或递减的关系。

按照一般经验，针对品牌服装的面上调研样本数量往往在 300～600 个之间，子群分析的样本通常不少于 30 个。

第二节　服装市场调研

市场调研就是对市场开展调查研究，包括市场分类、调研对象、调研结果等内容。服装市场调研的主要目的是弄清当前服装市场的情况,找准品牌的投资方向,为品牌风格的确立提供有力证据。切忌做走马观花式的调研,这种调研对品牌经营方向危害极大。

一、市场的概念

在市场经济条件下,一个事物得以生存和发展的最基本条件之一就是要有适合其存在的物质基础,这个物质基础就是市场。因此,市场的概念是很宽泛的。对市场的概念有一个非常宽泛的认识,将有助于全面把握市场的含义,为设计各类服装获得成功创造条件。

市场有两层含义,即广义市场和狭义市场。广义的市场概念是指社会需求,即社会对某一事物的期盼,亦指事物的施众、受众及其有关联的载体。比如,用于比赛的服装,其市场是评委和选手;用于表演的服装,其市场是观众和演员;用于发布的服装,其市场是供应商和批发商。以上这些服装都不用于一般服装零售商场销售,但是,它们同样拥有自己的市场。狭义的市场概念是指由消费者、经营者、货币、商品和卖场组成的商品销售体系,是消费者最熟悉的市场概念。平时,人们更习惯于将各类百货店、商铺、商业街等称为市场。

本章着重讨论狭义的市场范畴。

二、市场调研的重要性

在市场竞争日趋激烈和"商场如战场"的今天,"知己知彼,百战不殆"的古代兵法散发出更为瞩目的睿智,企业懂得了商业信息的重要性,开始注意对市场进行调查研究。同时,受市场经济供需关系的驱使,社会上也派生出专门从事收集商业机密的市场调研机构,其调研方法更为专业。对服装设计师来说,市场调研的重要性主要体现在以下几个方面:

(一) 了解品牌服装现状,提供市场决策依据

市场调研可以为企业的市场决策提供最直接有效的依据。对于一个将要推出的新品牌来说,市场调研是必不可少的前期准备工作,做什么品牌和采取怎么样的做法,都取决于经营者对当前服装品牌市场有一个符合客观实际的认识,这一客观实际的基础来自于调研。对于已有品牌来说,品牌风格的变动需要企业进行扎实有效的市场调研,为企业随之而来的大笔资金投放做好导向作用。如果仅凭经营者的经验而对市场情况做出的判断往往带有很强的主观意识,不符合市场客观实际的决策存在着盲目性,会对品牌运作造成风险。

(二) 了解对手品牌实情,及时调整经营手段

在市场竞争中,企业通常将某个与自己旗鼓相当的对手作为竞争品牌,将市场地位高于自己并且乐于仿效的品牌作为目标品牌。通过市场调研,弄清目标品牌的底细,为赶超对手提供客观依据。大部分市场业绩良好的服装品牌都会成为其他服装品牌悄悄瞄准的目标品牌,前者什么产品好销、销量是多少,后者通过市场调研即可一目了然,并且据此调整产品结构甚至经营手段,努力使自己的产品占得更大的市场席位。

(三) 检讨品牌市场地位,制定长远发展战略

品牌的市场地位是每一个品牌所关注的,市场地位是消费者对品牌的认同,通过销售业绩直接反映出来。为了维护品牌的市场地位,应该通过市场调研,无论是品牌运作发生困难之时,还是销售业绩飞速增长之际,明智的企业都会及时做出一定的市场战略调整,适应新情况的发生。

(四)熟悉市场营销环节,增加运作感性知识

对服装设计师来说,虽然在工作中可能并不会经常接触市场营销环节,但是,一个好的设计师不可能对销售一窍不通。设计师要熟悉的市场包含三层意思:熟悉市场正在销售的流行产品;熟悉市场销售规律和运作方式;熟悉其他品牌的销售布点情况。

三、服装市场调研方法

对服装品牌来说,市场调研的方法有一定的特殊性:首先,服装产品与其他产品不同,它是最贴近人的、与人的关系最为密切的季节性产品;其次,服装市场的变量因素很大,销售业绩被认为是衡量品牌成败的唯一标准。因此,在众多市场调研方法中,对于服装产品比较直接有效的常用方法有以下三种(表3-1):

表3-1 市场调研方法特点比较

	优 点	缺 点
问卷调查法	数据采集比较全面,调研结果非常客观、真实可靠,适合全面的横向调研	参与调研者多,花费时间很长,费用开支大,工作过程复杂
现场观察法	费用开支小,数据采集比较方便,可作单一品牌的纵向调研	花费时间较长,参与者较多,工作过程比较复杂
资料调研法	花费时间不多,工作过程简单,费用开支较小,适合做概念性调研	资料收集不易全面,他人研究所得,存在主观倾向,调研结果容易失实

(一)问卷调查法

根据需要解决的问题,事先设定一定目的和数量的问题,设计成书面问卷,要求被调研者以书面形式回答。问卷发放可以采用当面或间接两种形式,当面形式是指街头拦截或约定会见,间接形式是指邮寄问卷或网络问卷。访问法也会采用问卷调查的方式进行,但一般是当面发放问卷。

(二)现场观察法

调研者在调研现场,对被调研对象(包括终端卖场、服装产品等)进行实地观察、取样和统计。为了全面而快速地记录信息,通常会配合照相机等工具。现场观察法带有一部分体验成分,因而可看作类似于亲身体验法中的一个分支。

(三)资料调研法

通过搜索、调用、借阅等方法,对行业内已经形成的现有数据进行采集、整理和分析,包括具有公信力的文献资料、行业报告、企业报表等相关专业资料,获得需要的佐证材料。由于这些资料是他人所得,因此,资料调研法也称二手资料调研法、数据统计法。

四、服装市场调研要点

无论哪种调研方法,都有可能因操作是否得当而直接影响调研效果。调研者先入为主的主观意识不能掺和进调研过程,应该对调研对象采取客观、公平的态度进行调研。市场调研的根本是要快捷、有效地取得反映市场情况的准确资料和大量数据。因此,在进行市场调研时,根据采用方法的不同,要注意以下要点:

（一）问卷调查法的要点

1. 问题的准确性

在问卷中所提出的问题必须围绕调研的目的展开，要求问题设计得精练、清晰、准确，便于被调研者在短时间内迅速做出判断和回答。问题的设计一般以单项选择题和多项选择题为基本形式。

2. 取样的随机性

随机取样是为了保证答题具有普遍意义，统计结果具有相当的代表性。取样操作过程必须规范，按照既定路线进行。不能过于集中某一组人群、一个时段或一个地区，否则，采取的数据会因不具备随机性而无效。

3. 数据的准确性

问卷是在事先设定的调研目的下，为了得到所需要的数据而设计的。数据一般不得因调研遇到困难而随意更改，尽可能减少不合要求的废卷。数据即使空缺，也不能人为编造，回答必须是真实有效的。

（二）现场观察法的要点

1. 现场的代表性

选取作为观察点的现场应当在被调研对象中具有典型意义。市场调研中的现场一般是指某个品牌目前所在或即将进入的商场，包括该商场的地段、档次等都应该具有代表性，好坏搭配，高低穿插，不能为了贪图方便而"就地取材"。

2. 时段的分散性

观察和采样的时间要分散，在每个典型时间段内采集具有代表性的数据。即使是同一个现场的同一个品牌，每个时段的表现是不同的，比如，生意相对清淡的周一和人群熙攘的周六具有不可同日而语的现场表现。

3. 统计的完整性

在一定的时间和地点内观察时，要将所有需要的数据完整无误地纪录下来。才能保证该时段和该地段数据的准确性。由于人手少等缘故，在顾客人流拥挤的时刻，观察者容易发生因顾此失彼而遗漏统计数据的现象。

（三）资料调研法的要点

1. 数据的权威性

数据需要从行业内具有权威性和公信力的出版物、部门或机构里采集，并注明引用数据的时间和来源。尽管信息化时代为调研带来了极大方便，但是，一些非权威性网络数据容易存在以讹传讹、随意篡改的现象。

2. 资料的全面性

按照市场调研前事先拟定的资料清单，详细、全面地取得所需资料。为了给调研以后的分析提供取样素材，事先拟定资料清单将有利于提高调研工作的效率。

3. 分析的逻辑性

对资料进行严密细致的分析，综述与实例结合，得出合乎逻辑的结论。分析者应该凭着对行业或对象的了解，用质疑的态度审视一些值得怀疑的数据，不能随意采信。

五、调研对象

调研对象是指被调研的品牌对象和人员对象。根据调研所要解决问题的不同,应该对调研对象的类型有所选择,以便得到有效的数据(表3-2,表3-3)。

表3-2 市场调研品牌对象及其特点的比较

	优 点	缺 点
单一品牌	操作比较简单,可以方便地取得详细数据,对品牌中存在的问题能够做出比较正确的判断	缺少对其他品牌的分析比较,不利于客观评价
多个品牌	横向品牌的调研,可以做出比较客观的,具有借鉴作用的判断	工作量较大,调研成本高。选择品牌不易
竞争品牌	比较式调研,可以掌握全面、综合的市场情况,做出正确的调研结论	工作量很大,调研周期长,费用高。选择品牌不易
目标品牌	拔高式调研,挑战性强、目标明确,可以得出取长补短的调研结论	获取对手的全面资料不易,调研结果容易失实

表3-3 市场调研人员对象及其特点比较

	优 点	缺 点
销售人员	掌握某个品牌的销售实际情况和同类品牌的市场情况,极具调研价值	一般不愿配合接受调研或提供的数据不属实
营业人员	了解某个品牌在某个卖场的销售实况,掌握第一手销售资料,相对比较容易接受调研	提供的数据可能有较明显的个人观点
商场人员	掌握某商场内各个品牌的销售业绩和顾客综合评价,熟悉同类商场的基本情况	一般不愿配合接受调研或提供的数据不属实
消费者	分布层面广泛,数据比较可靠,相对比较容易接受调研	采集数据不够集中,工作量较大
顾客	对某品牌有一定的忠诚度,分布层面比较集中,一般比较愿意接受调研	因对品牌有好恶而使其发表的意见带有一定的主观性

(一)品牌对象

1. 单一品牌

单一品牌调研是指仅仅针对某一个品牌进行专门调研。这种调研的指向性很强,往往在调研目的非常明确,并对某一品牌有一定了解时采用。

2. 多个品牌

多个品牌调研是指对几个以上不同品牌进行比较调研。此类调研往往对调研对象没有特别要求,是"海选"式调研,调研对象可以是同类品牌或异类品牌。

3. 竞争品牌

竞争品牌调研是指对与自己的品牌形成直接竞争关系的对手品牌或同类品牌进行调研。此类调研目的性比较明确,采样数据比较详细,可以全面掌握同类品牌中比较普遍的情况。

4. 目标品牌

目标品牌调研是指对想要达到或超越的品牌进行对比调研。一般是选择业内影响大、业绩好,或与要求调研的目标基本相当的品牌。目标品牌可以是一个或数个。

(二)人员对象

1. 销售人员

销售人员调研是指对企业内部负责销售的有关员工进行调研,包括销售经理、销售主管、业务员等人员。

2. 营业人员

营业人员调研是指对销售场所负责销售的一线人员进行调研,包括片长(某个区域负责人)、店长(柜长)、营业员等人员。

3. 商场人员

商场人员调研是指对负责商场管理的店方人员进行调研,包括商场部经理、楼面经理、业务主管等人员。

4. 消费者

消费者调研是对所有与某品牌档次相当的消费人群进行调研,包括现实消费者、目标消费者等人员。

5. 顾客

顾客调研是指对直接购买或消费某品牌产品的人员进行调研,包括忠实顾客、一般顾客等人员。

六、调研内容

调研内容应根据每次调研所需要解决的问题而有所选择,或少量增加特别想了解的其他内容。下列图表是品牌服装市场调研中针对卖场进行调研的主要内容,具体内容可以根据实际的调研课题进行组合或增减,从而组成一套具有快捷、准确、经济的调研成效的调研内容(表3-4)。

表3-4　市场调研内容列表

	内　容	说　　明
专柜形象	装修	整体布局、形象墙、橱窗、装饰摆件、装饰材料、声像设备
	道具	边柜、中岛柜、货架、模特、灯具、衣架、展示柜、广告物
	细节	场地卫生、荣誉证书、宣传画、出样、包袋、吊牌、样本
商场环境	位置	商场内部的区域划分和品牌专柜的位置、朝向、楼层
	环境	商场内部的装修等级、周边其他品牌、商品整体结构
	地段	区域地理位置、周边商业配套、地区档次、公共交通、停车位
产品形象	款式	风格、系列、品种的数量与等级、廓形与细节的特征
	色彩	主色、副色、点缀色的数量与比例
	材料	面料和辅料的名称、成分、观感、手感、花型、档次
	工艺	板型、做工、细节、整烫
	陈列	侧挂、正挂、平铺、叠放等陈列方式、比例、数量
	价格	产品分类价格带、典型产品价格、促销价、折扣价

（续 表）

	内 容	说 明
销售情况	指标	店方下达的销售指标、销售分成方式
	实绩	年销售实绩、月销售实绩、商场销售排名
	结算	结算方式、提成方式、回款期限
服务情况	营业员	人数、年龄、衣着、妆容、收入、精神状态
	售中服务	语言、技能、态度、程序
	售后服务	货品的尺码修改、洗涤、缝补、退换货
顾客情况	人群	流动人数、年龄结构、时尚程度、购买方式
	驻足	停留、进店的人数
	翻看	挑选翻看货品的人数
	询问	主动向营业员询问货品情况的人数
	试衣	试衣人数和试衣件数
	购买	实际购买人数和购买件数

七、调研报告

调研报告是关于调研活动的总结性文本,要求对调研活动及对象的客观实际情况进行全部情况和材料的分析,以"去粗取精、去伪存真、由此及彼、由表及里"为原则,揭示本质,寻找规律,总结经验,提出建议,用书面形式陈述出来。当一次市场调研结束时,要以调研报告的形式对调研进行总结。一份完整的调研报告包括格式、内容和撰写三个部分。

（一）调研报告的格式

1. 标题页

标题页包括调研活动的主标题、副标题、实施单位、调研者、调研日期等。

2. 目录页

目录页包括正文章节标题、图表标题、附录标题、参考文献标题的目录和页码等。

3. 摘要页

摘要页包括调研的背景、目标、方法、结果、建议或其他相关信息的简要概括等。

4. 正文

正文包括调研的任务、方法、表格、图形、局限等详细信息及分析、结论、建议等。

5. 附录

附录包括图形、表格、观点等数据和文献的引用源及问卷样张、鸣谢或其他说明等。

（二）调研报告的内容

1. 调研任务

指出本次市场调研的项目背景、主要任务和需要解决的问题。

2. 调研方法

说明本次市场调研采用的主要方法,包括参加调研的人员、采用的统计软件等。

3. 调研途径

记录调研样本、调研数据的来源和通过的渠道,包括对调研范围和采访对象的综述等。

4. 工作过程

实际开展调研工作过程的必要描述,包括一些对理解本次任务有益的工作细节。

5. 遇到问题

罗列在调研过程中遇到和发现的,可能会影响调研结果的,尤其是意料之外的问题。

6. 分析归纳

对原始数据进行归纳、整理、计算、分析,发现问题的根源,寻找出基本规律。

7. 调研结论

进行理论总结,顺其自然地得出合乎逻辑的、客观的、公正的本次调研的结论。

8. 建议

提出对发现问题的解决方法和合理化建议,供决策部门参考。

(三) 调研报告的撰写

1. 确定标题

以精准而集中的文字,高度概括和突出本次调研的主要内容,避免文题不符。

2. 取舍材料

在获得的所有调研素材中,选择最可信、最能解决问题且相互支持的材料。

3. 结构布局

采用最能清晰反映调研目标和主要内容的调研报告结构表现形式。

4. 拟定提纲

根据调研目的拟定调研报告撰写提纲,要求围绕主题、层次分明、环环相扣。

5. 写作初稿

根据写作提纲有条不紊地行文,要求文字规范、图文并茂、通读易懂、专业性强。

6. 修改调整

在集体讨论的基础上,对报告的疑点进行查补、增删、改调,最后定稿。

在调研报告中,需要罗列大量的数据和实例,配合图片、表格等形式表达。报告中的文字以平实、精练、准确、实效为主,切忌文字中含有个人好恶、词藻堆砌、条理不清和口语化等现象。结论和建议要有根有据,尽量避免主观臆断,使调研结果切实可信。

根据不同要求,调研报告的篇幅一般在 1 万~3 万字不等。

第三节 服装企业调研

企业调研是指对同行企业内部情况进行调研,这种调研由于要涉及调研对象的商业机密,一般很难找到愿意接受调研的企业。即使有企业愿意接受调研,也未必能提供企业的真实情况。因此,做好企业调研的前提是要消除企业的戒备心理,使之配合调研。实践证明,经过一定的人际交流,在取得对方信任的前提下,企业调研还是可取的。服装企业调研的目的主要是为了学习优秀品牌服装企业的先进经验,因此,对于一些不算过于离谱的正面信息,应该采取"宁可信其有"的虚心态度。

对于行业标杆中的上市公司的调研相对比较方便,这些公司的很多信息都是公开的。

一、企业调研的重要性

(一)熟悉业内现状,做好投资参谋

由于服装企业具有投资小、上马快等特点,很容易使投资者过于轻视投资的风险,在服装专业知识和品牌经营经验不足时,做出仓促上马的决定,造成许多投资者因对困难估计不足而迅速退出品牌舞台的结局。因此,初始品牌要向在服装品牌方面有经验的企业学习,避免走弯路,保证成功率。

(二)把握对手品牌,寻找突破时机

商场是没有硝烟的战场,其搏杀的程度和惨烈的后果丝毫不亚于军事战场,"胜者为王、败者为寇"的悲喜剧屡演不鲜。因此,商业情报犹如战争情报,要使一个脆弱的新生品牌立足于品牌之林,或者使一个积重难返的品牌获得脱胎换骨的重生,就必须掌握商情,了解对手品牌的底细,做到"知己知彼,百战不殆"。

(三)了解先进模式,掌握运作方向

几乎所有企业都是为了盈利而存在,品牌只不过是盈利的一个抓手而已。企业要盈利就必须有一套正确的经营方法,高效的管理模式和过硬的产品体系,先进的品牌运作模式为品牌的顺利运作提供了机制上的保障。对企业进行调研,不仅仅是了解对方的产品体系,还要了解对方用来保证产品体系良好运作的其他系统。

二、企业调研的方法

(一)搜索法

利用搜索引擎,通过互联网广泛搜索,将调研对象点点滴滴的信息串联起来,区分时间、来源和内容,加以一定的分析和判断,选取有代表性的典型信息,或针对某个难以判断的重要信息进行证据链求证,形成一个总体评价。

(二)采访法

采访法也称访问法,即与被调研者以采访或讨论等形式完成调研的方法。这种方法要求针对有合作关系的服装企业,事先设定一定数量的、带有一定目的问题,在调研对象愿意采取配合态度的前提下完成,否则,提供的数据或情况不会真实,采访结果很有可能是虚假的。因此,在采访中采取的态度和技巧十分重要。

(三)侦测法

侦测法是体验法的一种,区别在于调研者的真实身份经过一定的隐瞒。为了完成调研任务,打消被调研企业的戒备心理,发现真实的商业机密,调研者可以在法律允许的范围内实地采样或体验,对被调研企业进行明侦暗访(表3-5)。

表3-5　企业调研方法特点比较

	优　点	缺　点
搜索法	简便易行,比较客观、可靠,适合基本情况调研	数据量不能保证,需要有相当的综合分析能力
采访法	调研正面情况和公开数据比较容易,适合作单一品牌的纵向调研	花费时间较长,数据带有主观性,或不够全面
侦测法	调查的情况比较真实,可就某些内容做深入研究	花费时间可长可短,收集资料相对不太容易

三、企业调研的要点

(一)克服取材困难

前面已经提到,进行企业调研时,最大的难点是愿意被作为调研对象的企业不多,一般企业都比较排斥同行,不愿将自己的真实情况透露给同行,因而较难取到调研所需的材料和数据,尤其对涉及其商业机密的内容,企业更是守口如瓶。因此,在调研前首先要让被调研者取消顾虑,必要时可以标明调研的动机,分析报告中以代号相称,等等。取得对方的信任与理解,以便获得真实的调研数据。

(二)选择典型企业

由于愿意配合接受调研的企业不多,因此,要选择在行业内具有代表性的、与企划中的品牌非常相近的品牌作为调研对象比较困难,需要调研者与被调研者处理好人际关系。根据调研主题的不同,既可以进行面上调研,掌握同类企业的一般情况,也可以深入调研,研究某个企业的全部情况。

(三)正确看待调研数据

由于调研者作为局外人,不可能对名声在外的被调研企业内部情况有很多了解,因此,被调研者提供的情况也许与调研者所掌握的情况相去甚远,会造成对方提供虚假情况的错觉。这就需要调研者具有丰富的业内经验,正确分析和处理这些情况与数据,从而得出合乎客观实际的结论。调研对象确实提供虚假情况时其逻辑性可能会出现异常,应有所察觉。

四、调研内容

企业调研的内容越详细,对企业状况的了解就越全面、准确,也越具备参考价值。一般来说,企业调研要求对被调研企业的概况、经营、管理、销售、产品及其面临问题进行深入细致的调研(表3-6)。

表3-6　服装企业调研内容列表

	内　容	说　明
企业概况	企业性质	企业的所有制、投资者、上级单位、注册资金、注册地点等
	人员构成	管理人员、经营人员、生产人员的数量、比例和收入等
	发展历史	企业及品牌的创立年份、发展经历和文化特征等
经营情况	经营方针	经营目标、经营手段、经营对象等
	经营业绩	销售收入、实现利润、资产情况等
	经营优势	人才资源、社会资源、综合资源等

（续　表）

	内　容	说　　明
管理情况	管理体系	组织结构、管理制度、管理特点等
	管理实绩	管理效果、管理成本、管理团队等
	资源管理	供应管理、生产管理、客户管理等
销售情况	网点布局	销售渠道、终端数量、布局区域、单点面积等
	销售实绩	年销售实绩、月销售实绩、商场销售排名等
	库存情况	库存数量、品种、时限等
	推广方式	品牌加盟、产品批发、代理等
产品情况	产品开发	品牌理念、市场定位、设计人才、设计程序等
	生产情况	生产计划安排、生产质量控制、加工能力等
	材料供应	材料供应渠道、材料价格、材料质地等
发展情况	品牌战略	品牌在其愿景、价值、文化等方面设定的目标
	生存环境	品牌对其生存的经营环境、社会资源等利用情况与评价
	其他问题	上述内容未涉及的经验体会或主要瓶颈问题

五、调研报告

　　企业调研报告的形式和内容可以参照市场调研报告。主题明确、数据真实、案例丰富、文字简练、结论鲜明是企业调研报告的总体要求。

第四节　服装商场调研

　　一个服装品牌通过什么渠道、什么方式销售其产品是品牌运作必须强调的原则问题。服装销售的渠道很多,除了传统的商场销售,还有新兴的网店销售、电视直销等。目前,传统意义上的商场仍然是品牌服装销售的主要渠道,本节是关于传统服装商场的调研,目的是为了选择最适合某个品牌销售产品的场所。商业喜欢"扎堆"的方式经营,以聚人气,正所谓"独木不成林"。服装品牌也有"扎堆"现象,但是,品牌与商场必须"门当户对",不能仅凭道听途说就贸然进驻某商场,这种做法是不科学的冒险之举。

一、选择商场的原则

（一）商场与品牌相匹配

　　商场与品牌匹配是企业选择商场的原则之一。从品牌整体运作角度,可以把商场看作是品牌形象的一部分。希望走高价位路线的品牌,必须借助一流商场的高端形象提升产品身价。中低价位的品牌只能选择二三流商场,不然就无法达到理想的销售状态。反而言之,商场也以同样的标准选择品牌。

（二）商圈错位布局合理

商圈布局合理是企业选择商场的原则之二。一个成熟的商圈应该包括百货、娱乐、餐饮、宾馆等不同行业的商家，这些商家在其本行业内的水平应该相对接近，才能形成比较整齐的商业氛围。对于品牌服装来说，商场的水平可以相对接近，但面对的顾客和经营方式应该有所区别，才不至于过度地同质化竞争。若商场档次落差太大，不利于人气集聚。另外，商圈周围的餐饮娱乐、公共交通与停车条件等配套设施也是应该考虑的内容之一。

（三）商场拥有良好信誉

商场信誉良好是企业选择商场的原则之三。商场的商业信誉非常重要，是企业与之合作的基础。对商场信誉的了解，不能单看其豪华装修的外表，也不能听任其信誓旦旦的优惠条件，而是要通过对供应商和消费者的调研以及自己的观测，做出正确的判断。否则，一旦出现业务纠纷，受到损害的往往是供应商，这是因为供应商的销售货款掌握在商场手里而容易处于被动地位。

（四）商业氛围人气集中

商业人气集中是企业选择商场的原则之四。商业氛围有两层含义，从大的方面来看，是指商场所在城市的商业成熟指数。一般来说，大城市的商业成熟指数较小城市的高。但是，城市规模的大小不一定与商业成熟指数成正比，有些地级市的商业氛围会好于省会城市。从小的方面来看，是指商场周围消费者的人气。点状商业布局不如线状商业布局，线状商业布局不如网状商业布局。有序的市场竞争激烈才会显出市场火爆，才会吸引人气。过于惨烈的，以价格战为主要手段的市场竞争环境不利于服装品牌的生存（图3-1）。

图3-1　港汇广场经过多年建设与积累，目前已成为上海徐家汇地区人气旺盛的大型综合商场，提供集购物、娱乐、餐饮等一体的全方位服务

二、调研内容

(一) 商场形象

根据商场外部和内部的硬件条件和已经进驻的品牌档次和数量,与其他商场作同业比较,对该商场进行商业形象的判断。尤其要对进驻该商场的所有男装或女装品牌逐一统计,必要时对某些品牌作重点记录,据此整理出属于该商场的品牌档次。

大型百货商场的布局大体相同,但是,每个商场也有一定的特点:首先,要估计商场的总营业面积、高度、明度,以及服装商品所占的比例;其次,观测商场的专柜与专柜之间的距离,每个专柜面积的大小,尽量做到量化评估。

(二) 商场信誉

对商场信誉的了解,主要是通过其他进驻者、供应商的反馈意见和商业同行的评价,也可以根据商场的投资方和经营者的背景做出判断。随着服装在网店销售的份额中迅速增多,商场地位将有所下降,相对宽松。

商场与进驻者签订的合同是判断商场信誉的依据之一。商场合同是商场拟定的格式合同,其中有许多不平等条款对供应商是不利的,甚至有些商场在合同中玩弄文字游戏,为以后的业务纠纷埋下伏笔,因此,品牌服装公司务必看清合同,力争自己的权力。

(三) 商业氛围

商场依靠不动产进行商业活动,房地产的不可移动性使得零售商业不得不依靠良好的商场周边环境来凝聚人气,商场所处的地段、交通、人口和邻近商场的情况是供应商必须考虑的重要内容。

要带有前瞻性的眼光看待商业氛围。有些商场的地段处于市政规划范围,周围情况会随着市政建设的进程而发生变化,热闹与冷落会交替错位。一般来说,新兴商业区域或新建商场的人气起初并不理想,只有市政配套建设完成以后,才能被逐渐看好,即所谓的"生地变熟地"。

(四) 销售情况

从商业行业销售排名资料中可以看出该商场的市场地位和销售业绩。如同股证指数不能说明某个股票的涨跌一样,行业排名也不能说明某类风格的产品就一定畅销,但它们还是有一定的关联性,了解了该商场的真实销售情况以后,可以触类旁通地预计到即将进驻品牌的命运。为了得到正确的结果,销售业绩的调研必须在同类商场之间进行。

(五) 顾客情况

虽然"顾客是上帝"的商业信条已经受到某种程度的质疑,但是,顾客的确是品牌的"衣食父母",不可辩驳地为企业带来利益。因此,在任何时候、任何场合,都必须认真对待和研究顾客的情况。在此,消费者是泛指消费人群,顾客则是进入店铺的购物者。

客流是商场的财富,客流量大即意味着该商场销售业绩不会差,反之亦然。尽管客流量是能够带来销售业绩的重要条件,但是,不同的客流人群有着不同的购物率,因此,客流人群的质量比客流人群的数量更为重要。不同商圈的客流质量是不同的,具体表现为购物的可能性和对所购商品品质的选择。

利用观测统计法和同类比较法,可以获得客流量的正确答案。在观测商场客流量时,必须选择不同日期的相同时间段进行比较,否则将影响统计结果。比如,选择周一和周六的上午、下午和晚上进行统计,分析其中的差别及造成这种差别的原因。还要剔除不利因素,如天气因素等（表3-7）。

表3-7　销售场所调研内容列表

	内　容	说　明
商场形象	外观装修	建筑风格、新旧程度、周围环境、橱窗布置等
	内部装修	层高、灯光、指示、色调、材质、空气质量等
	营业面积	卖场总面积、楼层面积、走道面积、单柜面积等
	品牌布局	商品大类、楼层布局、进驻品牌的数量、档次
商场信誉	进驻条件	销售指标、分成方式、保底基数、广告费用、其他收费等
	企业评价	与其他品牌供应商的合同履约情况等
	同行评价	业务能力、竞争手段、业内地位、盈亏情况等
	内部管理	进驻手续、货品管理、回款手续、营业员培训等
商业氛围	地段评价	商场建筑的地理位置、区域商业特征等
	交通条件	商场周边的交通工具、数量、停车位等
	邻近商场	本行业或其他行业商场的档次、数量等
	周围人口	周围的居民人口、流动人口、商务人口等
销售情况	行业排名	同行业内的历年排名、年度排名等
	销售业绩	年销售实绩、月销售实绩、商场销售排名等
	售后服务	付款速度、退换货、货品修补、客服中心等
顾客情况	客流	男女顾客的比例、数量、时尚程度等
	年龄	顾客的年龄结构、年龄层次等
	购买	顾客的购买比例、购买数量、购买价位等

三、商场调研的其他方面

　　商场调研的方法主要采用比较法、统计法和观测法。比较法是指在同类商场之间进行对应项目和数据的分析和比较，从而得出调研结果。为了扩大销售业绩，商场经常举行各种名义的促销活动，这些活动的费用将由商场与供应商分摊，甚至全部由供应商承担，给供应商带来不小压力。因此，商场促销活动也是调研内容，包括这些活动的举办频度、折扣范围、费用分摊等。

　　服装商场的调研对象和调研报告等其他内容可参照本章第二节的相关内容，略有不同之处在于，服装市场调研针对的是服装品牌，即供应商；服装商场调研针对的是商家，即零售商。

第五节　调研结果与预定目标的关系

　　在品牌运作中，调研的主要目的之一是给决策预定目标提供事实依据。相对调研结果与预定目标的主客观关系来说,调研结果比较客观,因为它是根据现实情况总结出来的结果;预定目标带有一定的主观性,它是没有获得实践认可的决策者主观愿望。两者具有连带关系。

一、客观的调研结果是主观的预定目标之依据

调研结果应该是建立在客观、公正的调研基础上的,在整个调研过程中,不能带有或尽量避免调研者对调研对象的个人好恶情绪。如果主观因素过多地贯穿于整个调研过程,先入为主地对一些问题发表看法,那么,调研就失去了意义。既然调研结果是决策者在预定目标时的参考依据,就应该使带有主观意识的预定目标不至于偏离现实,保证预定目标的可行性和可操作性。

二、主观的预订目标可以对客观的调研结果修正

品牌运作的预定目标不可避免地带有一定的主观意识,是决策者综合各种情况加上经营期望值而做出的目标规划。决策者应该是业内有经验者,对整个业态有比较深入的了解。如果决策者是初始涉足服装行业的投资者或经营者,更要慎重地制定预定目标。此外,由于取样范围或取样人数可能与调研计划有出入,也会影响调研结果的准确性。因此,在做出决策时,应该尽可能觉察和排除调研过程中的虚假数据,根据自己的判断,在一定范围内注入自己的理解,对客观调研结果做出有限的修正。

第四章

服装品牌定位

　　"品牌定位"是品牌服装企业经常遇到的一个词,也是一项必须认真对待的工作。人们往往习惯于用一个品牌运作的实际结果来倒推其品牌定位的水准,但是,问及品牌定位到底有哪些内容？往往是含糊其词的人居多。在某些服装营销专著里,一些"定位理论"或过于宏观,或流于片面,看不到适合品牌服装运作的实质性或全面性内容。品牌定位不仅仅是针对服装品牌,差不多所有产品,尤其是民用消费品,都有一个品牌定位的问题。产品原本就需要定位,在品牌运作名义下的产品定位,就要考虑领域更为宽泛、内涵更为细化的品牌定位。

第一节 品牌定位的目的

品牌定位,犹如一支军队在投入一场大战役前的作战计划研究。为了取得战役的胜利,面对已知或未知的敌人,必须考虑需要投入多少部队? 什么时候打? 在哪里打? 打什么方向? 用什么阵型? 用什么武器? 打多少次? 打击程度如何? 等等,只有通过周密的计算和布置,才能稳操胜券。

一、品牌定位的概念

品牌定位是指对产品属性、消费对象、销售手段和品牌形象等内容的确定和划分,寻找和构筑适合品牌生存的时间和空间。这里的时间是指产品体系切入市场的时机,是品牌诞生的机会因素。空间是指产品体系的切入市场的地区,是品牌推广的区域因素,即消费基础因素。

品牌定位的表现特征是:运用大量真实有效的数据、图表对市场调研的结果进行量化和理性分析,根据已有的目标品牌风格,推断出在一个特定条件下,一个即将推出或将要调整的品牌应该采取的战略和战术,预想品牌在未来市场格局中所处的位置。

品牌的定位前提是熟悉品牌市场。熟悉品牌并不是以能够一口气报出一大串品牌名称就算大功告成,而是要深入了解典型品牌的运作规律、经营特点、品牌风格、产品特色、销售状况甚至内部症结。熟悉市场也不是能够如数家珍般地报出一大堆商场名称就算完成任务,而是要全面掌握这些商场的运作规律、分成和结算方式及其信誉度。对当今品牌市场越熟悉,越有实际运作经验,品牌定位的准星才会瞄准到关键点。对品牌和市场的熟悉除了通过直接参与市场运作积累之外,也可以通过市场调研达到目的。

从品牌运作流程来看,一个全面而周密的品牌定位是对品牌模型的预期,其运作的结果就是最终呈现在人们眼前的现实中的品牌模型。

二、品牌定位的两大地位

(一)品牌定位的准确与否直接关系到品牌的命运

品牌定位理论是市场经济的必然产物。市场竞争的焦点不再是产品竞争,而是品牌竞争,企业如果要想扩大市场地盘,稳定市场地位,延伸产品生命周期,获得较好的经济利益,就必须注重"品牌定位"及其定位的准确性。有些企业并没有将品牌定位的重要性提到这个认识高度,不愿也不善于在此花很大的精力和财力,在有一个初步的设想以后就仓促上马,造成以后将花数倍的精力和财力才能调整被动的局面,并且极有可能会延误商机,导致投资失败。

品牌定位是品牌发展的方向和准则。虽然一个品牌的风格可以在品牌实际运作过程中,根据市场需求关系做些变化,但是,品牌风格经常发生左右摇摆现象是运作品牌服装的大忌。一旦确定了品牌的风格,就要在一定的时间内相对稳定,如果运作过程中产生了问题,只能做出局部调整或细节完善,不能随意地进行根本性的变化。因此,这种变化应该在一个有限的范围内进行。

> ■ **案例**
>
> 　　HN 公司在中国浙江的海宁地区经营皮革服装,取得了非常好的经济效益,其皮革服装在业内具有一定的知名度。该公司经营者已经看到近年来皮革服装过剩的危机,决定采取"分散财富"的政策,扩大投资方向。于是,其选择休闲女装为突破口,打算在 2000 年秋冬季推出新的品牌。这一"计划"从 2001 年 4 月份开始启动,在上海买好房子后便开始计划、打样,至 6 月份已做出一批样衣,但各方对这些样衣的反映均不理想,在此情况下,经营者因不敢把握,而请专家对这些样衣"会诊"。最后的意见是:宁可放弃一季市场,也不要轻易将后继 200 多万元资金押在这个不成熟的"宝"上。症结在于:HN 公司擅长做皮革服装,对纺织面料的服装所知甚少,更不懂品牌运作知识,以为还是和十几年前市场不成熟时一样,只要凭胆量做就不会输,于是招聘了几个人,要在 4 个月内推出新品,由于没有完整系统的品牌企划,设计师并不明确目标顾客到底是谁,以及其他一系列问题,使设计失去了方向,样品的混杂含糊便是情理之中的结果了。

(二)品牌定位报告决定投资总额和使用比例

　　品牌定位报告也是品牌运作的可行性分析。要实现一个品牌定位报告的既定目标就必须配套合适的投入,这一资金投入的依据就是品牌定位报告。从经营的角度来看,企业经营什么产品或者为谁服务都不是最主要的,企业经营的根本目的是盈利,而盈利的保证是资金的合理流动与分配。品牌定位报告是企业行为的纲领性文件,决定了品牌运作的走向,带有预言性的品牌定位报告使得大量资金沾染了一定的押宝色彩。因此,品牌定位报告具有决定投资行为的命悬一线的关键作用,绝对不可掉以轻心。

　　品牌的实际运作是根据品牌定位报告进行的,虽然投资总额多比较便于品牌的运作,但是,投资并不是越多越好,与目标相比,投资过大会造成资金闲置或费用失控,造成资金浪费;投资过小则资金不足,造成资金短缺、周转不灵。国内有许多不管是何种性质的公司,都遇到投资额不及时到位,或到位数量不足等情况。

三、品牌定位的三大基础

　　品牌定位是针对目标市场进行品牌整体形象的策划和推广,在目标顾客心目中塑造一个独特的品牌地位的过程。消费心理、企业实力和差异思维是品牌定位的三大基础,品牌定位要求企业做足功夫了解消费者的内心,通过了解目标顾客的心理感受,以企业整体实力为实现载体,运用差异化思维找到品牌在市场上的独特地位。因此,品牌定位并不仅仅是针对产品本身,而是依据目标顾客的种种特征,策划品牌的风格和产品的属性。

(一)消费心理基础

　　品牌定位以消费心理特征为基础,把目标顾客心中的品牌风格转换为实际发生的消费需求。由于绝大部分消费者都不是专家,其购买过程中存在着信息不对称现象,但是他们在心理上存在着"需求期望",除了考虑必要的使用功能以外,消费者选择某品牌主要依据在于该品牌所能给消费者带来的象征意义,购买决策在很大程度上取决于对该品牌的知晓程度。因此,品牌定位的功能正是求得目标顾客认同与选择的重要手段之一。

品牌定位应倾向于迎合消费心理,消费者的心理共鸣是产品销售的关键,企业要善于"攻心"。居高临下的"引导"不会让消费者认账,平和顺应的"迎合"才会博得消费者欣赏。如果企业能够善于分析消费者对商品需求的心理特征,通过理性与感性结合的品牌定位方式来达到塑造形象,那么,就有了从消费者角度出发的、把握和激发消费者购买动机的品牌定位的心理基础。

消费心理是品牌定位的外围因素,也是市场细分的依据。因为有了细分化的市场,品牌才有了更准确定位的需要,使品牌萌生新的市场机会,也使企业有了塑造自己独特的品牌风格和开发个性化产品的客观理由和动力。所以,以建立在消费心理基础上的市场细分为前提选择目标市场,对目标市场进行精确化品牌定位,已是企业开拓市场和塑造品牌形象的必然选择。

(二) 企业实力基础

任何品牌定位都必须以企业为载体,企业的实力在很大程度上决定了品牌运作的结果。在此,企业实力可以分为两大类:一是企业硬实力,二是企业软实力。企业硬实力是指存在于企业或企业可以掌控的有形物质力量,包括企业的生产设备、生产场地、办公条件、资金、技术、原材料、销售渠道等,承担着品牌运作的物质化实现。在品牌定位时,为了充分运用社会资源,可以将能够调配和使用的属于其他企业的上述实力看作是企业硬实力的补充部分;企业软实力是指企业拥有的影响企业和品牌自身发展的无形力量,包括企业的文化、历史、价值观念、管理水平、行业地位、创新力、凝聚力等,属于品牌运作的精神性力量。品牌本身积累的无形资产也可以看作是品牌软实力的一部分。

企业实力是上述能力的总和,也是企业竞争力的来源和品牌运作的支撑。品牌定位需量力而行,根据企业现有的实力之和,结合消费心理和市场需求,作为品牌定位的基础。根据存在形态,企业实力可分为现有实力和潜在实力,两者都包含了硬实力和软实力。现有实力是指企业目前已经具备的实力;潜在实力是指企业在不远的将来可能拥有的实力。正是由于品牌定位的目标是在将来一段时间内实现的,企业实力也会随之同步增长,因此,潜在实力可以作为企业实力基础的一部分,加入到品牌定位的将来部分,在品牌运作的后期目标中发挥作用。

在实际操作中,可以适度提高品牌定位中的企业实力期望值,即把可以在品牌运作中同步得到或增强的企业实力计算在内。但是,企业也要考虑到不可预计因素,不能对期望中的正面结果满打满算,应该把即便通过一切努力也无法达到的目标排除在外,否则,过于拔苗助长的品牌定位并不可取,非但于事无补,甚至会导致品牌运作的肌体受伤。

(三) 差异思维基础

随着市场竞争的加剧和生产科技的发展,不少品牌的竞争趋于相同,具体表现为产品的"同质化",即产品的外在和内在都没有了差异,品牌特色无从谈起,最终纠缠于低端化的产品价格竞争。应该说,品牌定位后的产品是为特定的消费群体量身定做的产物,突出产品特质,使之与消费者"地位"相匹配。品牌定位应个性化需求而产生,也将在个性化需求中实现其主要价值。产品要做到个性化,首先需要生产企业有能够指导个性化行为的个性化思维,才能生产出与其思维匹配的个性化产品,这是皮与毛的关系式,离开了个性化思维之"皮",焉得个性化产品之"毛"?

要做到产品的差异化,首先看产品的内在功能与同类产品有无差异? 如果有,就可以此作为定位依据;如果无,则看产品的形式有何差异? 如果无,再看产品的品质有何差异? 如果无,则寻找延伸的差异,比如服务特色等;如果还是没有,再看品牌文化有何差异? 比如,品牌的象征等,如果上述内容都没有,那么,这个品牌确实到了"寿终正寝"的地步。

尽管差异化集中表现在产品上,也同时体现在同样需要以差异化思维为基础的品牌文化、价值观念、终端形象等方面。甚至从某种程度上说,这些方面的差异思维要先行于产品差异化。由于品牌定位是品牌创新的抓手,差异思维是嫁接创新思维的基础,因此,只有别出心裁的差异化思维,才会有品牌定位的差异化。

■ 案例

国内一家生产滋补品的集团在分析对手产品时发现:在现有滋补食品市场上,几乎所有针对面向贫血产品的品牌,多以传统中医的气血理论为依据,在产品宣传上突出采用一些中药材进行补血。虽然这些产品概念符合传统型消费者对补血用品的理解和需求,但是,该集团为了在同类产品中杀出一条生路,果断采取产品功能的差异化概念,摒弃了同类产品"补血"的叫法,首次使用了"生血"的概念,这一变"补"为"生"的转换,是变被动补血为主动生血的提升,既突出了品牌新颖的科技形象,又强调了产品高效的功能差异,营造了品牌的独特优势,从而找准了品牌现象的市场定位。

第二节　品牌定位的四大原则

品牌定位是一种商业行为,有一定的行业游戏规则。为了使一个新品牌能够在激烈的商战中找到立足之地,应该基于品牌定位的三大基础,根据企业的资金、人才和技术等综合情况,遵循某种品牌定位的原则。品牌定位原则不是定位的方法,而是一个定位的总的战略取向,确定品牌在市场上的战略姿态,在确定定位原则的基础上,配合合适的定位方法,完成品牌的整体定位工作。品牌定位原则可以有所侧重,分清主次,根据企业的具体情况,强调或削弱某些方面,成为本品牌特有的定位原则。

从市场角度而言,品牌定位有顺应、对立、空位、差异等四大原则。

一、顺应原则

顺应原则是指以在当前市场上取得成功的主流品牌为蓝本,跟随市场主流走向。在市场潮流中发现流行的主题,紧随市场畅销服装品牌的产品特点,做出自己的选择。在此,顺应应该是带有一定主见意味的模仿,而不是对某个成熟品牌的简单抄袭。

优点:由于业内已经有可以借鉴的成功品牌作例子,采用这一原则比较保险,可以规避市场风险,成为缺乏品牌运作经验的新生品牌借鉴和参照。

缺点:产品风格因容易与其他品牌雷同而没有特色,缺少个性,一旦被指与某个更著名的品牌相似,则会影响品牌的感召力。

此原则比较适合风格偏向大众化的中低档服装品牌定位。

二、对立原则

对立原则是指与市场上出现的主要流行风格相反,走个性化、另类化品牌路线。强调个性的定位原则可以凸现品牌的主张,吸引年轻消费群体,增添创造性成分,符合市场多元化发展的趋势。在此,对立应该是理性的和有限度的,切莫一意孤行。

优点:依靠设计的力量突出品牌风格,产品形象比较抢眼而富有个性,能形成比较明显的品牌风格,以产品的设计价值体现产品的附加值。

缺点:由于目标消费群较小而使得产品的社会需求总量不多,过于个性化的产品将失去大众化市场的支持。

此原则更加适合强调个性化路线的中高档服装品牌定位。

三、空位原则

空位原则是指寻找现今服装市场在设计风格或产品品种上的空档,填补业内空缺的产品或创造罕见的设计风格,避开与市场主流风格的正面交锋,迂回侧击,保存实力,在夹缝中求生存。空位既不是顺应,也不是对立,而是独具慧眼地发现一个新兴的市场需求。

优点:由于其前所未有的风格而独树一帜,少有竞争对手,具有潜在消费市场。其原创意识更多地体现在新的产品类别开发上,只要掌握得当,容易一炮打响。

缺点:从推出到接受,消费者对其有一个认识过程,有一定的市场风险。因为缺少参照物,产品开发的难度较大。

此原则适合产品开发能力强的各种档次服装品牌的定位。

四、差异原则

差异原则是指在现有品牌中,通过比较与研究,寻找产品之间可能存在的根本上的不同点,利用独到的设计方法,树立差异化竞争理念,开发差异化产品及服务,体现出差异化竞争的特点。差异既不走极端,更不随大流,而是保持确有内容的品牌自身特色。

优点:因为有比较成熟的参照对象,可以适度规避产品开发的市场风险。品牌运作链条的任何环节都可以纳入差异的内容,重点在于产品的不同风格和不同功能的定位差异。一旦找准方向,市场潜力不可估量。

缺点:市场的成熟使差异点不易寻找,差异度难以控制,可能会流于为差异而差异的形式,概念性差异化卖点的市场推广需要时间和力度,必须做足宣传才能吸引人。

此原则适合企业创新能力突出的各类服装品牌的定位。

第三节 品牌定位的八大内容

正如上述内容所说,品牌定位应该是全方位的、立体的,必须顾及到方方面面的因素,每个定位内容组成框架,使这个定位内容得到具体的、细致的、丰满的和立体的结果,不可挂万漏一,否则将影响品牌运作的实际开展。各个定位内容组合起来,就能获得一个立体的品牌定位印象。对品牌定位有一个立体概念,将有助于人们从多方面对品牌的各个环节做整体思考,便于在工作中能够多方协调。单一、片面地进行所谓的品牌定位可能会导致品牌定位的失误或错漏,过于粗略的品牌定位不便于实际操作。

品牌定位也是经常向消费者宣传的那部分品牌识别,目的是有效地建立品牌与竞争者的差异性,在消费者心目中占有一个与众不同的位置。在产品越来越同质化的今天,要成功打造一个品牌,品牌定位已是举足轻重。品牌定位是技术性较强的策略,离不开科学严密的思维,必须讲究策略和方法。本节就服装品牌、尤其是对一个新生服装品牌的基本定位内容做一个具体的说明。

一、品牌文化定位

品牌文化是指导品牌运作的主体思想,决定了品牌的价值取向。品牌竞争的实质是品牌文化的比拼,尤其在品牌进入到高端竞争层面之后,品牌文化的特质在竞争中起着十分重要的作用。品牌的文化定位能大大提高品牌的品位,使品牌形象更为清晰、独特,品牌文化定位要求将品牌的文化内涵融入品牌。

然而,品牌文化是抽象的,在产品的内在特性越来越雷同的今天,品牌文化的特征不得不借助于产品形态来发力。品牌文化必须以可以被人们感知的方式,特别是通过视觉化手段,以可视的结果表现隐含在其中的内容,强化其在消费者心智中的概念和地位。

在某种情况下,视觉化的品牌文化可以体现在产品形态上,利用具有独特文化释义的产品外观特征与功能的完美结合,作为品牌文化上的识别(图4-1)。由于把握了消费者崇尚文化的心理,甚至可以将一个虚拟文化形象的品牌运作得煞有介事。中国文化源远流长,是一个取之不尽的文化宝库,利用文化资源成功塑造品牌形象的案例不在少数,有的服装品牌 Logo 干脆就是一个古代文人的形象,虽然这种做法颇为表面化,但是,对于第一个采用这一做法的品牌来说,它至少是一个标新立异的举措。

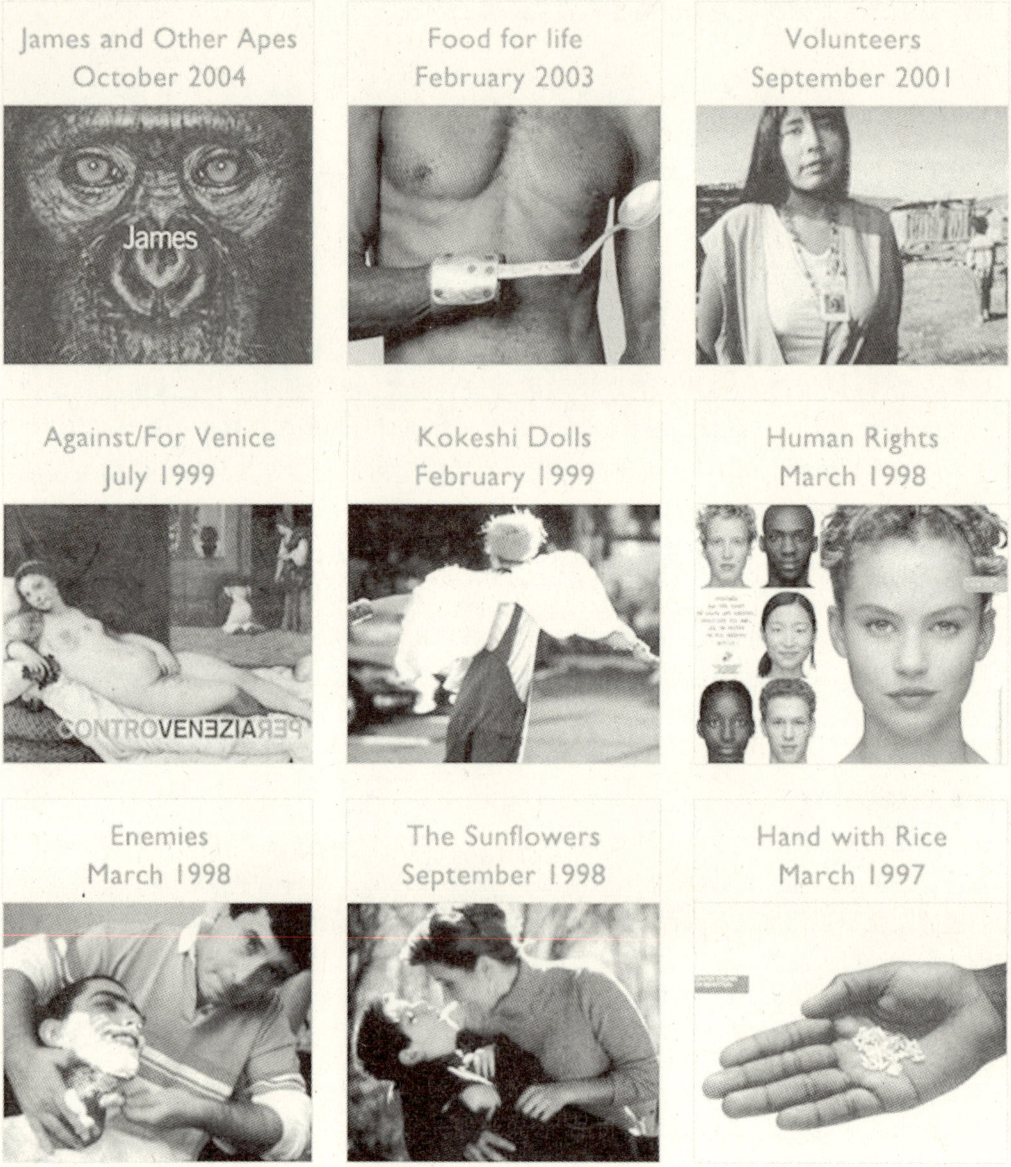

图4-1　意大利著名品牌贝纳通 Benetton 以销售色彩丰富的休闲服装为特色①

(资料来源于 Benetton 官方网站 www. benetton. com)

二、消费对象定位

消费对象也称目标消费群、目标市场、消费者、顾客,是指品牌锁定的购买和使用产品或服

---

① Benetton 品牌标语为 United Colors of Benetton,意为色彩的联合,文化涵义为不分国别、种族、宗教、阶级的平等与联合,并以具有争议新闻摄影作品作为品牌的推广形象,为简单的休闲服装品牌注入了不简单的文化内涵。

务的组织和个人。在此,消费者与顾客的概念有一定区别,消费者是指所有可能购买、使用商品或接受服务的组织和个人,强调"可能";顾客是指所有已经前来购买过商品或接受过服务的组织和个人,强调"已经"。随着当前人们的生活越来越强调"以人为本"理念和科技水平的飞速发展,消费品的开发都非常重视向多元化发展。消费对象定位也是将消费群体进一步细化的过程,将消费群体细分化的目的,是为了明确品牌推广的方向。

常见的消费对象定位误区是仅将消费群体的性别、年龄、职业、收入等基本信息进行简单区分。这种定位过于粗略和模糊,难以清晰地说明消费者特征。由于不同的消费对象在服装消费方面的兴趣、能力和行为的差异很大,因此,对消费者的定位还应当对他们的性格、行为、地区、民族、生活方式等方面做出一定的描述,把消费群体分为紧密顾客层面和松散顾客层面,或称核心层和游离层,以核心层带动松散层。顾客消费品牌产品的理由之一是希望通过该品牌的符号价值来表达其社团属性、审美情趣、自我个性、生活品味、期待关爱等可以产生自我满足和自我陶醉的心理感受,服装产品由于其与人体特别亲密的关系而成为体验这种感受的最佳载体和媒介。

消费对象定位中的一个侧重点是消费者情感定位。情感定位是将人类情感中的关怀、牵挂、思念、温暖、怀旧、依恋、倾慕、欢欣、舒畅、情爱等情感因素以任何可以察觉的方式融入品牌形象和产品中,使顾客在观赏、购买、使用产品的过程中获得这些情感的体验,从而唤起消费者内心深处的认同和共鸣,最终获得对品牌的喜爱和忠诚。比较理性的做法是根据品牌倡导的风格,探讨消费者乐于接受,并能产生情感体验的表现形式,将其差异化和符号化,并运用于品牌的产品系统和服务系统。

三、产品风格定位

产品风格就是品牌所提倡的,通过具体的产品表现出来的设计理念和流行趣味。品牌定位中对产品风格选择的主要依据有两个方面:一是消费对象对产品风格的喜好。由于消费者是接受产品的最终端,他们的评价才是产品的根本出路;二是企业对产品风格的把控。企业对某种产品风格具有很好的把控能力,才能最终将这种风格体现在产品中。相对而言,前者比后者更为重要。这是因为,如果后者的能力有所不足,可以通过企业自身努力达到;如果对前者的方向把握不准,意味着品牌将失去市场。

产品风格分为主流风格和支流风格。主流风格是指适合大多数消费者的、在市场上成为主导产品的风格,相对来说,其流行度较高、时尚度略低。支流风格是指适合追求极端流行的消费者的。在市场上比较少见的风格,其流行度较低,时尚度较高,往往是流行的前兆,参见《品牌服装设计》(第3版)第二章。随着社会的不断进步,风格的内涵和外延也不断发生着变化,社会的流行风格可以分为主流风格和支流风格,是根据流行面的大小而决定的。在社会环境发生相当程度的变化时,主流风格和支流风格将发生位置的转移。另外,产品风格不是固有的,风格可以从无到有地创造出来。

在实践中,一个品牌一般只能定位于一种风格(图4-2)。有些品牌的经营者为了使一个品牌能适应更多的消费群体,会将几种风格糅合在一个品牌内。这种做法在市场细分化的今天反而不利,会使消费者产生认知困难。如果由于某种原因而必须这样做时,一定要在几种风格的主次关系上做出明确的规定。

图 4-2　尽管时尚多变,以英伦经典为风格定位的 Burberry 品牌在市场上始终拥有着忠诚消费者

四、设计元素定位

设计元素定位是指以设计理念为指导,按照产品风格定位的要求,选择能够适应品牌文化的可视化,并适合表现某个产品风格的设计元素,确定收集、分类和运用的方法。在色彩、面料、造型这三个服装设计的基本构成里,都有属于自己领域的设计元素。在一定的时间内,对品牌所属产品的基本造型、基本面料和基本色彩应当有一个比较固定的倾向。再进一步细分的话,可以分成造型定位、色彩定位、面料定位。

一种服装的风格往往可以由很多设计元素组成,比如,浪漫风格的服装既可以由 A 组设计元素来体现,也可以用 B 组设计元素去表达,尽管用这两组设计元素都能表现"浪漫风格",但是,其外观上还是会有明显的区别,从而辨别出 A 组与 B 组的"浪漫"之不同。同样,在形式美原理和设计方法的作用下,一种类型的设计元素也可以设计出不同风格的产品。因此,在众多设计元素中选择出某种类型的元素,是引导消费者认知品牌风格的有效手段。

设计元素定位不仅是单一品牌在产品开发前应该考虑的定位内容,更是实行多品牌战略的企业必须考虑的问题。由于设计元素直接组成了产品的外观风格,多个品牌要在风格上形成一定的差异,就应该运用不同的设计元素进行区别,才能避免相互雷同或重叠。尤其是对于同时开展设计工作的多个设计团队来说,设计元素的定位是区分产品风格和做好产品开发的首要工作,参见《品牌服装设计》(第 3 版)第四章。

五、产品类别定位

产品类别定位的目的在于该产品在消费者心目中的价值地位。品牌实现盈利需要仰仗具体的产品,市场对产品的需求决定了产品的类别,应将某类产品固有的独特优点和竞争优势等,连同目标市场的需求特征和消费欲望等结合在一起考虑,以分析本身及竞争者所销售的产品作为定位的起点,对产品目标市场正面及负面的差异性进行研究,把产品的特征和目标市场的需求与欲望结合在一起。产品类别还体现在品牌的档次,不同档次的品牌带给消费者不同的心理感受。品牌档次传达了产品品质的信息,往往通过高价位来体现其价值,并被赋予鲜明的象征意义。

纵观许多国际著名服装品牌,几乎每一个品牌都有它最强项的产品,也有一些相对较为弱势的产品,这与该企业的发展背景和经营理念分不开的。在产品类别定位时,要确定主要产品(也称主打产品)和辅助产品(也称点缀产品)的比例关系。主要产品是销售利润的主要来源,辅助产品带动主要产品的销售。例如,有些品牌会在其冬季产品卖场内陈列一定数量的衬衣,其目的不在于让这些衬衣成为畅销产品,而是给消费者对该品牌留下一个完整的产品形象,带动冬季产品和销售(图4-3)。

产品类别与产品功效有关。很多产品具有多重功效,包括基本功效和附加功效,如羽绒服的基本功效是保暖,也可以增加除菌、香体、治疗等功效。大部分消费者购买产品的目的主要还是为了获得产品的实用价值,希望产品具备所期望的功效,因此,产品类别定位的常见内容之一是强调产品的功效。由于大部分消费者不是服装专家,了解的信息有限,往往只能对诉求最为强烈的功效产生比较深刻的印象(图4-4)。通常,一类产品只有一种功效的单一诉求反而更能突出品牌的个性。根据这一特点,品牌的产品主攻方向,或者说某一系列产品的主要功能诉求要有所侧重。此外,要划分好每一种产品的类别和数量配比关系,生产的实际数量是根据产品的分类而定性定量的,参见《品牌服装设计》(第3版)第七章。

图4-3 丰富的产品类别带给品牌完整的形象和易于辨识的风格

图 4-4 Nike 品牌著名的气垫鞋产品广告,其诉求点为减少地球引力,减低运动伤痛的产品功效[1]

(资料来源于 Nike 官方网站 www.nike.com)

六、产品价格定位

服装产品的价格主要由两个部分构成,一个部分是构成服装产品的全部成本,包括直接成本和间接成本,其中直接成本是指产品制造成本,间接成本是指运作经营成本;另一个部分是企业的期望利润,包括毛利润和净利润,其中,毛利润是主营收入减去直接成本的盈利水平;净利润是扣除了所有费用以后的真正利润。在实际操作中,以毛利润为产品定价更为方便,因此,有些企业习惯于以毛利润为产品定价的主要依据。由于品牌服装包含了无形资产的因素,其定价与普通服装有较大区别,与原材料、加工费等直接成本没有绝对的对等关系。

产品利润最大化是每一个企业的经营宗旨,必须要制定最为合理的、符合企业实际情况和品牌形象的产品价格带。产品价格带是指某个品牌的全部产品或某一系列产品的价格上限和下限的幅度。在实际操作中,通常根据产品品类设定合理的价格带,比如,裤装与外衣就有不同的价格带,以衬衣为例,不管采用什么面料的衬衣,都应该设定在某个价格区间。或者按照系列区分价格带,分为高端系列和普通系列。若再细分,可以按照每个系列的产品品类区分价格带。一般来说,产品价格带的幅度不宜过宽,否则将给消费者造成产品的风格和价格混乱的印象。影响产品价格的因素有很多,其中,由于服装加工成本相对比较固定,原材料成了影响服装价格的最主要的直接成本。由于一类产品可以用多种不同价格的原材料或制作工艺构成,其成本差价较大,因此,在选择面料或制作工艺时,成本必须控制在一个上下幅度变化不大的范围内,比如同一系列的相同产品类别的原材料价格或工艺难度应该比较一致。

在实践中,更为简便的是以利润率为定价依据。品牌的销售目标能否实现,与产品的定价策略很有关系,价格过高则销量有限,价格偏低则利润单薄。每个品牌的产品定价策略与企业希望的利润有关,是一项将质量和价格结合起来的非常有技巧的工作,它必须预计产品销

---

[1] Nike 品牌为目前世界上数一数二的运动服饰品牌,其产品根据各种体育运动的功能需求进行细分。

售中可能发生的一切情况,成为品牌识别内容之一。因此,产品价格定位是企划中非常重要的部分(图4-5)。

图4-5 英国Next品牌走大众低价路线,规模量贩销售模式,产品在发展中国家制作

七、销售策略定位

销售策略定位是为品牌匹配相应的产品销售通路和销售方法,可分为销售场所(即产品通路)定位和销售手段定位。在什么样的销售场所,以什么样的销售手段卖什么样的产品,就会产生什么样的销售业绩,也即同样的产品在不同的销售场所和手段下会表现出不同的销售业绩。因此,销售渠道定位是品牌定位的重要内容。

销售场所是直接影响销售量的主要因素之一,表现为产品的终端销售形式。就传统销售渠道而言,并非选择的商场档次越高,产品的销售越好,产品档次与商场档次的吻合才是保证某类产品的销售额实现最大化的主要因素。此外,除了要选择与产品风格一致的商场档次,还要对商场的所在地区、所在路段、经营方式、专柜楼层、专柜方位等作通盘考虑。当前,实体店销售和网店销售结合是很多品牌采用的销售方式(图4-6)。

销售手段是为实现销售业绩而制定的具体战术,可分为正常销售、促进销售和处理库存三种方式,每一种方式都有相应的操作细则,制定的具体销售手段各不相同。如果说,品牌文化、品牌理念、顾客心理、品牌形象、产品功效等都是谋取制高点的空中轰炸,那么,销售手段则是最后夺取阵地的地面进攻。如果出现闪失,那么,前面环节所做的一切努力将被大打折扣。从大的方面来说,不同的服装产品选择的销售手段也不相同,比如,内衣的销售手段显然不合适皮装的销售。从小的方面而言,即使相同的产品,用不同的销售手段也会得到不同的结果,比如,一件男装在百货商店男装柜台与在超市服装销售区的命运将迥然不同。

销售策略应该创新,但是不能背离产品的特点,它必须服从于品牌整体定位的需要,虽然销售是服装产品的最后环节,但是,考虑到品牌定位的整体性需要,其策略的定位工作必须同步进行。

图 4-6　Max Studio 品牌以网上销售作为其主要销售通路之一

（资料来源于 Max Studio 官方网站 www.maxstudio.com）

八、形象风格定位

品牌的形象风格集中体现于销售终端的整体形象,包括实体卖场形象或网店页面形象。虽然产品形象是终端整体形象的构成内容之一,但是为了集中解决问题,这一内容不在此讨论。

品牌的形象风格特指实体终端的装修形象。相对网店来说,在品牌形象的诸多内容中,由于实体终端的体量较大,可以做得较为完整,而且最能被喜欢眼见为实的消费者亲身感受,因此,对终端形象风格提出了较高要求,更加强调其与产品风格匹配的装修风格。品牌的形象风格也体现于服务形象和宣传形象,详细内容参见本书第七章第一节和第二节。营业员的服务形象是品牌形象不可分割的一部分,包括营业员的外貌、衣着、语言和服务内容等。品牌的宣传形象对销售终端的装修形象也有一定作用,宣传内容和形式的不断更换,可以让消费者领略到品牌的充沛活力,经常产生耳目一新的感觉。

服装品牌建设在很大一部分内容上做的是品牌的形象,毫不夸张地说,即使是国际著名品牌的某些产品,如果去掉商标以后放在小摊贩的货架上销售,人们会很难相信它原来的显赫出身。反之,将某种小摊贩上销售的产品换上国际著名商标,并且放在这个品牌的专卖店里以高出原来数倍的价格销售,将会有不少不知就里的人对其毕恭毕敬。这就是所谓的品牌效应的一种表现。

由于品牌形象风格定位的目的是给消费者留下既过目不忘又诱发购买欲望的效果,需要进行认真的定位。因此,对消费起着非常显著的引导作用的品牌形象风格定位是品牌定位的重要内容之一(图4-7)。

图4-7　若不是与众不同的品牌文化形象,Benetton 的产品和普通品牌相比并无优势

九、品牌目标定位

品牌目标定位是指品牌发展的方向。尽管投资品牌服装是一个将投资效益主要放在中远期实现的投资行为,但是依然要进行近期、中期和远期的品牌目标定位,便于把握品牌建设方向。就运作实践意义而言,近期目标的确定更为现实。

品牌的目标定位可分为销售目标和市场地位目标。销售目标一般分为年度销售目标、季度销售目标或月度销售目标。年度销售目标是根据上年度实际完成销售数,设定一个增长率,结合每个月的销售特点,将细分至月度的销售目标相加。品牌的市场地位是要求品牌以什么样的姿态,确定在市场上的高度和位置。

品牌定位开始往往是在虚拟形态下进行的,如果选择一个明确的目标品牌(也称参照品牌),就能有一个清晰的目标作为今后品牌发展的方向,也能在具体的品牌内容推出之前,使参加品牌运作的人员有一个参照物,起到便于和统一认识的作用。如果即将推出的品牌风格在市场上已经存在,就更应该通过调研去了解目标品牌的情况,以目标品牌为竞争对手,及时制定胜人一筹的对策。

具体来说,在获得实际销售业绩支持的基础上,品牌目标定位可以以某个品牌为目标,一次设定,分步实施。当一个目标品牌不足以说明问题时,可以用其他品牌做补充说明。因此,目标品牌可以多达数个。

第四节　品牌定位的表达

品牌运作不是单兵作战,而是团队行动。品牌定位是思维的结果,为了这个看不见的思维结果能让整个团队理解透彻,以便在实际运作过程中协同作战,必须以某种视觉化方式将这一结果表达出来。品牌定位的结果一般以"品牌定位报告书"的形式表达,除了对上述八项定位内容的归纳整理以外,报告书还要将市场调研结果和流行分析纳入其中,也可以包括品牌的建设背景、组织架构、营销企划等内容,是品牌推广的纲领性文件和生产计划指导。

在基本的品牌定位报告书中,需要罗列各个定位内容,使用文字、图片、实物、表格等形式,完整、清晰地表达出全部定位企划思想。报告书并无统一格式,但形式感非常重要,精美、完善、清晰、新颖和富有创意的报告书是品牌从未雨绸缪的企划阶段走向市场销售的良好开端。

大型品牌服装公司的品牌定位报告是在产品设计师的参与下,由企划部门完成。小型品牌服装公司则是在经营部门的参与下,由设计部门完成。

一、定位的表达格式

从内容上看,品牌定位的表达有单一内容和全面内容两种形式。单一内容的品牌定位是针对一个或少数环节进行定位表达的品牌定位报告书,如在产品定位方面通常以故事板形式表达,参见《品牌服装设计》(第3版)第七章;全面内容的品牌定位是涉及品牌建设全部环节的品牌定位报告书,包括上述八项品牌定位内容甚至更多内容的整个品牌运作计划。

为了便于表达与交流,任何报告书都有一定的格式。以一般的品牌定位报告书为例,其格式通常包括以下几个部分:

(一)首页

品牌定位报告书的首页部分是用短语写明标题(品牌的名称及核心内容提示);报告书的担当单位、委托单位或个人的名称;报告书的完成日期等。可以适当地配上标志性图片、品牌LOGO等,必要时,可用副标题表示相关内容。

(二)摘要

品牌定位报告书的摘要部分是用简练精准的文字,简明扼要地说明报告书的主要内容、方法、观点及结论,一般不配插图。摘要的篇幅一般不要超过正文篇幅的5%,最长篇幅一般不要超过3 000字,避免喧宾夺主。

（三）正文

品牌定位报告书的正文部分是用大量有效的文字、数据、图表、图片等,阐述理由,证明观点,给出结论。与学术论文不同的是,品牌定位报告书的论证过程相对简略,避免冗长繁琐的泛泛而谈,分项或分段指标要清晰。

（四）结论

品牌定位报告书的结论部分是用少量文字,对整个报告书的核心部分进行总结,得出主客观一致的结论。结论部分一般不要超过1 000字,行文的重点在于提高结论的目标性、正确性和清晰性。

（五）鸣谢

品牌定位报告书的鸣谢部分是记载品牌定位过程中的人员分工,感谢为品牌定位工作做出贡献的单位和个人。品牌定位工作可能要动用多方资源的支持,非本团队可以独立完成。鸣谢部分的文字十分简要,一般不要超过500字。

（六）附录

品牌定位报告书的附录部分是为了保持正文的行文流畅和篇幅合理,把一些原始数据、参考文献、证明材料、图表编号、参与人员等附在正文后面的部分,供审阅者查阅。如果附录的内容很多,也可以单独成册,其篇幅视实际需要而定。

品牌定位报告书的篇幅不等,一般在2~5万字。在实践中,为了应对不同部门或不同人员的工作特点和需要,品牌定位报告书可以分为完整版和浓缩版。完整版是详细的品牌定位全部内容,但篇幅较长,涉及面宽,不适宜快速阅读;浓缩版是简略的品牌定位部分内容,篇幅精练,简明清晰,适宜快速阅读。为了保护商业机密或方便明确职责起见,也可以将完整版作为母本,制作针对各部门工作性质的分册。

二、定位的表达要求

无论哪种格式的品牌定位报告书,一般都由文字、数据、图片、图形、色彩等要素组成,必要时,可以附带一定数量的实物。尽管组成品牌定位报告的要素形式各异,但为了使该报告达到一定的水准,仍有使用时的基本要求。

（一）文字表达要求

品牌定位报告书对文字表达没有特别严格的要求,要依据出现在哪个部分而定,如在正文的品牌文化或品牌愿景部分可适当加入一些煽情性文字,在论证部分则要求使用严密细致、言辞规范的文字。总体上的写作思路应该条理清晰,前后逻辑一致,宏观微观结合,主要观点鲜明,数据真实可靠。

（二）图片表达要求

品牌定位报告书对图片表达的要求是像素较高、裁剪得当、图像清晰。由于服装品牌的特殊性,特别是在报告书批量印刷时,高质量图片在其定位报告中不可或缺。由于品牌定位是"定位在先,实现在后",因此,所有图片基本上不是实现后的实物图片,而是采用与定位意图相近的现有图片代替。图片的来源可以是资料图片、自摄图片等,从出版物上摘取的图片应说明来源。

（三）画稿表达要求

品牌定位报告书对画稿表达的要求是达意准确、技法熟练、效果良好。由于一些比较有创意的个性化服装样式在时尚杂志上找不到可以代替的现成图片,必须依靠设计师手绘的方式表达其定位意图,因此,手绘画稿也常用来表示品牌定位的意图。画稿一般要利用计算机进行画面或编排处理后,纳入品牌定位报告书。

(四)实物表达要求

品牌定位报告书对实物表达的要求是针对性强、真实直观、承载方便。由于实物具有其他方式不可替代的真实感,在其他方式不能很好说明的情况下,可以利用具有实际参照意义的面辅料等实物样品来准确表达定位内容。为了获得更为直观的效果,可以在材料拼贴时按照实际使用的比例,在拼贴的面积或搭配上有所区分。有时可以采购与品牌定位目标非常接近的样衣,作为辅助说明。

(五)色彩表达要求

品牌定位报告书对色彩表达的要求是颜色准确、称呼统一,便于参照。目前采用较多的色彩表达有两种:一种是材料实物色卡,即利用面料、纱线等实物做成色卡表示颜色;一种是标准色色卡,即以业内通用的标准色色卡确定产品的色彩方案。当实物样品的颜色与定位报告要求的颜色不吻合时,可以利用标准色色卡确定色彩方案,交付采购人员或生产厂商作为操作标准。

(六)图表表达要求

品牌定位报告书对图标表达的要求是数据清晰、表格整齐、文字扼要。同时要注明图表的编号,配合简洁的图名。图表所具有的特点是一般的描述性文字不能替代的,在品牌定位报告书中,对比数据、产品配比等很多地方都需要利用一系列图表,简明扼要地表达品牌定位的内容。

(七)坐标表达要求

品牌定位报告书对坐标表达的要求是功能合适、区域准确、指标清晰。坐标表达是一种数据与图形结合的办法,具有一目了然的视觉效果,经常被用来形象地概括需要说明的问题。电脑软件中的柱状图、点阵图、雷达图等都属于坐标中的一种(图4-8,图4-9,图4-10)。

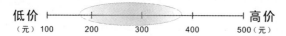

图4-8 单级坐标定位表达方式

图4-9 两极坐标定位表达方式

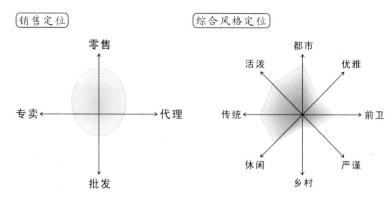

图4-10 多极坐标定位表达方式

第五节 服装品牌的命名

当品牌运作的对象是一个全新品牌时,必然要考虑该品牌的命名问题。品牌的名字不仅涉及到消费者对品牌的认知,甚至会关系到产品的设计风格。品牌的命名是在品牌风格确定的前提下展开的,名称及其图形为体现品牌风格而服务。因此,为品牌取一个好名字是非常重要的。

一、品牌命名的方法

品牌命名要顾及名称的听与看的效果,好的品牌名称应该具有寓意清晰、朗朗上口、便于记忆的特征,力求突出产品风格。寓意不能过于隐晦,因为没有多少消费者能够有机会或有耐心仔细聆听对品牌寓意的介绍,全凭直感对品牌名称形成自己的理解。在实践中,特别要注意品牌名称的发音不能与某些应该回避的词语雷同,以免引起歧义。

(一)直接法

将具有代表性的人名、物名或地名直接用于命名,如:David Li、天鹅、上海等。

(二)关联法

选择与产品风格有一定关联的文字命名。如:浪漫情怀、简至上、雾海等。

(三)造词法

非常规或非逻辑地编造新词,求得别出心裁的效果。如:魅眉、moode、亮歌等。

(四)谐音法

改变规范用法中的部分文字,赢得观者的注意力。如:小鸟衣人、衣往情深等。

(五)求异法

打破常规思维、追求新奇异类效果的命名。如:刺人玫、丑妹、大老黑等。

（六）模仿法

模仿已有的著名品牌，形成倚靠名牌之势的命名。如：雅哥儿、皮尔卡汀、耐客等。

（七）重复法

把企业名称和品牌名称相统一的命名，重复后产生强调效果。

（八）系列法

以企业所属品牌作系列化命名。如：号角、金号角、银号角、小号角、号角一号等。

二、品牌命名的形式

品牌命名形式是指根据品牌定位的内涵，选择一种与其名称相适应的读写表达方式，目的在于将品牌命名的文字、语音赋予一定的视觉意义和联想作用，让人产生更为牢固的记忆。

（一）外文形式

以完整的外文字词、组合词的首写字母或新创词的形式命名，给人以外来品牌的感觉。如果品牌呈现的风格以某个国家的服装风格为准，则可以以该国文字命名。如：Dea（意大利语：女神）、Feigen（德语：无花果）、Dessin（法语：图案）等。

（二）中文形式

以完整的中文字词命名，明白易懂，有亲和力，适合扎根于中国本土文化的品牌。如：霓裳、玄土、太极等。

（三）译文形式

以外文音译、外文意译或中文音译、中文意译的形式命名，既方便理解外文、又容易记忆中文。如：歌登（garden）、君梦（dream）、美诗（max）等。

（四）数字形式

以一种或多种数字的形式命名，通常与字母组合使用，具有新奇、独特的命名效果。如：T21、C1970、18teen 等。

（五）混合形式

上面两个或两个以上形式组合的命名，具有时尚、流行、通俗的命名效果。如：美丽 36、IT它、Hi-快乐等。

三、品牌命名的美术设计原则

品牌命名的美术设计即品牌的 Logo 设计。同样一个命名，其图形可以有成千上万个设计方案，经过美术设计以后，原先几乎谈不上视觉形象的普通文字或数字可以传递给人们完全不同的信息，产生截然相反的心理感受。虽然品牌名称的美术设计常常是由平面美术设计师设计的，但是，服装设计师对品牌有比较深刻的理解，参与甚至独立进行品牌的美术设计是完全可以做到的，通常是由服装设计师提出概念，由平面设计师完成。

在进行品牌名称的美术设计时，应该注意以下设计原则：

（一）产品风格的一致性

品牌的美术形式不是在单纯寻找一个漂亮独特的商标形式，而是要能找到一个突出品牌所属产品的特点，并且能由此在品牌推广中产生导向作用的适合的美术形式。因此，品牌的实际产品与品牌的美术形式做到内容与形式的统一是至关重要的（图4-11）。

（二）展示方式的多样性

品牌的美术形式在展示时可能是一种道具，也可能是一个展示元素，因此要考虑在展示时能够使品牌的美术形式产生多种变化，适合多种表现方式和表现效果。如透明效果、灯光效果、立体效果等。

（三）视觉效果的独特性

人们对一个陌生品牌的认识往往是从品牌形象开始的，品牌 Logo 的美术形式是品牌形象的一个重要组成部分。只有采用打破常规的设计方法，以独特的，能够引起视觉兴奋的美术形式，才能在观者的视觉中产生深刻的记忆。

（四）重复制作的方便性

品牌的平面化美术设计在实际使用过程中，会遇到放样制作等问题。这就必须要考虑两维到三维的转换、制作材料的转换和加工工艺的可行性等在实际制作中可能遇到的问题，以及制作成本，从一开始就要考虑其重复制作的方便、快速、经济。例如，过于琐碎的图形在制作时费时费力，精度不高，过于整块的图形在放大后可能会分量太重等。

■ **案例**

　　"雅丝丹"是一家品牌服装公司即将推出的新品牌，该品牌的目标顾客定位于 25 岁左右的年轻女性，产品以中价位的四季休闲女装为主。品牌 Logo 设计者拿出了 4 个字体设计方案，这 4 个方案各有特色，可以分别隐喻某一类产品的风格。经过再三斟酌，公司高层最后确定第三号方案为该品牌的 Logo 形式（图 4-11）。

此形式比较传统，过于拘谨，更合适用于职业装品牌

此形式非常女性化，比较适合用于以真丝服装为主要产品的女装品牌

比较随意轻松，比较适合用于休闲女装

此形式具有浑厚、松软的感觉，更适合家居或布艺类产品

图 4-11　命名的美术设计图例

四、商标的注册

推出一个新品牌的首要工作是将商标进行工商登记注册，国家工商管理部门对未经登记注册的商标不予法律保护。为了品牌的合法性与持久性，企业必须进行商标注册。由于完成一个正常的商标注册全部手续大约需要两年左右的时间，为了不耽误新品牌上柜计划，企业应该尽

快提前商标注册。

商标注册的一般流程如下：

（一）查名

查名是指在提出注册申请前，申请人对其申请商标是否与现有合法商标有无相同或近似的查询工作。由于拥有商标的服装企业很多，新品牌在注册时极易发生"撞车"现象，商标查名的好处在于避免商标"撞车"。如果查名后未发现名称重复，商标注册申请即被受理。否则，未经查名而直接将设计好的商标进行注册，将有与其他注册商标"撞车"的风险。

（二）设计

对通过查名手续的品牌进行美术设计。虽然此品牌名称与其他品牌并不重复，但是，如果其美术形式与其他已经获得注册申请的品牌类似，在辨别上容易产生混淆时，注册申请将有可能被驳回。因此，为了能尽快地顺利通过，应该准备多套候选设计方案。

（三）申请

服装商标的注册内容有：文字、图形、色彩。将设计好的商标内容按规定的格式要求向当地工商管理部门（或商标事务所）提出正式的商标注册申请。

（四）生效

商标申请书从工商管理部门正式受理之日起，即受《商标法》的保护并可用于正常的产品。从申请受理之日起到正式注册成功之日的这段时间里，如有其他企业申请类似商标，将按申请时间的先后维护申请者的权益。

（五）注册

在申请被正式受理后的一至两年内，商标经备案和试用后，若无他方提出异议，国家商标局将发文公告，表示该商标为注册商标，商标注册即告成功。

第六节　品牌的再定位

虽然经过严肃认真的调研，在经验和感觉的引导下，品牌定位可以做到比较理性化，定位结果似乎比较合理可行，但是，市场是充满变化的，它不可捉摸的特性有时是不以人们的意志为转移的，操作中的突发因素也使得市场运作结果变得不可驾驭。最典型的例子就是有些被设计部门和销售部门普遍看好的款式却遭遇市场败绩；相反，一些事先并不起眼的款式却有可能成为一再翻单的畅销产品。因此，品牌定位仅仅是一种有根据的预言，预言与现实会有一定的距离。

品牌定位报告书是含有虚拟成份的理想中的品牌定位结果。品牌的实际运作结果与报告书中的内容越接近，说明品牌定位越准确。事实上，品牌在实践运作过程中会不同程度地出现预定目标与市场现实的差异，因此，当品牌定位经过一定时间的运作，出现与预期结果误差较大的情况时，可以对原来的品牌定位进行工作检讨，及时找到主要原因，进行品牌的再定位。既不能无视实际运作中可能发生的定位偏移而一成不变，也不能一遇到困难就全无自信地朝令夕改,在适当的时候,还是要以市场为检验定位的标准,做出必要的定位修正。

一、品牌定位中的常见问题

(一)目标不明确

原因:经营决策者举棋不定,理想中的品牌没有参照对象。对服装市场缺少正确的判断,将使企划者缺少目标,这是品牌企划中最忌讳的毛病。

解决:汇合各部门进一步探讨,做出更详细的市场调研,进行目标的初步定位。

(二)资料不齐全

原因:资料来源有限,资料经费不足。由于信息渠道不够畅通或信息投资不足,使可以借鉴参考的流行信息短缺,造成企划者眼界不够开阔,信息落后等局面。

解决:开辟资料来源,加大资料投入,整理原有资料。

(三)材料样品少

原因:没有面辅料供应商网络,缺乏材料来源,企划日程拖延。由于定位工作必须做得很提前,面料供应商一下子很难拿出新颖面料,造成设计师不得不对库存面料冥思苦想。

解决:寻找替代面料,建立面料供应商网络,提前企划日程。

(四)修改幅度大

原因:部门沟通不够深入,表达能力有限。在部门与部门间有关品牌定位的内容交流不多,造成相互否定对方的定位报告,不得不对定位报告做大幅度的修改。

解决:加强部门之间的沟通,提高专业水平。

(五)调研不充分

原因:参加调研的人手少,调研过程马虎,遇到问题知难而退,分析不够深入,无法掌握问题的实质。

解决:重视调研的重要性,做透、做细调研的每一项内容。

(六)表现效果差

原因:负责品牌企划人员的专业素质不够,缺乏实战经验,或是品牌定位内容缺项,表达不够完善。

解决:培训有关人员的专业素质,提高专业表达手段。对品牌定位内容逐项分析,不得遗漏。

二、品牌再定位的要点

(一)确定再定位的原因

由于品牌定位牵涉到企业内外方方面面许多因素,品牌定位发生问题不一定在接下来的任何环节都会出现问题,但是一个环节出现的问题则可能会影响整个全局的形式表现出来,如果不找准原因,整个策划都须推倒重来。因此,当运作过程出现问题时,应该排除表面现象,仔细分析问题的根源,寻找造成这些问题的原因,就可以在品牌再定位时找到突破口。一般来说,撇开品牌定位方案本身的原因,影响品牌定位的因素主要分为两大方面:一是企业外部因素,如宏观经济环境的变化、行业竞争状况的变化、消费者的消费观念变化、合作伙伴的变化、等等;二是企业内部的因素,如人员变动、效益变化、制度变化、等等。找准了究竟是什么原因要求企业对品牌进行重新定位,企业就可以对症下药。

(二)客观分析形势与评估

找到品牌再定位的主要原因以后,必须对品牌目前的运作状况进行全面的检查和评估。这是对品牌定位方案本身的检讨,这项工作相对来说比较容易,只要对照原来的方案逐项审核,检查一些必须达到的数据和指标,对重点环节的重点人物进行个别恳谈,就能使问题露出水面。对于老品牌的重新定位来说,确定了重新定位的必要性以后,应该进行主要依据来源于消费者和市场的调查,调查内容主要包括消费者和经销商对本品牌的客观评价、对其他品牌的比较认知、对消费行为变化的解释、对理想品牌的定义及其产品的属性分析、对同类产品的评价等,根据以上调研的结果对现有的综合形势做出总体评估。

(三)再次认清目标消费群

"第一是顾客、第二是顾客、第三还是顾客",这似乎是市场经济不变的铁律,因为,只有顾客才能带来直接的销售来源。这里的顾客包括普通消费者、专业客户等,而最需要认清的是普通消费者,因为品牌是介入零售行业的企业行为,零售行业面对的就是普通消费者,专业客户是根据普通消费者的变化而做出选择的。再次认清目标消费者的中心工作还是离不开目标市场的细分。由于社会上存在着形形色色的目标市场,不管什么品牌的产品,哪怕是 10 年前的积压产品,甚至是破烂货,也会有它的目标消费群体。关键问题是,企业需要找到相对品牌运作能力来说最大化的、含金量最高目标市场,才能信心百倍地投入全部财力和精力,重建新的品牌地位。

(四)应用最新的定位手段

原来的品牌定位是在原来的产业背景下、运用原来的品牌定位理论和方法进行定位的,随着时间的推移,新的观念、新的理论和新的方法不断出现,以前的东西可能不再适用,至少是部分东西不能适用。因此,负责品牌定位的人员必须时刻关注业界新的变化,利用最新的成果对品牌进行再定位。当然,最新的东西不一定是最好的,应该是采取"新中选优"的原则,而不能一概地"唯新论"。通过业界调查研究,在品牌再定位的过程中,以新的品牌定位为核心,加入对本品牌来说最为适用的新观念新方法,防止新定位与新运作的脱节甚至背离。

(五)处理好与原定位的关系

原来的定位可能并非一无是处,也许只是运作过程不力,或者运作时机不成熟。因此,认真分析一下原来定位是否存在合理部分,包括运作的现状中哪些部分可以遗留下来,并注意新的定位与其无间隙衔接。比如,对原来人员、卖场、客户、货品的整合,原有资金的梳理、追讨等。虽然谁都希望在一张白纸上画画,但是其代价也是可观的。如果能够利用现状中的合理部分,既可以节省大量重置资金,也可以缩短另起炉灶所需要的大量精力,为立足市场争取宝贵的时间。品牌再定位方案策划好以后,应该通过一定的手段,将新的品牌运作信息传递给每一位相关人员,使它深入人心,成为新的品牌行动纲领,并最终完全取代原有定位。

第五章

品牌服装产品

在品牌实践中发现:品牌是产品的灵魂,难以独立存在;产品是品牌的精髓,也是承托品牌的载体。消费者是为了解决衣着问题而去寻求合适的服装产品的,即使品牌的附加价值再高,如果服装出现了尺寸、审美等方面的偏差,对其来说,这个品牌就没有任何意义。做一个形象的比喻:品牌与产品就像一个活生生的人,产品是肉体,品牌是依附于这个肉体的精神。然而,无论是老品牌还是新品牌,离开了产品,一切品牌活动都是无稽之谈。因此,一个品牌的运作,尤其是在品牌初创期,没有"品牌知名度"老本可吃的新品牌务必十分重视产品开发,其前提是透彻了解产品,对服装品牌而言,是透彻了解"品牌化"服装产品及其运作特点。

品牌服装产品设计是专业性很强的内容,这些内容在"品牌服装设计"课程中详述,参见《品牌服装设计》(第3版)。

第一节 品牌服装产品的特点

如果把市场上随机抽样的品牌与非品牌服装进行个体之间的比较,也许并不是每次都能很顺利地把它们区分开来,但是,如果把一定数量的品牌和非品牌服装分列放置在一起,人们很容易发现它们该有的身份。这种比较方法也同样适合一个品牌与另一个品牌的产品区分。其原因在于品牌服装产品是有特点的。

品牌服装与非品牌服装的主要区别有以下几个方面:

一、品牌服装的产品直接成本高,品质上乘

产品品质是主要的品牌形象之一,由于品牌服装要维护完美的品牌形象,就必须提高产品的品质。产品品质的提高,需要在产品直接成本上加大投入,原辅材料和工艺制作都有较高的要求。品牌服装单件产品的利润可以是普通服装的几倍,除了品牌形象包装的因素以外,产品的品质是普通服装不可比拟的,这也是打动消费者的根本原因。普通服装为了推行低价策略,不得不严格控制服装的直接成本。

二、品牌服装追求单件产品利润,以利取胜

品牌服装往往由于强调品牌风格和款式的多样性,针对的消费群比较明确、狭窄,一般在单件产品投放量上比较谨慎,不会孤注一掷地在某一个品种上大量投入。为了赢取利润,在单件产品上,销售价格中包含的期望利润值比较高,其销售数量不能与普通产品相提并论。普通服装产品以量取胜,单件产品投放量大,薄利多销。

三、品牌服装强调产品设计风格,系列感强

设计风格是品牌生存的法宝,是每一个品牌追求的根本。品牌服装强调产品的系列化,要求产品之间有随意搭配的可能性,方便销售时向顾客推介,因此,设计元素的运用在品牌服装设计中得到充分的肯定。非品牌服装由于缺少自己的风格,采取望风而动的"驳样策略",产品难免杂乱、零碎,多以单品形式销售(图5-1)。

四、品牌服装的远期投资回报高,增效明显

由于品牌服装具有长远投资规划、直接用于产品投资的资金比例不如非品牌服装高等特点,因此,产品的资金流量比例相对较少。但是,其用于形象宣传、系统管理的投资会带来品牌效应,这种效应会随着时间的推移而日趋鲜明。非品牌服装则在产品上的资金投放比例很高,其他方面的投入很少,因此,非品牌服装追求的是眼前利益。

五、品牌服装运作和销售成本高,资金量大

品牌服装的销售场地、专柜形象、服务措施等都比非品牌服装跃升一个台阶,其销售费用比非品牌服装有明显增加。操作品牌服装的环节很多,程序复杂,需要一个很强的管理系统,这些

图 5-1 品牌服装的系列化产品体现出品牌的整体风格,致使"驳样"厂商难以全盘模仿

特点也会增加品牌服装的运作成本。另外,大型订货会、采风差旅费、客户招待费等间接成本是品牌服装必须考虑的经营成本。因此,运作品牌服装需要配合较大的资金量。

六、品牌服装企业机构设置齐全,细节到位

没有分工明确的运作部门是无法做好一个品牌的,否则工作细节不能到位,这就需要配置功能齐全的运作组织机构。非品牌服装则可以从很小的投资开始,比较正规的品牌服装的起步投资应不少于当时当地社会人均年收入的 100 倍,否则,投资者抵御市场风险的能力非常有限。比如,某个地区的人均年收入为 10 万元人民币,则品牌服装的基本投资应不少于 1 000 万元人民币。当然,这只是一个参考数值,投资额度的多少和投资效果的优劣与投资环境、运作能力有相当的关系。

七、品牌服装发展目标比较明确,强调企划

品牌服装通过企划来引导其行为,品牌企划应该是经过深思熟虑的,有一定理论依据的思维结果,对品牌的走势提出明确目标。有了企划能力的品牌服装公司知道自己在哪个时期应该干什么。非品牌服装则走一步看一步,无长远企划。就连一些销量不俗的单品服装公司,也会对自己的走势混沌不清,失去方向。

八、品牌服装具有无形资产价值,感召力大

一个品牌在一定时期会保持一种风格。保持风格的目的是取悦消费者,争取建立消费者对

品牌的忠诚度,形成稳定的消费客流。非品牌服装的消费认同感差,消费者不稳定。消费者认同感的增加会带来品牌在消费者之间的自然推广机会,品牌代理商和批发商等专业客户也会慕名而来,形成所谓"马太效应"(图5-2)。

图5-2 Emporio Armani 作为阿玛尼时装帝国的年轻休闲副牌,其品牌感召力不言而喻

第二节 品牌服装产品的构成

品牌运作的基本框架和品牌定位的主要内容一旦确定,接下来的工作是彻底明确品牌到底卖什么产品,也即考虑品牌服装产品的构成。事实上,这两项工作不是串行关系,而是并行关系,不可能是前后孤立完成的。因为品牌企划的很多具体内容都是围绕具体产品的特征展开的,所以,产品的构成应该在品牌企划之初就已经开始考虑,或者说是差不多同步进行或交替进

行的。为了清晰地讨论问题,在此还是将这两部分内容分章节论述。

一、品牌服装产品的构成原则

(一) 以企业现有基础为原则

企业现有基础是保证产品短时间内走上正轨的重要条件。走上品牌建设道路的服装企业一般有两种情况:一种是本来就从事服装行业的企业,以品牌运作从事经营活动无非就是从生产加工型企业转向品牌经营型企业。这些企业有相当的服装行业基础,尤其是因为长期从事某类产品的加工而对此类产品非常熟悉,但也会因此而受制于原来的产品范围;另一种是从其他行业进入服装行业的企业,这些企业希望通过运作服装品牌,谋求企业的跨行业发展。这些企业缺少服装行业基础,对服装产品结构不熟悉,实际操作的风险较大,但也会因此而减少束缚,在产品构成上比较"随心所欲"。

(二) 以未来市场需求为原则

未来市场需求是任何企业都意图谋求的新的增长点。当前市场往往是白日化竞争的饱和市场,产品利润十分平均化,新的品牌企划应该尽量避免进入对价格很敏感的消费者市场。未来市场是没有充分竞争的不饱和市场,容易出现新的增长点。因此,在构建新的产品构成时,应该通过宏观市场调研等手段,努力寻找和发现新的市场需求,在此基础上建立起来的产品架构将会在一定时间内保持相对的品类领先优势。

(三) 以填充品牌架构为原则

填充品牌架构是为了完善原有品牌在品类结构上的缺陷。品牌建设是一项长期而艰巨的事业,一个品牌在建设初期,难免会遇到品牌企划上的缺项或者执行中的变形。事实上,一个品牌也不可能在产品的风格、品类、功能等方面包罗万象,因此,在建立一个新品牌时,其产品构成将会填补原有品牌产品构成的空白,因此,这一原则适合实行多品牌战略的企业在产品构成时运用。老品牌在策划新一季产品构成时,也可以用这一原则来补充不够完善的产品结构。

二、品牌服装产品的构成类型

品牌服装的产品一般以系列构成,系列一旦确定将会保持一段时间内稳定,轻易不会改变,每个系列下面都有相应的产品。按照实际操作习惯,品牌服装的产品构成主要有以下两种情况:

(一) 全品类产品构成

全品类产品构成是指以所有品类为系列的产品构成。比如,服装、配饰、包袋、鞋帽等;服装又分男装、女装、童装等;男装又分上装、下装等;上装又分大衣、衬衣、夹克、风衣等;大衣又分呢绒大衣、羽绒大衣、毛皮大衣等;呢绒大衣又分呢绒长大衣、呢绒短大衣、混纺呢绒大衣、精纺呢绒大衣、呢绒派克大衣等;呢绒长大衣又分双排扣呢绒长大衣、单排扣呢绒长大衣等。

根据品类,设定系列的数量和比例。

(二) 单品类产品构成

单品类产品构成是指以单一品类为系列的产品构成。比如,内衣品类,又分基础内衣、功能内衣、修身内衣等;基础内衣又分全棉内衣、棉毛内衣、莫代尔内衣等;全棉内衣又分全棉休闲内衣、全棉运动内衣、全棉商务内衣等。为了丰富产品形象,扩大市场适应面,以单品类面貌出现的品牌,其产品构成往往是男女产品混合。

根据品类,设定系列的数量和比例。

三、品牌服装产品的构成方法

简单地看,产品构成一旦确定,品牌的基本面貌也就确定了,其整体表现将会给消费者留下产品的综合印象。常用的品牌服装产品构成方法有以下两种:

(一)平均配置法

平均配置法是指在产品总量一定的前提下,对产品在季节、性别、材料、种类、色彩、档次、质量等方面作相对平均分布的方法。这一构成方法既可以针对全品类产品构成进行,也可以在单品类产品构成中应用,比较适合投资规模较大、生产能力突出、以大型超市等渠道为主要销售通路的大众化低端品牌。值得注意的是,真正采用彻底的产品平均配置的品牌十分少见,在实际操作时还是有所侧重的。

(二)主体突出法

主体突出法是指在产品总量一定的前提下,通过提高某一品类的比例,将这一品类作为品牌的主体产品的方法。通常情况下,这一方法提高的是某一品类的产品品种与数量的比例,起到突出这些产品在整个产品构成中占据主导地位的作用,消费者也因此而对该品牌做出属于某类品牌的判断。这一构成方法既在全品类产品构成中使用,也可以在单品类产品构成中进行,比较适合投资规模不大、生产能力有限、以专卖店等渠道为主要销售通路的中高端品牌。一般情况下,大部分品牌运作都采用这种方法,集中有限的运作资源,突出品牌的特征形象。

四、品牌服装产品的构成数量

由于具体的品牌地位、产品品类、销售地区、顾客对象、品牌模型、企业实力等方面存在不小的差异,品牌服装的产品构成数量并无统一标准。对于企业来说,当然是品种越少,成本越低,管理也越方便。但是,这一简单化操作未必是市场能接受的,对于消费者来说,则往往反其道而行之。因此,每个品牌都要有一个相对合理的品种投放数量标准。根据调研结果,按照销售规模大小区分,以商务男装品牌为例,目前服装行业的普遍做法列表如下(表5-1):

表5-1　品牌服装产品品种构成数量

品牌规模	销售收入	全年产品品种数量
超大型品牌	25 亿元以上/年	3 000 款以上
大型品牌	15 ~ 25 亿元/年	2 000 ~ 3 000 款
大中型品牌	8 ~ 15 亿元/年	1 500 ~ 2 000 款
中型品牌	2 ~ 8 亿元/年	1 000 ~ 1 500 款
中小型品牌	0.6 ~ 2 亿元/年	800 ~ 1 500 款
小型品牌	2 ~ 6 千万元/年	400 ~ 800 款
小微型品牌	0.1 ~ 2 千万元/年	200 ~ 400 款
微型品牌	1 千万元以下/年	100 ~ 200 款

以上品种数量不包括配饰等产品。通常情况下,女装品牌的产品品种数量大约是男装的两倍,休闲装品牌的产品品种数量多于正装品牌。

五、系列与产品的辩证关系

(一)品类与系列的相对性

品类是产品的面状分布,是从产品大类上界定产品,也是产品的宽度;系列是产品的线性排列,是对同类产品的品种规定,也是产品的长度。品类大于系列,系列从属品类。比如,A品牌产品分布在大衣、衬衣、毛衣品类,构成了该品牌的3个产品系列,则该品牌的3个系列下面分别可以有多种款式。这种方法较适合规模较大的品牌。

也有将系列视为品类的做法,仍以A品牌的三个品类为例,一个系列里可以包括大衣、衬衣、毛衣。此时,该系列往往是以产品品质分类的,即高端系列、中端系列或低端系列,则这三个等级的系列里均可有大衣、衬衣、毛衣。这种方法较适合规模较小的品牌。

(二)品种数量的相对性

实际投放市场的款式数量多,则为消费者挑选带来便利,却为企业的产品设计、生产、管理带来不利。但是,款式过多则不仅不利于企业,也容易让消费者在挑选款式时眼花缭乱,举棋不定,对品牌风格的印象模糊。

实际投放市场的款式数量少,则方便企业降低经营成本,加快产品上市时间,却缩小了消费者挑选款式的范围。但是,如果款式过少,不仅消费者乏味,也不利于企业提高销售业绩,而且增加了款式准确性的风险。

(三)平均与集中的相对性

产品品种平均分配,有利于顾及方方面面消费者各自不同等需求,但过于平均则容易导致品牌主体产品不清晰,特色不易体现。这种方法较适合面大、量广的大众品牌。

产品品种集中度高,有利于突出主体产品和品牌风格,但如果款式过于集中则容易出现产品形象太单薄,消费者的选择余地有限。这种方法较适合追求个性的小众品牌。

从实践情况来看,品牌服装的产品构成一般要包括春夏秋冬四季产品,如果集中于某类季节特征明显的产品,则不利品牌的全年销售;一个品牌的产品可以有多个系列或大量款式,却不宜有多种风格;在款式总量一定的情况下,品类不宜分布太广;在系列数量一定的情况下,款式可相对丰富。具体情况还要根据具体品牌的当前条件,不能一概而论。

第三节 品牌服装产品的流程

品牌的物质载体是产品,一切运作战术都是围绕着产品展开的。品牌形象战略与产品的关系就像脸型与化妆的关系,化妆的结果虽然可以使被化妆对象比原先漂亮许多,但是,当被化妆对象的基础条件很差的时候,再高明的化妆也会回天无术,无法将其塑造成一个绝代美人。因此,品牌服装企业必须将大量的精力放在产品开发上。否则,即使品牌被炒作到极高的知名度,也会因为没有名副其实的产品作支撑而被市场无情地淘汰出局。

好的创意和好的企划只有在科学的、合理的运作机制下,在高效率的环节配合和高质量的工作状态下,好的产品才会不断"流"出来。除了一些非产品因素,产品流程是运作品牌服装过程中非常重要的环节,尤其是必须依靠产品支持品牌的品牌初创期,对产品流程的控制更为关键。

一、服装产品的主要流程

产品流程是指产品由开始企划到完成生产的整个流动运作过程(图5-3)。产品流程的进行需要各个工作环节的密切配合,由相应的职能部门完成本职工作,并承担对相关部门工作结果的确认工作。

(一)产品企划

产品企划从属于品牌企划,但在内容和形式上有很大不同。具体来说,产品企划是品牌企划中,关于产品部分达到可操作程度的进一步细化。产品企划的指向更为单一,内容更为实在,数据更为清晰,是产品开发与设计的依据。

(二)材料采购

材料采购是为产品设计师提供用于产品开发的原材料及其相关信息的工作。由于材料采购不仅要懂得采购知识,也要懂得流行信息,因此,这一品牌运作至关重要的工作往往由设计师和采购员共同完成,设计师负责对市场流行的判断,采购员材料负责采购程序的操作。

(三)产品设计

产品设计是根据产品企划方案规定的内容,按照设计师对品牌理念和消费市场的理解,运用想象力和表现力开发产品所进行的一系列工作,参见《品牌服装设计》(第3版)。设计师可以在这一工作开展之前,对采购员提出采购材料样品的要求。

(四)样板制作

样板制作是一项将产品设计转化为实物产品的非常重要的技术性工作,是对产品设计的解释。

(五)样品制作

样品制作是根据样板规定的图形和数据,选择恰当的工艺,制作仅供评审的试验产品的工作。

(六)产品生产

产品生产是对已经通过样品评审或接到客户订单并列入生产计划的产品进行批量生产的工作。

(七)仓储物流

仓储与物流是两个概念,前者是产品在销售之前的暂时存放和保管,后者是将在制品运至销售终端。

(八)上柜销售

上柜销售是产品正式进入销售渠道后所做的一切与销售和服务有关的工作。

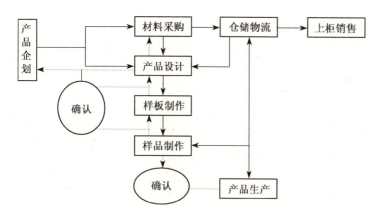

图 5-3　产品流程图示

二、服装产品流程的确认

确认工作是保证品牌服装正规运作必不可少的工作内容,确认的基本点是下道环节对上道环节工作结果的认可。确认工作既能保证各个流程和环节顺利畅通,确保企划的正确贯彻,又能防止工作中的遗忘现象,便于出现问题时迅速找到发生问题的原因。

(一)确认的形式

每一个环节的关键步骤都应该以一种固定的方式确认。可分为初步确认和最终确认。初步确认是指对工作环节中间过程的确认。最终确认是指对工作环节最终结果的确认。

1. 上级部门的确认

邀请上级部门对具有决策性的工作内容进行确认。

2. 同级部门的确认

会同同级部门对纯粹技术性的工作内容进行确认。

3. 下级部门的确认

交由下级部门对工作程序性的工作内容进行确认。

4. 上道环节的确认

在本部门之内或它部门之间,对上一个工作内容的确认。

5. 下道环节的确认

在本部门之内或它部门之间,对下一个工作内容的确认。

(二)确认的范围

确认是在各个环节的主要工作担当人员、部门主管和上级主管之间进行的。

(三)确认的手续

用备忘录或追踪表格的方式,在书面上记录确认方的意见,以备后查。

(四)确认的内容

1. 企划确认

企划确认是指对企划方案的确认,由企划部召集,会同经理部、市场部、设计部、生产部等所有主要部门负责人参与。

2. 设计确认

设计确认是指对设计方案的确认,由设计部召集,经理部、企划部、市场部、采购部、生产部等相关部门参与。

3. 原材料确认

原材料确认是指采购的原材料确认,由采购部召集,会同企划部、市场部、设计部等相关部门参与。

4. 样衣确认

样衣确认是指对即将投产的样衣确认。由设计部(或技术部)召集,会同生产部参与。

5. 样板确认

样板确认是指对最终样板的确认,由技术部召集,会同生产部参与。

6. 工艺单确认

工艺单确认是指对加工工艺单的确认,由技术部召集,会同生产部参与

7. 成品确认

成品确认是指对产成品的确认,由生产部召集,会同企划部、市场部、设计部、技术部参与。

8. 仓储确认

仓储确认是指对产成品入库数量和质量确认,在仓储部、生产部之间进行。

虽然确认工作看上去比较麻烦,在执行过程中会遇到阻力,甚至会产生扯皮现象,但是,工作责任心的加强会给企业避免不必要的人为浪费和责任事故,在各项管理制度完备的情况下,确认工作仍应该正常进行。

三、产品流程中的部门职责

企业的性质、规模和工作习惯决定了企业内部的部门划分,部门的划分在一定程度上体现了企业的管理特点。无论哪种划分方式,品牌服装企业都必须具备以下几个基本工作环节。在这里,各部门的称呼可能与某些企业里称呼有些出入,权限划分也不尽一致,但是,这些部门基本涵盖了品牌运作所需要的工作环节。

(一) 主要部门及其职责范围

1. 企划部

主要是对品牌的走势、投资预算、产品结构和比例、市场推广、产品开发、品牌形象、市场调研等做出可行性报告。

2. 设计部

主要是将企划部的产品开发计划用设计语言表达出来。也可向企划部提出关于流行的反馈意见,并负责提供一部分面料信息。

3. 样品部

主要是将设计部的设计意图用样板和样衣的形式表达出来。有些企业将设计部和样品部合并为技术部。

4. 采购部

向设计部提供所需材料的样品,并负责将确认后的材料采购至生产部。

5. 市场部

专门负责市场拓展计划及其实施。

6. 营销部

负责具体的市场开拓、销售管理等业务。有些企业将营销部分为市场部和销售部。

7. 生产部

按照企划部的产品上柜要求,根据最终确认样衣的技术要求,安排生产。有些单纯的品牌公司的生产部没有生产能力,其生产部仅负责产品的外发委托加工。

8. 美工部

负责卖场形象的设计和施工。有些企业将美工部归属于设计部。

9. 工厂部

完成产品的生产加工过程。一般可以分为由自设工厂完成的内加工和委托外发完成的外加工。

10. 仓储部

生产部和卖场之间的产品中转站,根据营销部的指令,负责产品的收、发、存。又可分成原料仓储和成品仓储。

（二）其他部门及其职责范围

1. 售后服务部

主要负责产品的售后服务工作,为比较完整的品牌服装公司所采用,这些公司往往设有服务热线。

2. 质检部

负责产成品的质量检验,制订和颁布企业质量标准,并监督执行情况。也负责原材料的质量检验。

3. 物流部

也称配货中心,负责异地卖场之间的产品调配,一般以地区划块设置,为大型品牌服装公司所采用。小型品牌公司则将此功能划归仓储部负责。

4. 生活部

主要负责生产工人生活、福利和安全保障等工作。

5. 相关产品部

负责与服装相关产品的开发、制造。

6. 面料开发部

负责开发和仿制新颖面料。

四、主要职能人员和岗位要求

品牌服装公司的规模有大有小,全能型的超大型品牌服装公司可以拥有成千上万名员工,功能之齐全、占地之广阔、建筑之宏伟、设施之完备几乎可以成为一个小型城市。微小型品牌服装公司可以小到只有几个员工,在写字楼的一套房间里完成所有品牌服装应有的工作。

无论企业规模的大小,从完成品牌服装运作过程的要求来看,应该具备的职能人员见表5-2。小型品牌服装公司可以一人身兼数职,大型品牌公司则是职能的再细分化和人数的倍增。职能人员在企业里的部门归属根据企业管理习惯而定。

表5-2　品牌运作主要部门和岗位要求

部门	职能人员	岗 位 要 求
企划部	企划师	对品牌的定位、形象和推广等工作提出比较宏观的战略性思路及其可操作性方案
	风格师	对产品开发提出概念性提案,制定创意故事版,负责卖场内的产品出样
美工部	平面设计师	负责与品牌形象有关的平面美术设计。包括样本、产品标识、广告招贴等
	环境设计师	商场的具体条件,负责卖场、展示会、订货会等环境的设计、施工与布置
设计部	产品设计师	以图稿形式,负责具体的产品设计,包括面料、款式和色彩的选择
	样板师	严格按照设计图稿的要求,根据成衣加工的特点,负责结构设计和制作原始样板
	样衣师	严格按照原始样板,根据原材料特性和工艺的合理性,制作和修改样衣
	工艺师	根据样衣制作的要求,考虑批量生产的工序和流程,编写成衣加工工艺单
	试衣工	以与品牌原始样板吻合的身材专门试穿样衣,并能提出试穿的感受,供样衣修改时参考
销售部	营销员	根据企划方案的规定,负责具体的市场开拓、卖场管理、调配货品、销售结算和售后服务等销售业务
	统计员	负责统计销售情况,提供销售的日报、月报、年报等工作,并作一定的分析报告
	营业员	负责在卖场内整理货品、接待顾客、完成交易和登记报表等日常销售工作
采购部	采购员	提供所需原材料的样品,并负责将确认后的原材料采购至生产部以及定制原材料
生产部	技术员	负责产品加工过程中的工艺讲解、质量处理、工位安排和技术沟通等生产技术的指导性工作
	计划员	根据产品上柜的先后次序和生产能力,负责产品加工计划的制定和落实
	跟单员	在产品的委托外发加工单位全面负责产品加工的用料、数量和质量等跟踪工作
	质检员	以样衣为质量标准,以规格为尺寸标准,负责产品进入仓储部以前的产品质量检验
工厂部	排料工	根据产品的加工数量和规格要求,负责计算衣料的开断长度和衣片的合理节省的排列
	裁剪工	严格按照排料要求和材料特点,对面料和里料进行开片、对位,并作分包处理
	指导工	以样衣和加工工艺单为技术标准,在生产线上,对车衣工进行具体而详细的生产工艺指导
	车衣工	按照加工工艺单的要求,全部正确完成各个零部件和整个衣身的缝制工作
	熨烫工	负责生产过程中的分缝、归拔、粘衬等熨烫和产成品入库前的整形熨烫
	修片工	对经过局部缝制或复衬、归拔等熨烫处理后可能变形的衣片进行精确对位修正
	辅助工	负责对产品的对位、缲边、手绣、锁眼、钉钮、修整等手工工序和后道加工工序
	检验工	负责产品加工过程中的质量抽检和产品包装前全面的整衣质量检验
	包装工	按照产品的包装规格,负责成品的单件或成箱的最终包装,包括挂吊牌、打价格等工作
	搬运工	负责完成某道工序后的衣片进入下一道工序的转移以及原材料和成品的出入库转移
	准备工	按照产品生产计划,负责生产前的各项原材料配备工作和机械设备的准备工作
	机修工	负责加工设备的日常保养与修理,制作符合工艺特点的生产辅助工具
	统计员	负责各项生产情况的原始统计工作,供财务部门作生产成本核算
	安全员	负责生产区域的消防、电器等安全生产工作和拥有生活区域的防火、防盗等生活安全工作
仓储部	保管员	负责产品的品质和数量保管,并做好辅助销售的发货、收货、盘点等工作

第四节　品牌服装产品的上市

在产品正式上市前,企业需要做一系列准备工作。除了将生产合格的产品完成传输、编码、入库等日常性准备工作以外,还要通过一定途径的推广活动,把产品推向市场。产品上市的最主要途径是由企业举办的产品订货会和品牌发布会。

一、产品订货会

产品订货会是指品牌服装公司面向专业客户开放并争取订单的产品推广形式。参加订货会的专业客户一般由品牌加盟商、品牌代理商、百货商、批发商和面料供应商等人员组成。

(一)订货会的形式

产品一般集中在一个较大的空间,以静态展示的方式举行,如高星级宾馆宴会厅等。除了直接订货以外,召开产品订货会还有笼络客户关系的目的。根据不同的目的,产品订货会还分为以下几种:

1. 意向性订货会

在意向性订货会上,品牌服装公司得到的往往是客户的意向性订单,而非实际订货单。客户不需预交定金,只要填写订货意向即可,举办者的真正目的是请专业客户对自己即将推出的产品作一个专业鉴定,便于根据这一鉴定调整产品结构和生产计划。

2. 实质性订货会

实质性订货会要求客户签订正式订单并交付订金。品牌服装公司必须按订货合同中规定的品种、规格、数量和交货时间,及时提供合格的货品。

3. 补充性订货会

补充性订货会是指在前次订货不足的情况下,为了满足企业或客户的销售计划,企业又有一批新产品要上市,企业将再次组织客户或客户主动要求的订货活动。此类订货会既可以单独进行,也可以集中举办,规模相对前次订货会较小。

(一)订货会的企划

订货会是否经过认真企划,与订货会的实际效果有直接的因果关系。尤其是品牌服装公司组织的首次订货会,更需要精心缜密的安排。

1. 时间

单独订货会安排在什么时候举行很重要。首先,要考虑的是尽量避开大型服装节等行业活动,避免因这些活动的举行而分散参加订货会的人员;其次,是根据自己的生产计划能力和货品上柜时间做提前量的估计,过早举行将冒着被其他品牌服装公司刺探军情的危险,过迟举行将有可能被对手品牌捷足先登,流失一些订货客户。

2. 地点

单独订货的举办地点只有两种:一是外借具有一定影响力的公共场所。最常见的是交通方便、环境优雅的高星级星级酒店,借助高星级酒店豪华的硬件设施衬托品牌的档次;二是在公司内部。大型品牌公司可以借订货会显示一下自己的综合实力,同时可以让客户因作客公司而对品牌产生亲近感。无论在哪里举办订货会,都必须有足够的空间、便利的交通、上乘的硬件和周到的服务。

3. 客户

"客户是上帝",这条市场准则在订货会上也不例外。要精心选择和组织参加订货会的客户,根据对品牌的重要程度,依次是分销商(包括代理商、经销商、批发商等)、商场代表(包括商场经理、楼层主管、采购经理等)、供应商(包括面料供应商、辅料供应商、生产协作单位等)、己方人员(包括品牌经理、销售主管、店长等),其中,分销商是主要买主,商场代表和供应商是品牌服装公司客户关系而邀请的对象,己方人员既是接洽人员,又是产品的评判者。如果准备充分,条件许可的话,可考虑请媒体人员前来捧场。对重要客户,应安排好食宿,甚至娱乐活动。

4. 内容

订货会要准备的内容很多,订货现场内主要包括新产品的概念店模型、产品出样区、业务洽谈区、客户休息区,并准备好企业简介、订货合同和订货单,同时配备足够的接待人员。订货现场则要准备好车辆、纪念礼品、客户用餐、参观公司或其他活动。中国是一个讲究礼仪的国家,"礼到情义到"观念根深蒂固,觥筹交错的气氛是达成交易的良好的催化剂。

5. 宣传

为了争取更多的客户和给客户留下深刻印象,订货会的宣传是必不可少的。宣传订货会的方式一般是报刊广告,如果有突出的新闻亮点,可以用采写专访的形式报道。户外广告可用彩旗、招贴画或大型广告画,订货会现场则可以放置样品册(即产品样本)或播放大型视频内容。在商品信息铺天盖地的时代,再好的产品也面临"酒香也怕巷子深"的问题,适当地进行品牌宣传,对品牌的传播能起到推波助澜的作用。

二、品牌发布会

品牌发布会是品牌服装公司以新产品完整的着装状态向专业客户开放的产品推广形式。参加发布会的客户一般由新闻媒体、品牌加盟商、代理商、百货商、批发商等。由于发布会大都以动态表演形式举行,因此,费用较高,通常为实力雄厚的大型品牌公司采用。

(一) 发布会的形式

1. 室内发布会

室内发布会是最常见的发布会形式,灯光、音响、视频效果好,观摩条件舒适,专业性强,不受天气条件限制。但场租费较贵,场地面积往往不够宽裕,环境布置也往往容易受到某种限制,如楼层高度不足等。

2. 室外发布会

室外发布会是近几年兴起的发布会形式,气氛自然、形式多样、空间相对较宽敞,但专业性较差,比较适合市民观赏。此类发布会一般安排在晚上举行,容易到严寒天气、交通或治安等问题的影响。

3. 联合发布会

联合发布会是指由数家品牌服装公司共同在一个发布会场地和集中的时间内共同举办的发布会。此类发布会一般在服装节等大型活动期间举行,其费用比较便宜,因为组委会承担了其中部分组织工作,因此,企业部分的准备工作相对简单了许多。

4. 单独发布会

单独发布会是指在一个发布场地上仅有一个品牌的产品进行发布,此类发布会效果集中、目标观众明确,一般由企业自行组织。

(二)发布会的企划

除了有表演的因素以外,发布会的内容与订货会基本一致。也正因为有了表演因素,发布会的组织工作比订货会复杂得多,费用也昂贵得多。因此,发布会必须认真企划,精心组织。对没有经验和能力的企业来说,最好委托专业公司操办(表5-3)。

1. 时间

由于发布会的准备工作比较复杂,工作量很大,因此,发布会的准备时间应该比较充分,虽然有许多分工工作可以在时间上交叉进行,但是,有些工作必须是纵向链接的。一般来说,一个具有一定规模的发布会,从企划到正式发布不得少于半年。

现场表演时间不宜太长,观众会产生疲劳感,一般以1小时之内为宜。我国一些企业为了获得品牌宣传效应,往往会有意拉长现场表演的时间,而国外品牌发布会通常不超过半小时。

2. 地点

地点的确定与发布会的目的有关。专业性发布会一般都放在高星级酒店或大型会议中心举行,显示其庄重、豪华的特点。普及性发布会可以放在室外公共空间内举行,显示其平易、亲和的特点。由于发布会要有演出空间和观众席,其场地面积比订货会要大许多。以室内发布会为例,主会场的总面积一般在500平方米以上,最好还要配备供接待主要客人的贵宾室。

3. 客户

由于发布会具有雅俗共赏的观赏性,邀请的客户范围应该有所扩大。除了订货会所邀请的专业客户外,还可以邀请一些包括地方官员、社会名流和影视明星在内的特殊客人,扩大发布会的社会影响。

4. 表演

表演事务一般委托声誉良好的模特经纪公司操办。国内模特经纪公司尚属新兴行业,还有许多不够规范的方面,企业在挑选模特时需要认真听取业内人士意见。这是因为,发布会的一切工作似乎都是围绕着表演进行的,在现场表演上稍有闪失,所有工作人员的辛勤劳动将付之一炬。模特的出场费差异很大,著名模特与普通模特之间的出场费差异可以达到几十倍。为了能够既保证演出效果又节约开支,聘请模特时可以采用以一、两位名模担纲,其余用普通模特的做法。

5. 舞美

服装发布会的舞美制作比较简单,在舞美设计上一般要求具有设计意味的简洁明快,舞美设计师可以配合服装主题,在形式感上有所突破,给观众留下过目不忘的感觉。舞台结构因其呈T字形而被称为"T型台","U型台""O型台""V型台"也很常见。数年前,国际上曾有桥型结构、水池结构、花园结构、墙型结构等发布会舞台。音乐是表现服装的辅助手段,音乐要根据服装风格选择,这个工作往往由服装设计师完成,只有设计师才是最了解服装风格的人。

■ **案例**

　　有些国际品牌甚至将发布会舞台也作为品牌形象的一部分而数年不变。乔治·阿玛尼（Giorgio Armani）一直使用长达70米的灯光舞台，拉克鲁瓦（Christian Lacroix）似乎永远迷恋粉红色的T型台，伊夫·圣·洛郎（Yves Saint Laurent）则喜欢把舞台装饰成一堵花墙（图5-4）。

图5-4　乔治·阿玛尼06年秋冬发布会的影像概念舞台

表 5-3 品牌服装发布会进程一览表

	企划·公关	设计·样板	采购·制作	表演·舞美	备 注
第 1 周					
第 2 周					
第 3 周					
……					
第 25 周					
第 26 周					
第 27 周					
……					
倒数第 3 日					
倒数第 2 日					
倒数第 1 日					

注：在空格中填入相关工作内容。

6. 宣传

相对发布会的投资来说，用于扩大发布会影响的宣传费用是微不足道的，而由宣传带来的品牌效应却远远不是这些投资所能达到的。因此，为了达到宣传品牌的目的，必须配合一定规模的宣传。由于能在发布会现场观看表演的人数非常有限，只有通过对发布会的宣传，才能使发布会的品牌效应得到充分体现。

宣传工作分为联络宣传媒体、撰写宣传稿件、推出发布会广告、联系专业观众、印刷品牌宣传册等内容。

7. 其他

有些服装发布会还设有业务洽谈区、贵宾接待处、招待酒会等内容，其规模和级别视发布会的预算而定。另外，除了专业观众以外，一些如影视明星、体育达人、社会名流、时尚偶像等"意见领袖"式特殊观众的出场，对品牌发布会的后期推广有很大作用。需要发布会组织者投入较大的公关精力。

（三）发布会的预算

发布会的费用比订货会高得多，发布会本身的费用也因发布会的档次、规模和效果存在很大差异。以中档标准的发布会为例，从企划开始到发布会结束，其全部过程的总费用一般在 100 万元人民币以上（不包括服装的设计与制作费用），高档标准发布会的费用要数倍于此，非小型品牌公司所能承受。发布会的预算必须尽可能精准，要考虑突发的不可抗拒因素和机动因素，如果预算不准，发布会可能会因为费用捉襟见肘而搁浅。

发布会费用主要包括以下几个部分：

（1）服装部分：包括运输费、保管费、整理费、包装费等；

（2）表演部分：包括模特费、化妆费、指导费、差旅费、后台人员费等；

（3）场地部分：包括场租费、能源费、清洁费、设计费、搭建费、道具费等；

（4）宣传部分：包括版面费、人员费、记者费、广告费、策划费等；

（5）公关部分：包括会务费、组织费、招待费、礼品费、联络费等；

（6）杂项部分：包括自助餐、通讯、交通、文具等杂项及不可预计费用。

第六章

品牌服装销售

　　产品销售是服装品牌运作的三大核心环节之一,也是产品实现赢利的通路。在服装企业内部,从事销售的人员远比从事企划和设计等其他部门的人员多,品牌化了的服装在销售成本方面投入较高,工作行为更为规范。合格的销售可以在一定程度上补救其他运作环节的不足;反之,则有可能将其他部门辛苦运作的成果付之东流。

第一节 产品的通道

与制服、外贸服装不同的是,品牌服装的销售主要是通过零售方式实现的,因此,零售业是品牌服装的主要通路,每家品牌服装企业都希望产品通路是宽广和畅通的。建交良好的产品网络,寻找良好的产品通路和建立品质优秀的营销队伍,是品牌服装的咽喉所在。一个品牌服装公司可以没有自己的生产队伍,但不可以没有自己的营销队伍。

一、服装销售的渠道

(一)服装销售的主要渠道

1. 百货商场

大型百货商场是国内服装零售销业的主力军,对百货商场来说,服装是最大的产品大类,大多数大型百货商场都以服装商品作为主要的经营利润来源,会划出相当大的面积和最好的楼层经营服装。通常,服装商品的经营集中在二、三、四楼,占整个商场营业面积的1/2以上,是品牌服装的集中地(图6-1)。对品牌供应商来说,百货商场是很主要的销售窗口,尤其是规模大、声誉好的百货商场,更是成为品牌供应商趋之若鹜的对象,但这些商场某些苛刻条件往往令供应商们难以接受。

图6-1 位于长沙的沃尔玛购物商场

2. 专卖店

专卖店是指专门销售某一个品牌产品的零售商店。品牌服装公司以租赁的方式租借商业用房(实力雄厚的品牌服装公司以买断房产的方式经营),进行品牌形象装修以后进驻销售。由于受到百货商场各方面条件的限制,比如,营业面积不能随心所欲,营业款不能及时收回,货品打折必须办申请手续等,因此,专卖店往往作为品牌服装公司的形象店。专卖店主要优点是回收货款及时,不足是客流量有限。

3. 专业店

专业店是指专门经营服装商品的商店,也叫"品牌集成店"。此类商店一般规模不大,营业面积有限,通常是引进为数不多的品牌服装集中销售。专业店对流行的影响程度不如百货商场,档次拉得很开,其中可能有非常顶级的品牌进驻。专业店的运作模式与百货商场大同小异,但进驻条件一般没有百货商场苛刻。

4. 店中店

店中店是指在一个大型商业空间里租赁一个独立的卖场自主经营,比如集餐饮、娱乐、购物为一体的"销品茂"(Shoping Mall)等,相当于设立在大商场里的专卖店,两者的区别在于:在店铺的装修、收款、促销等方面,前者比后者更为灵活。这种销售形式在国外比较普遍,近几年开始在我国流行(图6-2)。

图6-2　西班牙品牌 MANGO 位于上海港汇广场的店中店

5. 大型超市

一般情况下,在大型超市里销售的服装档次较低,是价格低廉,许多品牌公司不愿进驻的地方。但是,也有一些品牌服装从中尝到了薄利多销的甜头,逐渐形成了专门转战各大超市的"超市品牌群"(图6-3)。

6. 批发市场

服装批发市场是指集中经营以批量销售服装商品为主的场所。目前,国内各地均有规模较大的服装批发市场,经营环境较差,服装档次不高,产品的毛利率较低。此类市场一般不是品牌服装销售的理想之选。

图6-3　进驻超市的服装企业通常以薄利多销为经营策略

（二）服装销售的其他渠道

1. 订货会、博览会

　　服装订货会或博览会是面对专业客户的销售渠道,客户多、时间短,是让客户了解品牌的良好媒体。此类场所一般很少有零售服装,参展商可以在会议期间争取专业客户订单。

2. 特卖场

　　特卖场是指专门销售过季商品、积压商品的场所。一般是由特卖组织者联合一些品牌公司,在商场、宾馆等场所对积压产品进行低价抛售,其中不乏著名品牌的产品(图6-4)。

图6-4　国内典型促销特卖场,大众消费者对低价产品总会趋之若鹜

3. 集贸市场

集贸市场是低档廉价服装的集散地。主要销售一些品牌长期积压的产品,或者是名不见经传的品牌产品,甚至是个人生产的"三无"产品。

4. 零售小店

零售小店是指小本经营者在自己开设的小店内销售批发来的服装,服装档次参差不齐。零售小店集中经营,便形成了既有批发又有零售的服装街,其销售量不可低估。

5. 网上商店

网上商店是指主要以"B2C"或"C2C"等方式进行的新型无店铺销售方式,通过互联网完成选样、订货、付款,由物流公司将商品送至客户手中。这种销售渠道发展十分迅猛,有取代网下商店的趋势(图6-5)。

图6-5　通过互联网进行服装销售在国内的年轻消费者中逐步被接受

6. 邮购销售

邮购销售是无店铺销售方式之一,通过广泛散发邮购商品广告或播放电视广告,消费者订货,由邮政局或物流公司配合,完成商品交易(图6-6)。

图6-6　德国 OTTO 是国际著名邮购公司,服装产品在其中占有很大比重,公司的雄厚实力使其荣膺全球500强企业

(资料来源于 OTTO 官方网站 www.otto.de)

7. 附属商场

附属商场是指在非专业零售的商业空间内设置的零售商场,如在宾馆、机场、贸易中心、写字楼等地方设置的商场等。由于场地租金较高,一般以销售中高档服装为主。

表 6-1　各类市场综合情况分析表

	市场分类	客流量	场租费	卖场形象	服务质量	商品价格	返款速度
主要渠道	百货商场	★★★★★	★★★★	★★★★	★★★	★★★	★★
	专卖店	★★★	★★★★★	★★★★★	★★★★	★★★★	★★★★
	专业店	★★★	★★★★	★★★★	★★★★	★★★	★★★
	大型超市	★★★★★	★★★	★	★	★★★	★★
	批发市场	★★	★★★	★★	★★	★★	★★★★★
其他渠道	订货会	★★★★★	★★★	★★★★★	★★★★★	★★★	★★★★
	特卖场	★★★★	★★	★	★	★★	★★★
	集贸市场	★★★	★		★★	★★	★★★★★
	零售小店	★★	★★	★	★★	★★★	★★★★
	网上商店	★★			★★	★★★	★★★★★
	邮购	★★★			★★	★★★	★★★★
	附属商场	★★	★★★★	★★★★	★★★★	★★★★★	★★★

注:星级表示由低到高的正向程度级数。

二、品牌服装商场划分

由于以上每一类型的市场在规模、档次、服务、经营方向等方面存在很大差异,因此,人们习惯上将属于同一类型的市场(商店)按行规和约定分为不同的等级,以示区别(表 6-1)。

(一)以商场档次划分

1. 一类商场

顶级品牌云集、规模大、影响大、声誉好的商场。

2. 二类商场

规模大、品牌杂、声誉较好的商场。

3. 三类商场

规模较大、品牌杂、声誉一般的商场。

4. 四类商场

销售低迷、规模一般的商场。

5. 五类商场

规模小、形象差、声誉差的商场。

(二)以商品属性划分

1. 顶级商场

集中国际国内一流品牌的商场。

2. 流行商场

进驻高流行度品牌的商场。

3. 普通商场

汇合大众化普通品牌的商场。

（三）以销售地区划分

1. 国内划分

以国内行政区域划分的销售地区,如:华东区、华北区、西北等。

2. 国家划分

以国别为区域划分的销售地区,如:中国区、日本区、美国区等。

3. 洲际划分

以洲为区域划分的销售地区,如:亚洲区、欧洲区、北美区等。

（四）以卖场形象划分

1. 旗舰店

旗舰店是指地段最繁华、规模最庞大、装修最讲究、品类最齐全、形象最完整的品牌专卖店,也称城市中心店。品牌服装公司在自己的众多卖场中,选择一个各方面都比较合适的卖场进行本品牌最高级别的装修,成为最能体现品牌实力和品牌风格的卖场。旗舰店一般设在专卖店或店中店内。

2. 形象店

形象店是指以比较完整的品牌形象进行产品销售的卖场,也称片区中心店。形象店在规格上仅次于旗舰店,一般设在百货商场、专业店等许多商场内,它和旗舰店一起担负着吸引品牌代理商的任务。

3. 普及店

普及店是指按照品牌模型中规定的基本要求开设的卖场,也称品牌标准店。普及店一般设在非主要商业地段或档次比较普通的商场内,在营业员分配、货品结构、货品配送等方面不会受到十分的重视。

4. 折扣店

折扣店是指品牌专门用来销售和处理积压产品的卖场,也称奥特莱斯(OUTLETS)。折扣店通常在规模、地段、装修等方面较差,货品不整齐,价格较低廉。一般意义上的奥特莱斯是指由销售名牌的过季、下架、断码商品的商店组成的购物中心,并非仅属于某个品牌。

按照目前国内消费特点来看,适合当季品牌服装销售的商场应该是第一或第二类百货商场、店中店、专业店和专卖店。

三、品牌与商场的关系

作为品牌拥有者的供应商与商场的关系是非常微妙的,受经济利益的驱动,他们既是合作关系,又是利用关系,但最终结果一般是不欢而散。形象一点说,品牌与商场的关系是水与舟的关系。商场是水,品牌是舟,"水能载舟,亦能覆舟",反过来看,这种关系也同样成立,这是因为利益关系不可能永远平衡。一旦失衡,主次关系也会发生变化。

（一）大品牌与大商场的关系

所谓大品牌是指品牌名声大,商品档次高的知名品牌;大商场是指商场人气旺盛、销售业绩好的大型知名商场。大品牌与大商场在各方面都比较般配,一般都能和平共处,相安无事。即使该品牌的销售业绩偶然滑坡,商场也会适度保持其颜面。

> ### 案例
>
> FQS 品牌是一个在国际上具有一定知名度的休闲装品牌,强大的宣传攻势和老道的销售策略使它很快在国内也拥有一大批追随者,销售业绩位居同类品牌之首。UQZ 商场是流行商品百货业内的龙头老大,为了能攀上这个名牌,居然一改以往对其他品牌颐指气使的禀性,低声下气地以 18％的销售提成和让出 200 平方米营业面积为条件(其他品牌的销售提成一律为 30％),顺利地引进了该品牌,为其撑足台面。

（二）大品牌与小商场的关系

小商场是指人气不旺、规模较小、档次较低的商场。小商场为了提升自己的品位和形象,通常以比较优惠的条件吸引大品牌进驻。但是,大品牌为了保持自己的品牌地位,一般不愿屈尊低就。

（三）小品牌与大商场的关系

小品牌是指品牌名声不大、商品数量不多的普通品牌。小品牌通常希望通过进驻大商场而提高自己的名声,而大商场则往往对其不屑一顾,除非答应苛刻的条件,才能让小品牌进驻试销。

（四）小品牌与小商场的关系

两者档次相同、水平相近,可以平等相待。但是,这种合作关系不是品牌服装的方向,应该尽量将自己的品牌挤入稍高一等的商场。

以上品牌与商场的关系只是双方刚开始合作的姿态。最终关系的确立是由品牌在商场里的销售排名决定的。排名靠前的品牌将受到礼遇,尊为上宾。排名落后的品牌则备受冷遇,低声下气。排名的前后决定了品牌在商场的去留,所谓"店大欺客、客大欺店",是市场经济的产物。

事实上,品牌和商场都不在于大小,而在于业绩。有业绩骄人的小品牌,也有衰败没落的大品牌;有人气火爆的小商场,也有门可罗雀的大商场。在实践中,如何处理两者之间的关系不能一概而论。

四、销售分成形式

为了保证自己的利益,每个商场都有自己的招商和收费形式,但万变不离其宗,无非是在一些分成比例、返款方式、收费细节等方面有些偏差。目前商场的招商形式主要有以下三种:

（一）保底式销售分成

保底销售是指商场给供应商一个销售指标,无论供应商是否能做到这个指标,都以事先商定的保底数从供应商的销售额中扣除商场应得的部分。若实际销售额超过指标,则再从超过部分按事先商定的折扣率扣除商场应得部分。

这是一种商场稳赢的办法,风险由供应商承担。这种形式合作的前提条件是,商场应该是炙手可热的热点商场。

（二）折扣式销售分成

商场在与供应商商定的折扣率范围内,从供应商的实际销售中扣除销售分成。这是一种双方利益与风险共担的办法。供应商比较喜欢这种办法,但是,使用这种方法招商的商场一般是销售业绩在零售业内排位比较靠后的商场。

(三)租金式销售分成

商场按营业面积的大小以营业面积单价乘以营业面积收取固定费用。不再从供应商的实际销售额中扣除销售分成。

这是一种首先确保商场利益的方法,只有供应商的销售业绩非常显赫,才对供应商有利。

(四)商场费用

商场与供应商的合作终止除了有合同到期的因素而自然终止外,还有另外两种非自然终止合同的方式:一是供应商中途撤离商场;二是商场赶走供应商。首先,商场费用的不合理收取可能成为合作中止的原因。商场费用是指向供应商开列的在销售过程发生的或由商场预先支付的费用。有些费用看似合理,供应商尚能承受,有些费用则属巧立名目,引起供应商的反感。应该说,商场费用应该已全部包括在销售分成中,如果商场再额外收取费用是商场转嫁销售疲弱的手段。因此,销售情况越是低迷,或者市场规范越不健全的商场,收费项目就越多,使得供应商"敢怒不敢言",不堪忍受者乘机逃之夭夭。此外,一些"店大欺客"的商场也存在着乱收费现象。

其次,供应商的销售业绩落后成为商场赶走供应商的理由。商场通常以末位淘汰制将在销售排行榜上靠后的品牌淘汰出局,确保商场利益。

商场费用一般分为:进场费、保证金、广告费、管理费、道具费、清洁费、结账费、通讯费、物业费、买单费、仓储费、促销费、缲边费、包袋费、服装费、培训费、运输费、伙食费、……

五、货品流向

货品流向是指货品发往商场的分配次序,一般采取由高向低的策略,即由高级商场开始,逐渐辐射到低级商场,或由中心城市首发,依次向周边地区辐射。

对于运作良好的服装品牌来说,其拓展势头是很快的,会在较短的时间内呈现出卖场的网格式布局。这种布局对商品的分配和调拨比较合理。当新产品刚刚新鲜出炉时,往往数量还来不及跟上,不得不对即将发往的商场有所选择,既可以保证新产品能达到最大利润,又可以打探虚实,决定该产品是否需要翻单。新产品首期上市之际,一般总是根据每个卖场销售额的高低来决定上货的先后次序,由中心城市扩散到周边地区。当首期上市的产品销售不佳时,由高级商场向低一级的商场转移,并及时停止对该产品的后续生产。

> ■ **案例**
>
> 虽然H品牌的公司本部设在上海,但是,其产品在上海各卖场的销售额总是落后于成都、武汉等外地卖场。为了实现销售的最大化,该品牌的新产品刚下生产线就被优先发往那些外地绩优卖场。这类品牌因此而被业内戏称为专做外地市场的品牌。其主要原因是由于该品牌没有把握好上海市场的特点,品牌的地域定位发生了偏差,不得已而将错就错。

六、配货中心

配货中心是指销售规模较大的品牌服装公司为了将产品迅速发往其各地区卖场而设立在其他中心城市的货品集散地。品牌服装公司为了扩大市场份额,会以各种方式将销售点向各地辐射,把货品成批发往几个具有代表性的卖场所在地,或以地区划分的货品集散地,其他卖场可去附近的配货中心提货。目的是降低销售成本,提高配货速度,加快货品流转,方便货品管理。

规模较小的品牌一般通过专业物流公司配送货品。

七、分销商

分销商是指除了自销以外的所有销售商。由于资金规模有限和管理能力不足,希望扩大产品市场占有率的品牌服装公司会倾力发展包括代理商、代销商或经销商等在内的分销商,通过各种渠道扩大产品通路。

第二节　产品的计划

一切规范化的行为总是从计划开始,服装产品设计也不例外。由于完成产品准备的需时较长,产品计划往往与市场销售计划等工作同时展开,甚至提前进行。产品计划包括产品的设计计划、生产计划和上柜计划。

一、产品的设计计划

品牌运作报告中应该已经包括产品开发的大致计划。在品牌运作上,除了产品风格等技术性内容以外,产品开发的操作性内容主要体现在时间、数量和时间节点等方面。

(一)时间控制

由于每个品牌配备设计力量的不同,完成设计任务的能力也不尽一致。一般情况下,完成一个销售季节的产品设计大约需要 6 个月左右的时间。一些特殊品类的产品开发则远远大于以上时间,比如,从纱线组织开始的产品设计需要 1 年左右的时间,有些功能性概念产品的设计则需要更长的时间。

由于女装品牌设计工作量较男装大,时间也较长。如果按照每年春夏季和秋冬季两个销售季节制定产品计划,则设计团队在春夏产品订货会甫定,秋冬产品设计立刻进入状态。如果设计团队人员富足,则不必完全等当季产品订货会结束,就可以安排部分人员提前进入下一个销售季节的产品开发。

产品的设计计划必须制定严格的产品开发时间表,具体的环节按照每年正式上柜时间倒推。在材料采购等配合环节正常的情况下,应该严格按照此时间表完成每一环节的工作任务,尽量把工作做在前面,切忌工作拖拉现象。

(二)节点把握

由于产品开发是一项需要多部门多环节配合,才能如期完成的复杂工作,因此,时间节点的把握显得至关重要。如果职责不清或经验不足,产品开发的各环节之间容易出现配合失误现象。在实践中,许多企业实际操作的结果是几乎没有一个产品开发计划能够提前完成的,企业主管部门应该做好各部门的协调工作。出现这个问题的主要原因,除了设计团队出稿时间慢或反复修改等原因以外,更多的原因是产品决策机制、材料采样、样品制作等其他配合环节的脱节。

(三) 修改

一个产品设计计划做得很缜密,可以避免大幅改动,节省大量时间、人力和物质资源。然而,产品设计计划做得再周全,也难免需要进行局部调整,因此,该计划必须留出足够的修改时间。即使产品计划不需要调整,每个具体的样品可能仍然需要根据各部门的意见进行修改,有时,这样的修改可能需要反复多次,才能达到预期目的。在此,提高设计工作的品质是主管部门重要的工作内容,高品质的设计工作不仅可以加快产品推出的速度、减少设计成本,而且可以增强工作信心,提高产品开发的命中率。任何修改工作必须在规定的时间内,按照修改意见,保质、保量地完成。

二、产品的生产计划

产品的生产计划应该根据上柜时间的先后、生产数量的多少和生产难易的程度合理安排,保证源源不断地提供优质产品。一般而言,产品的生产主要通过外发生产和自行生产完成,必要时,可以通过采购(包括贴牌生产)完成。

(一) 外发计划

对于没有生产能力的品牌服装企业,主要通过产品的外发生产(也叫外包生产)形式完成销售产品的准备工作。其一般程序是,首先,选择适宜外发加工的企业,对其加工能力和技术水平进行考察;然后,与对方签订委托加工合同,交付加工所需要的材料,委派跟单员定期进行生产情况的检查,沟通技术要求;最后,对产品进行检验,合格后入库。

对所有需要外发加工的产品分门别类,根据产品的加工要求与适宜的外发企业对号入座,在与对方沟通的基础上,制定合理可行的任务与时间表,统筹安排全部产品的生产计划。为了把影响产品如期上柜的因素降至最低,应该多储备一些可以合作的生产单位。

(二) 自产计划

对于自己有生产能力的品牌服装企业来说,生产任务的安排相对比较方便,时间上有保障,生产成本也相对较低。自产计划的制定同样应该根据产品上柜时间的顺序、生产数量的多少和生产难易的程度合理安排,对生产难度较高的产品可以采取小批量试制的办法,在摸索了一定的经验以后,再放大生产批量,做到产品质量和上柜时间两不误。

尽管生产工厂是企业自己拥有的,但是每条生产线的生产水平还是会存在一定的高低,尤其是女装企业,其生产流水线较男装短,生产小组多,更容易出现生产水平高低不一的情况。因此,生产管理部门应该根据产品的综合要求,选择和安排相应的生产人员进行生产。由于女装变化快、批量小的特点,必要时应该保持生产能力的机动性,以备翻单或插单等应急之需。为了做到产品上柜时间的万无一失,还需要注意考虑有些地区高峰让电或材料供应不足等意外情况,及时调整因这些不利因素给生产带来的影响。因此,生产计划的管理始终是动态平衡的。

（三）采购计划

生产部门非常需要采购部门的配合，一旦采购计划没有落实，工厂将成为"无米下锅的巧妇"，其结果将直接威胁整个运作计划的实施结果。采购计划分为材料采购和产品采购两个部分，包括采购时间、采购内容、采购数量和采购范围等。为了使采购工作更为专业化和高效化，有一定规模的服装企业通常将采购工作细分化，安排周密详尽的采购计划，克服采购过程中突发的异常因素，确保产品上柜不受影响。

材料采购是为生产部门提供生产所需要的一切原材料。由于服装原材料的种类和范围非常广泛，需要相当的专业知识，才能称职地完成这一工作。随着科学技术的飞快发展，各种新材料层出不穷，可供服装产品生产的原材料也比比皆是，比如，面料的纤维种类、组织结构和产品特性之丰富足以令人目眩，辅料的材质范围从天然材料到合成材料、从动物材料到植物材料等几乎无所不包，因此，采购工作具体又可以分为面料采购和辅料采购两个部分。

产品采购是指采购本企业无法生产而产品结构中必需的、外企业生产的成品。比如，以生产梭织面料服装见长的企业一般很少生产针织服装，生产羽绒服装的企业则往往对裘皮服装的工艺一窍不通，而品牌服装的产品结构却通常需要以齐全的产品结构面貌应市。为了达到这一目的，企业不会无限制地开设产品门类齐全的生产工厂，一般通过外发生产和采购产品的方式解决。当需要为数不多的产品种类装点门面时，批量太小的款式难以被外加工企业所接受，此时只能利用采购成品的方法解决，达到整盘货品丰富而完整的视觉效果。

三、产品的上柜计划

产品上柜需要精心计划，相同的产品在不同的上柜计划安排下将表现出不同的销售业绩。在制订产品的上柜计划时，可以考虑将全部产品分为集中波段、假日波段和日常波段等3个主要的产品上柜波段，制订的依据是以气候变化为参照，以款式总数为内容，以产量总数为后援，并且要注意品牌企划报告中对产品风格的某些规定性，以及产品系列之间的搭配性。

（一）集中波段

服装产品时效性很强，特别对于女装来说，在一个销售季节里，一个产品的最佳销售时段一般不超过1个月，部分季节性很强的产品最佳销售时段甚至更短，脱销以后连翻单的时间也没有。因此，抓住最佳销售时段是产品上柜计划的重点，在某种程度上，产品上柜等同于企业与市场的博弈。

在一个销售季节里，产品集中上柜波段有两次：第一次通常在新的销售季节开始之初集中布置完毕，占全部款式总数的50%左右，如此大量而集中地上柜的目的是争取抢得市场先机，丰富卖场形象；第二次在该销售季节的气候将要发生明显转变前2周集中上柜，占全部款式总数的20%左右，此时可以撤下第一次上柜的部分过季产品。

（二）假日波段

目前，假日经济已经成为我国主力消费之一，消费者喜欢集中在节假日购物仍然是国内零售市场的主要特点，尤其是"五一""十一"和春节这3个黄金周，几乎是所有类型品牌的争夺重点，也是各路商家备足货源、扩大销售的必争之时。当然，分属不同定位的消费者对节假日的关注度及敏感度各有差异，消费习惯也有所不同，企业在制订产品上柜计划时应当有所侧重。除了考虑面向全体消费者的节假日以外，还要顾及本品牌面对的顾客对象，配合新品上市，开展一些适时的促销活动,比如,成年男装品牌可以关注父亲节、成年女装品牌应该注重母亲节、童装品牌则要注意儿童节或开学时间、等等,其他如情人节、圣诞节、重阳节等都是开展促销的好时段。假日波段上柜的新品可以占全部款式总数的15%左右(图6-7)。

图6-7　情人节是每年重要的促销节日

(三)日常波段

　　为了给消费者造成某品牌常换常新的感觉,维护该品牌具有充沛的产品开发活力之印象,制订产品上柜计划时还要注意日常销售时段的新品上柜计划。这一时段的新品上柜缓慢而少量,占全部款式总数的10%左右,每周或隔周上几个品种。在临近销售季末一个月前开始,一般不再有新品上市,因为随着季节的临近,消费者不再有购买该季产品的愿望了。

　　产品上柜计划还必须考虑品牌本身的特点。比如,某品牌主要市场在处于流行前沿的一类城市,由于这类城市的消费者中旅游、会展或走亲访友等流动人口不少,该品牌的产品应该适当提前上柜。又如,某品牌的目标顾客是中老年消费者,因为此类消费者的消费行为比较理智,一般不会冲动或提前购物,该品牌的产品上柜时间可以适当推后。

第三节　产品的定价

价格历来是市场竞争中的重要问题,特别是我国大部分消费者购买力有限,对商品的价格特别敏感,真正的品牌消费观念尚未形成,因此,产品的定价策略必须得到重视。作为企业,希望价格达到该产品应有价格的最大值。相反,作为消费者,希望花最少的价钱买到最超值的商品。这几乎成了消费市场永远不可调解的矛盾。

一、成本与价格

服装企业制造服装产品的根本目的是为了盈利,是人们生存活动的需要。任何经营者都想以最小的投资换取最大的利润,但是,投资与利润的关系是相对的、辩证的关系。在不影响产品形象的前提下,合理降低成本,使产品具有价格优势,在价格大战中立于不败之地,是每个品牌服装公司的工作重点。

(一)服装商品的成本构成

1. 直接成本

直接成本 = 材料成本 + 加工成本

材料成本 = 面料成本 + 辅料成本

加工成本 = 工人工资 + 工厂利润

通常情况下,在服装产品的直接成本中,面料成本是最大的成本,辅料成本是最小的成本。由于面料要经过原料采集、纺纱、织造、染色等环节,还有新技术的使用等,使新颖服装面料的价格始终居高不下。虽然服装辅料品种繁多,但是,由于其用量相对较少,占产品的直接成本也相对比较低。服装行业内的加工成本是根据产品的加工难度和复杂程度而定的,加工费价格差异的上下幅度在行业内已形成一定规矩。因此,服装的加工成本是比较透明的。

2. 间接成本

间接成本 = 销售成本 + 管理成本 + 设计成本 + 税收

销售成本 = 商场扣率 + 促销费用 + 装修费用 + 工资费用

管理成本 = 办公费用 + 开支费用 + 工资费用 + 开发费用

设计成本 = 资料费用 + 试制费用 + 调研费用

税收成本 = 增值税 + 销售税 + 所得税 + 其他税

间接成本的弹性很大,与企业的经营理念有很大的关系。使用合理就能降低成本,运用不当就会使成本失控。目前企业普遍采用的低成本战略,主要是降低间接成本的战略。

(二)服装商品的价格构成

在商场看到的服装商品的定价是包括了供应商和商场等多方利益的价格。服装商品的价格构成还应该包括因为产品积压而促销所造成的利润减少等损耗因素。因此,服装商品的价格包括了产品的直接成本、间接成本、期望利润和损耗估算等几个板块的内容。

二、品牌服装的定价策略

（一）定价原则

品牌服装公司一般采取以下定价原则：以成本定价，以利润指标定价，以目标品牌定价。也可以在品牌企划中的品牌服装价格带范围内，根据款式、商场、费用、季节等情况的不同而灵活掌握。总的定价原则是：

$$定价 = 产品成本 + 税收 + 标准利润 + 知名指数 + 产品流行指数$$
$$+ 季节指数 + 地区物价指数$$

其中，第1、第2项内容可以通过统计精确地计算出来；第3项内容可以设定一个常数；后4项内容无法具体量化，根据每个品牌每个款式的具体情况而定。知名指数是指品牌的知名度，产品流行指数是指产品的可卖性，季节指数是指产品上柜时间与季末的长短，地区指数是指产品销售地区的消费水平。

（二）定价方法

为了定价操作的方便起见，品牌服装公司的销售部门通常将产品的定价简单处理为直接成本×系数。这里的系数（也叫倍率）将上述几个指数笼统地包括在内。在此，定出的价格就是指导（零售）价，其他价格则按照这个价格折算。就目前国内生产的服装而言，系数范围有以下几种：

（1）低销售成本的服装（以批发市场为主要销售渠道的服装）：直接成本×2－3；

（2）高销售成本的服装（以普通商场为主要销售渠道的服装）：直接成本×4－5；

（3）品牌服装（以品牌服装商场为主要销售渠道的服装）：直接成本×6－8（一些进口品牌服装的定价为直接成本×15或15以上）。

三、服装商品的价格名称

（一）指导价

指导价也称第一零售价、正价、统一价、定价，是指在零售时使用的能使企业达到正常投资回报率和利润指标的价格。

（二）折扣价

折扣价可分第一折扣价、第二折扣价、促销价，是指在零售时使用的商场内经过一段时间销售后进行促销活动的价格。

（三）代销价

代销价是指给代理商的、按正价打折扣的价格。

（四）代理价

代理价是指按照代理折扣给代理商的价格。

（五）经销价

经销价是指双方建立在经销关系上的一次性买断价。

（六）批发价

批发价也称买断价，是指以简单买卖关系提供给批发商的一次性买断产品的价格。

（七）出厂价

出厂价是指由生产方省却了中间流通环节而直接销售的价格。

（八）成本价

成本价是指按产品的直接成本或全部成本计算的价格。

（九）特别价

特别价简称特价,也称处理价,是指按特别处理商品出售的价格。

（十）清仓价

清仓价是指企急需回笼资金而不顾成本进行清仓处理的价格。一般不通过商场销售。

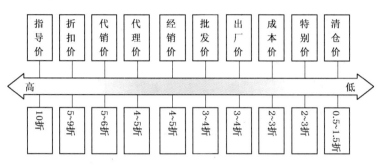

图6-8 各种价格关系图示

四、相对价格与绝对价格

相对价格与绝对价格的关系是定价与售价的关系。定价是品牌公司根据企业情况和品牌的市场战略决定的价格,是理想的零售价格。然而,由于季节因素,服装商品的价格变动很大,竞争激烈的市场也导致了服装商品的价格混乱,目前,只是少量的服装商品按照定价销售,大部分都是按照折扣价或特价销售的,对某些定价所乘倍率不高的商品来说,在五折以下折扣销售时,扣除销售成本以后几乎是亏本销售了,因此,产品的定价和实际销售是有很大差异的,这就迫使品牌服装的定价必须抬高,是消费者普遍认为品牌服装价格偏高而等待其季节处理时购买的原因。这也大大影响了品牌企划方案的良性运作。

从这个意义上说,产品的定价相对价格,实际售价是绝对价格,在做品牌企划方案时,必须把这一不利因素考虑在内,否则将影响企划目标的达成。

五、影响销售价格的因素

（一）销售季节

服装是季节因素最强的生活用品,即使是一个畅销产品,其销售业绩在高端连续持平的最佳畅销时期也不会超过一个月,过了一定的时间,再好的产品也难销,因此,把握季节等于把握销售,一过季,再好的产品也无人问津。以国内大型百货商场为例,春夏产品上柜时间为每年春节前一个星期,夏装从8月份初开始全面打折。秋冬产品上柜时间为每年8月下旬,冬季从元旦过后全面打折。

（二）卖场周边环境

服装零售一般是集中进行的,即众多品牌聚集在一个如百货商店等有限空间内进行,一个品牌在价格上的举动往往会影响到周边品牌,成为以价格吸引顾客的连锁反应。因此,销售业绩与卖场周边环境的关系重大,当周边卖场普遍进行打折销售时,其他卖场将不得不跟进。

(三)顾客还价

买便宜货,尤其是品质相同、价格更低的商品差不多是每个顾客的购物心理。更有一些顾客希望便宜再便宜,于是就形成了顾客讨价还价的现象。尽管国内一些著名的大型百货商场联手杜绝还价,但是,日渐精明的顾客却置若罔闻,甚至在折扣价的基础上再还价,一些营业员为了做成生意便只好迁就顾客,迫使销售价格下跌。

(四)商家促销

为了刺激消费者的购买欲望,商场经常举行促销活动。任何促销活动的本质是让利,降价销售成了促销的惯用手段。商场只会象征性地承担因促销引起的销售收入减少,大部分损失由进驻品牌公司承担,后者只得极不愿意地加入促销队伍。

> **■ 案例**
>
> 为了刺激销售总额的上扬,上海西区一家在全国一些主要城市均设有商场的外资百货公司经常搞促销活动,在其商场附近挨家挨户派送促销广告,促销活动的名目令人眼花缭乱,如:"激情店庆""五一大放送""感谢母亲""情人节派对""夏日狂送""圣诞蜡烛夜""亲子大行动""疯狂大赠送"……这些活动所造成的损失轻则由商家和供应商按比例分担,重则全部责成供应商包揽。在消费者乐不可支地进行采购的同时,供应商们则叫苦不迭,但是,慑于该百货公司在百货业的威势而敢怒而不敢言。据不完全统计,该百货公司在1999年的365天里,共有272天是促销活动日。

(五)货品断码

服装拥有各种规格的尺码是服装商品的一大特点,也是影响销售的主要因素之一。由于品牌服装的成衣是预先制成,卖到最后一定会出现断码现象。服装一旦断码将严重影响销售,因此,为了尽快将断码服装售出,不得不以低价吸引顾客。

(六)货品质次

在生产过程中,等级品的出现是难以避免的。为了维护品牌形象,等级品不能以正价销售,遇有严重质量问题的等外品,应予以毁弃。由于生产管理环节不够严密,等级品可能有因检验疏忽而混入卖场。对于有些爱挑剔的顾客来说,遇有一些小毛病的服装即意味着可以降价。甚至有个别顾客在付款前故意寻找产品上的毛病,希望营业员降价处理。因此,出现质量问题的产品通常是降价处理。

(七)产品结构性调整

产品结构性调整是指企业经营者决定对产品现有状况作比较彻底的改变,在品牌名称不变的前提下,改变产品风格。当某品牌进行产品的结构调整时,为了减轻资金和库存压力,会不惜血本地抛售,将套出的现金投入新产品。

(八)产品保本销售临界点

这是一个很重要的在财务上叫损益平衡点的销售界限。某些品牌服装公司采取的销售政策是,一旦产品在正常价格销售中到达保本销量时,立刻跌价销售,以期率先实行"产品销售突围",避免被套牢。因为,此时即使以很低的价格出售也已产生利润。

（九）试销不畅

当季产品是否适销对路，只要把产品投放市场数天内即可获得反馈信息。一旦某产品上市后不久就成为滞销产品，某些公司立刻会采取跌价销售，让这一产品尽快脱手。因为该产品若无特殊原因的话，一般不会转冷为热成为抢手货。这种做法是引起市场价格混乱的原因之一，为了阻止这种情况的出现，有些商场执行新产品上市的一段时间内不准跌价的规定。

（十）停业转产

当企业经营状况达到资不抵债时，企业将面临破产的危险。在停业之前，为了尽可能回笼资金，企业往往采取抛售策略，以低价吸引顾客，争取在最短的时间内收回资金。如果遇到企业做出转产决定，也将以同样方式处理产品，这种做法对商业秩序危害很大，将扰乱相对稳定的品牌服装价格体系。

第四节　销售的计划

在市场销售开始以前，销售计划必不可少。事实上，销售计划是与品牌策划一起考虑的，也是品牌策划的重要内容。在实际运作过程中，既要严格执行销售计划，按照时间段完成既定的目标，又要对照客观情况，适度地把握灵活性。当然，把握灵活性绝不能成为推诿销售指标的借口。

一、销售计划的概念

销售计划是指根据对品牌在销售季节提出的总体要求和现实状态，对销售结果进行预测，提出销售目标，进而为能具体地实现该目标而进行的一连串过程的规划。简单地说，销售计划就是实施销售任务作业分配的销货收入计划。销售计划中必须包括整个详尽的商品销售量及销售金额才算完整。除了公司的经营方针和经营目标需要详细的商品销售计划外，其他如未来发展计划、利益计划、损益计划、资产负债计划等的计划与实行，无一不需要以销售计划为基础。相对产品计划而言，销售计划需要在时间和数量的方面保证市场需求，产品计划则需要在品质和规格的方面符合市场需求。

二、销售计划的内容

销售计划的完成需要许多部门的配合，涉及的内容因每个企业和每个品牌的实际情况不同而各有侧重，归纳起来，品牌服装的销售计划主要内容包括以下几个方面：

（一）销售架构

销售计划的基本指导思想和总的内容框架。

（二）年度销售总额计划

以每年为单位的销售收入总目标。

（三）月别销售额计划

以每月为单位的销售收入目标。

（四）地区别销额售计划

以每个地区为单位的销售收入目标。

（五）客户别销售额计划

以每个经销商、代理商等客户为单位的销售收入目标。

（六）卖场别销售额计划

以每个卖场为单位的销售收入目标。

（七）销售费用计划

销售过程中发生的费用预算。

（八）促销计划

各种名目的促销活动安排。

（九）销售账款回收计划

回收销售账款的预期指标与日程安排。

（十）销售人员行动管理计划

指导销售人员行为的管理规则的制订。

三、销售计划的形式

销售计划的思考结果以制订销售计划书的形式表现。

销售计划书是企业在某一时期对某种或某类产品，及服务制定销售计划时形成的书面材料。销售计划可分为长期销售计划和短期销售计划；也可以分为综合销售或专项销售计划。销售计划书通常用文字与表格结合的方式撰写。制订销售计划应该注意目标推断的逻辑性、合理性，其中，最为核心的部分是准确可靠的基础数据和切实可行的预算目标。销售计划宜以定量方式表现，尽量避免定性式的表现，唯有如此，销售计划方能成为一种具体而可行性计划，亦即为销售活动制定明确的目标，为销售活动指明方向。

四、销售计划的要点

上述各销售计划的分项内容都有明确的要求，归纳起来，应该注意以下几个问题：

（一）架构计划清晰扼要

销售计划的精华内容大致可涵盖在架构计划中，是让销售部门以外的公司其他部门成员了解的总体销售预期目标。也是销售计划的中心课题。简明的销售架构通过对制作什么产品、透过何种渠道、用多少成本、销售额是多少、谁来组织销售、销往哪里、产品比重如何，以及如何促销等描述，将最主要的信息传达给相关人员。

（二）参考往年销售业绩

了解历史是为了懂得今天、预知未来。往年的销售业绩是来年损益平衡点的基准，在参考往年销售业绩的同时，必须合理考虑综合了许多因素而拟定的品牌提升后的预期新增目标。如果销售激励机制不完善或不兑现，销售人员的工作惰性和畏难情绪就会显示出来，以往年业绩为借口而不思进取。如果是没有销售历史纪录的新品牌，可以通过调研，分析和判断同类品牌的销售业绩，作为本品牌的参考。

（三）分项对待精确估计

服装产品有明显的淡季和旺季之分，每个地区以及每个卖场的销售情况也不一样，如果把年度或地区销售计划平均分摊到月或卖场,显然过于粗放,不利于产品生产和投放的安排,因此,销售计划的制定必须按照年别、月别、店别的要求,对历史同期的销售业绩进行估算,尽可能精确地估计出每个时段、每个卖场的销售指标。比如,以实行营业日报表制度来检查周别计划的实施成果,销售人员每天不论是以口头或是书面呈阅的营业日报数据,都可以作为周别计划绩效的参考基准。

(四)召开会议民主沟通

计划的完成需要团队的共同努力。以会议的形式,对总目标和分目标反复讨论,在民主的气氛下使相关人员的思想充分暴露,经过企业高层主管的仔细斟酌,拿出对症下药的解决良方,做出最后的检查改进及最终决定。销售工作会议的重点是统一思想、激励干劲、分配任务,对部门主管及客户动向意见、竞争对手的竞争关系及新拓展客户目标等必须逐项在会议中做综合性的检查,将在会议中决定最后的销售总额计划。各个部门的销售目标可酌情予以提高,作为该部门的内部目标计划,其目的是挖掘工作潜力,对应市场出现的不测因素而使原定目标受到的实际减损。

(五)安排培训了解产品

新的品牌定位预示着新起点的开始,企划方案中的产品与实际可以上柜的产品多多少少存在差距,从地区销售主管到每个卖场的营业员都在销售终端传递着品牌信息,都需要了解更多的产品信息。近年来,服装企业销售人员的流动性很大,尤其对于新进人员,销售培训可以增加他们对品牌文化的认同和对产品特点的了解,掌握销售计划的实施细则、认识服装商品的专业知识,对提高一线销售的业绩有很大帮助,以服务质量体现品牌的差异化竞争也是近年来品牌竞争的重点。

(六)控制成本追求效益

对于品牌服装来说,产品制造成本确定以后,影响品牌利润的最大因素就是销售成本。销售可以采取各种各样的方式,但是,任何一种方式都会发生成本,究竟哪种方式的效率最高,一时难以估计。比如,从广告方面来说,虽然广告可以增加销量,但是其投入比例与销量是否成正比?哪种形式的广告效率更高,值得好好研究。在销售过程中。尽量需要控制的影响成本的因素难以计数,但都应该以创造利润为中心目标进行计算,因此,控制销售成本并不是一味地省去所有看似"不必要"的开支。

(七)注意细化狠抓落实

随着现代商业社会发展的步伐加快,许多的品牌活动都是以"周",甚至细化到以"日"为一个单位时间节点,销售工作则大都以"周"为单位,如果"周"管理做得不够完美,就会影响业绩。在品牌运作方面流行着一种观点:细节决定一切。虽然这个观点的正确性有待验证,但一定是对实践经验的总结。比如,在制定一个促销计划时,掌握节日和人口特点、促销点的布局、促销产品的退货制度、广告宣传的亮点、POP 的形式与数量、模特儿展示……需要考虑的细节很多,只有使细节工作充分落实,才能取得预期效果。

(八)回收账款应对策略

令许多品牌或销售人员头疼的问题是账款不能及时回收。账款是品牌良性循环必需的动力,一旦卡住,品牌机器就此停转。由于销售方式的不同,账款回收的情况也不一致,事实上,即使是在百货商场租柜销售,也会因为这些商场的商业信誉不一而导致账款回收有快慢和多少之分。账款的拖拉似乎对销售部门并不直接构成生存威胁,但是对整个品牌正常运作却生死攸关,除了客户方面的原因,企业制定的收款政策亦有影响。因此,考量销售业绩的重要指标之一是账款的按时按量回收,这也是制定销售计划时必须考虑的问题。

第五节　销售的形式

销售岗位犹如战斗的前线,没有严格的纪律和过硬的本领是不可能在激烈的商战中打赢胜仗的。销售管理的实质是在销售环节与销售过程中贯彻品牌战略目标,环节的严密和过程的完美是确保销售佳绩的关键所在。

一、销售的现场管理

销售现场也称产品终端,即品牌服装的卖场。除了正常的营业以外,在日常销售过程中会遇到各种各样意想不到的问题,需要营业员妥善处理。此时,营业员的业务素质是非常重要的。品牌的销售业绩是通过营业员一件一件卖出来的。卖场有长期和短期之差、有本地和外地之异、有自属和租赁之分、有专业和综合之别、有高档和低档之别等类型,不一而足。在"服务营销"被越来越重视的今天,销售现场管理是体现这一营销理念的重要环节。

销售现场管理包括货品的收取、调配、整理、保管、出样、盘点;营业款的缴纳、记账、日报;票据的开具、统计;卖场的清洁卫生、物品摆放;服务的礼貌、周到、亲善、引导;售价的最后把握等。

■ 案例

M公司非常强调销售现场管理工作,把营业员工作的重要性提到很高的高度,在其《公司管理大纲》中明确写明"质素优良的营业员是公司的最大财富",除了对营业员进行定期培训的主题以外,还提高了营业员的销售提成比例,该公司一个被称为"王牌营业员"的月收入超过了其销售经理的月收入,从而大大调动了营业员的工作积极性。

二、销售的后方管理

销售后方即品牌服装公司内部为配合销售现场而设置的工作环节。品牌运作很像演出舞台剧,销售现场是前台演出,后方管理是后台工作。从某种意义上说,公司内部的一切工作都是为了卖场销售,因此,销售工作涉及部门非常广泛,是整个公司的运作管理。

与销售现场最为直接的内部工作环节是仓储部门和配货系统。仓储部门将工作做好、做细,就有利于卖场的货品管理。配货系统的安全及时,可以使销量得到保证。仓储部门也是对现场销售工作的监督,控制退换货的比例及负责货品盘点。

案例

Q品牌是在国外注册的,以白领女性为目标对象的女装品牌。该公司将品牌形象做得非常到位,其产品也深受白领女性的青睐,市场反映良好。值得一提的是,该品牌的配货系统非常出色,所有货品的销售情况均由电脑管理。比如,某个型号的货品生成了多少、上柜了多少、销售了多少、剩余了多少,以及货品的规格、存放地点和色号等都有详细记录。一旦某个顾客在其某个卖场看中了一个款式而该卖场暂时没有合适的规格或色号时,电脑货品调拨系统立即可以显示该款式在其他卖场是否有存货。如果在同一个城市的某个卖场里有该顾客需要的货品,一定会在2个小时之内将该货品送至顾客手中。不仅保证了顾客可以充分享受其高效的服务,也做到了轻易不放走一个顾客的销售要求。

三、正常销售

正常销售是指在一个流行季开始初期,以第一零售价(指导价)的价格销售商品。正常销售保留的时间越长,说明该地区的商业竞争越有空间,该品牌的产品越有市场性,商场和供应商的利润越有保障,相反则说明商业竞争越是激烈或产品缺乏市场性。

目前,国内品牌服装市场的正常销售时间变得越来越短,时间尚未临近季末,多数品牌即开始迫不及待地进行折扣销售。甚至许多品牌的新产品从上市之日起就开始打折,第一零售价形同虚设,造成消费者对价格产生信任危机。这是由于市场竞争过于激烈而引起的反常现象,这种恶性竞争的结果将导致供应商的正常利润严重受损,影响了供应商发展品牌战略的底气。

正常的进驻商场销售分为以下几个步骤:

(一)销售场所调研

提前选择适合本品牌产品风格和信誉良好的商场(参见本书第三章第四节)。可以同时准备几个同类商场,以供比较。

(二)与商场方面谈判

由营销部与目标商场进行谈判,弄清对方的进驻条件,认真研究商场提供的格式合同,防止隐藏其中的不利条款。为了确保按销售计划进行,谈判可以在数家目标商场之间同时进行,谈判过程可能比较艰巨,应当做好充分准备。谈判必须备齐"四证":营业执照、税务登记证、商标注册证、产品检测报告。

谈判成功的前提条件是"双赢"。

(三)进驻准备

一旦进驻商场的谈判成功,必须立即做好进驻前的一切准备工作,包括卖场装修、产品准备、营业员调配等。

(四)正式销售

一切准备就绪,才能正式开始销售。在正式销售开始之后,根据实际情况,可能要对卖场进行必要的调整,平时要对卖场不断进行现场管理,保证本品牌给商场和消费者留下良好印象。

四、促销方式

正常情况下的促销是在货品首期销售达到公司的期望值以后,为了促进货品流通和回笼资金而采取的销售策略。促销的实质是让利销售。促销的关键是一定要让顾客明白促销的诚意。在商场里,促销是按期进行的,既可以参加商场的集体促销,也可以在征得商场同意后单独举行。常见的促销方式有以下几种:

(一)实物促销

实物促销是指在保持商品原来售价不变的前提下,以赠送其他商品的形式吸引顾客购买。具体表现为买一送几、搭配销售等形式。为了表现促销的诚意,所赠商品应该是有价值的商品,不得将积压商品或劣质商品做诱饵,蒙骗顾客。

(二)货币促销

货币促销是指降低商品原来的售价,将差价直接让利给顾客的促销方式。具体表现为折扣销售。举行货币促销的关键是要让顾客知道原价与现价的真实差距和让利的原因,不能玩价格游戏,让顾客知情后对该品牌失去信心。

(三)荣誉促销

荣誉促销是指给某些顾客在消费时拥有某种形式的特权,吸引这部分顾客成为长期客户。具体表现为会员制、贵宾卡等形式。一般来说,荣誉促销是经常性的、长时间的,当某品牌参加商场面对普通消费者的促销活动时,荣誉顾客应该拥有更大的优惠。

(四)折扣递减促销

折扣递减促销是指购物的单价随着购物数量或总价的增加而递减,多买多扣,是货币促销的另一种形式。例如,买一件产品时为原价,买两件产品时为原价的9折,买三件产品时为原价的8折,以此来吸引顾客。

(五)有奖促销

有奖促销是指当顾客买满一定数额的商品后,可以享受让利优惠。具体表现为抵用券、摸奖、摇奖或领取奖品等形式。

(六)特卖促销

特卖促销是指将临近季末的商品以极低的价格进行销售。通常情况下,特卖价格低于产品的成本价。特卖商品中不乏优质商品,许多著名品牌也加入其中,吸引了不少喜爱名牌的消费者。

图6-9 促销是维持品牌正常运转的常用必要手段之一

第七章

服装品牌形象

　　形象是指人们在一定的知觉情境下,采用一定的感知方式对客体产生的一种概括性或标志性的心理图示。品牌形象是存在于人们心里的关于品牌各要素的图像及概念的集合体,主要是品牌知识及人们对品牌的外在表现,在心理上形成的一个联想性的集合表现。它受到形象感知主体的主观感受、感知方式及感知前景等影响,可以用功能的、符号的或经验的要素来表达形象。

　　服装品牌形象是指人们对于借助于服装表现出来的品牌知识及品牌风格等内容,结合自己的主观感受和审美经验,产生的关于品牌及其产品构成要素的,带有一定联想的综合印象。服装品牌形象可以分为两大部分:一是品牌的虚拟形象,包括品牌文化、品牌理念、品牌美誉度等;二是品牌的现实形象,包括产品形象、品牌标识、终端形象和服务形象等。

第一节 品牌与产品及其形象关系

一、品牌与产品的关系

认识品牌与产品的关系,有助于人们在品牌运作的各个阶段,把握矛盾的主次,认清问题的关键,在特殊的时间段做好必须要做的重点工作。两者的基本关系可以用一个不太恰当的比喻:品牌与产品的关系犹如精神与物质的关系。简而言之,产品从属并受制于品牌,品牌引导并依附于产品。

(一) 携持关系

在品牌初创期,往往是产品携持品牌成长,随后品牌再回报产品。由于品牌在还没有取得市场地位以前,品牌的力量还很微弱,其名声还不足以成为其独立存在的资本,所以,此时的品牌与产品是捆绑的,相辅相成,共同成长的。从某种意义上来说,产品占据主要地位,是产品支持品牌。品牌定位通常在这一时期得到验证;这一时期的品牌是为产品服务,为产品占领市场做出贡献,品牌的运作重点必须把品牌和产品紧紧捆绑在一起,品牌必须附着在产品身上,产品对品牌形成强有力的实质性支撑,依靠过硬的产品树立起品牌形象。虽然有些品牌从一开始就凭借其强大的资金实力,以广告轰炸的形式打响知名度,但是,这种强灌的知名度是低层次的,并不是品牌所追求的美誉度,离开了强势产品的支持,这种知名度将迅速地土崩瓦解。

(二) 平等关系

在品牌成长期,品牌依靠产品的支持挖到了第一桶金,完成了一定的资本原始积累,同时获得了一定的市场认可,品牌建设的任务开始加重,因为,此时仅靠产品本身的力量扩张市场可能已经力不从心,产品被赋予的一些理念、风格、心理和社会的价值或信息成为了必要条件,从而使得产品更具竞争力。此时的品牌与产品虽然也是携持的,但是,其主次关系是平等的。企业既可以拿出更多的资金推广品牌,帮助产品打开销路;也可以加大产品开发的力度,体现品牌所追求的精神。此时,品牌的知名度与美誉度同步上升,主动与被动的关系达到平衡。为了使产品更有竞争力是利用品牌工具进行品牌策划最原始也是最根本的目的。在品牌成长期,要找到一个品牌与产品都能实现的、共同成长的突破口,为品牌发展进入重点后期运作做好准备工作,让品牌在产品与品牌的同步发展中逐步树立起来。

(三) 独立关系

在品牌发展期,由于品牌的美誉度获得了极大的提高,品牌与产品的关系将由平等关系逐步转变成为独立的关系。其中,品牌占据主要地位,对产品的支持作用更大。此时的品牌已经具备了独立的条件,品牌本身就能够估价、出售或者作为资本投资,品牌的感召力得到了极致地发挥,也就是为什么大牌的任何产品几乎都好卖的原因,这是品牌运作追求的高境界!在这个时期,品牌的核心价值在这一时期得到调整、丰富和提升,能成为品牌延伸发展的有力支持。如果企业想借用品牌的美誉度,以及运作实力进行品牌延伸和多元化经营,那么该品牌就要适时适度地在保留品牌精神的前提下,与原来的具体产品脱钩。"留得精神在,不怕没货卖",在品牌被赋予新的战略内涵,且同时品牌内涵得到丰富和提升之后,品牌可以与具体产品分离,不再指向单一产品或单一类别,借助该品牌强势的市场效应进入和带动新生市场,为企业的多品种或多元化发展,乃至进行品牌经营提供可持续发展的空间。

二、品牌形象与产品形象的关系

用一个形象的比喻:漂亮女人也许仅在于其拥有娇艳动人的五官和青春性感的身材,美丽女人则不仅是外表与气质的完美结合,更在于其婉约多姿的性情和高贵典雅的举止。产品形象与品牌形象正是具有这种类似的关系。

(一)品牌形象指导产品形象

品牌形象是品牌概念的延伸,比较而言,品牌是一个比较抽象的、对品牌内涵高度提炼的精神概念,品牌形象则是具体生动的、有血有肉的物质范畴。品牌形象是品牌的视觉化表现,是企业整体形象的根本。在一个好的品牌策划中,品牌形象往往早于产品形象的出现,产品的策划也离不开品牌形象的指引,尽管此时的品牌形象可能比较抽象,但是,只要概念清晰、表达规范,就能够起到指导产品开发的作用,进而影响整个产品的形象。比如,如果某一个品牌形象希望给人一种"科技"的概念,那么,产品就必须在面料处理、功能界定甚至图案设计等很多细节上表现出科技的内在含量,并将此特征投射于产品的外在表现上,着力烘托"科技"的意味。

(二)产品形象影响品牌形象

产品形象是产品概念的延伸,是一个个具体的产品集合展示给消费者的视觉认知,由此而产生对品牌风格的认同。产品的开发实力、生产实力影响着品牌形象,尤其是品牌初创期,品牌形象从模糊变为清晰更需要产品形象的支撑,仅有良好的品牌形象而没有雄厚的产品实力,无法树立起坚实的品牌,虽然消费者对品牌形象的认知可以通过其传播方式而达成,但是,对其认同往往是通过对产品特征来体现的。正因为一个缺乏产品支持的虚无的品牌形象不能成为真正的品牌,产品形象才对其发挥着很大的影响力,当潜在消费者对产品评价很高,产生较强的信赖时,他们会把这种信赖转移到品牌上形象,对其品牌产生较高的评价,从而形成良好的品牌。

(三)两者密切相关同步协调

品牌形象比较宏观而抽象,包含的内容广泛,产品形象比较微观而具体,内容比较单一。从某种意义上来说,产品形象包含在品牌形象的范畴内,产品形象是由不同部门负责具体操作的品牌形象的一部分。两者是在市场竞争中能够相互感应的孪生姐妹,应该同步地、协调地发展。在目前竞争日趋激烈的品牌服装市场上,呈现出一些新的竞争焦点和方式:一是竞争的侧重点从过去的产品质量和销售渠道转向品牌形象和服务质量,并以之为重点;二是品牌形象竞争手段更加细化和深入,在"视觉营销"理念的引导下,由原来的货架、形象面等终端的设计制作竞争转向了由货架、灯光、道具、橱窗、POP 广告等营造的购物环境和营业员服务水平的多元竞争;三是品牌特征的竞争,各个品牌不断加强品牌特点的显示度和冲击力,让品牌形象与产品形象之间形成良好的互动,加深顾客对品牌形象的印象,提高顾客对品牌的认同,达到顾客青睐本品牌的目的。

三、品牌形象的内容

品牌形象是品牌的一切构成要素在运作结果上体现出来的综合表现,因此,其内涵十分宽泛,比如企业形象、产品风格等都与品牌形象有关。为了集中而有效地讨论问题,便于为品牌形象建设提供摸得着的抓手,本章将品牌形象的内容界定为三大主要模块,即品牌的文化形象、终端形象和信誉形象。

（一）品牌的文化形象

品牌文化形象是指消费者对品牌所倡导的精神理念和文化价值的整体认知和评价。品牌文化是建立在企业文化上的关于企业经营理念、价值观、道德规范、行为准则等企业行为的集中体现,表达了一个企业的精神风貌,对其员工产生着潜移默化的熏陶作用,对其倾慕的消费群体也深受感染。品牌的发展基石是品牌的文化溯源和脉搏,每个成功品牌的背后都有其深厚的文化土壤,都有一个值得传递的感人故事。

（二）品牌的终端形象

品牌终端形象是指消费者对品牌终端系统的认知与评价,是品牌形象的主要外在表现内容之一。品牌终端形象主要包括卖场风格、标识系统和销售服务。品牌标识系统包括品牌名、商标图案、标志字体、标准色系,以及包装装潢等除却产品本身的品牌标识的外观表现。消费者对品牌的最初评价来自于其视觉形象,是粗犷豪放的还是精细入微的,是清新活泼的还是庄重典雅的,是朴实无华的还是高贵雍容的,等等,这些构成了绚烂多彩的品牌语言,这也是"视觉营销"理念产生的主要原因。品牌标识系统是品牌形象最直接和快速传递给消费者的有效途径,一个鲜明而亲和的品牌标识系统形象是在现代商业产品极大丰富的情况下,吸引消费者注意力的法宝;销售服务包括服务项目、服务方式、服务质量、语言仪容等;卖场风格在后续内容中详述。

（三）品牌的信誉形象

品牌信誉即品牌的美誉度,是指消费者及社会公众对一个品牌信任度的认知和评价,其实质是来源于消费者对产品的信任。品牌信誉是维护顾客品牌忠诚度的利器,是品牌施展和维持其魅力的重要介质。相对而言,知名度是木然地被动接受的过程,美誉度是愉悦地主动接受的过程,品牌美誉度的建立需要企业各方面的共同努力,品牌理念、产品诉求、服务水平、技术能力等因素缺一不可,建立与专业客户合作的诚信,扩大品牌在消费者中传递的频率、范围与速度。

在上述三大品牌形象模块中,终端形象因其最接近消费者而被认为是最通俗的品牌形象,企业往往将品牌形象建设的重点放在终端形象。因此,本章将着重讨论终端形象。

第二节　终端形象

服装品牌的所谓终端,即品牌与消费者直接接触的窗口,在此,特指品牌名义下的卖场。无论是虚拟卖场,还是现实卖场,其形象直接体现着品牌形象。严格来说,一切在终端呈现在消费者眼前的事物都是终端形象的构成因素,由于现实卖场给消费者留下的品牌形象更为真实,构成因素也更为复杂,因此,本章着重讨论不包括产品形象在内的现实终端形象(图7-1)。

图 7-1 品牌的终端形象直接体现着品牌形象

一、终端形象的内容

卖场是产品销售的第一线,是直接与顾客面对面交流的地方,是商品与货币进行实质交换中最为关键的环节。只要是和顾客接触的任何东西或任何服务都必须精心考虑,使顾客由欣赏、愉悦转为购买,因此,除了产品本身因素之外,没有良好的销售终端也就没有可观的销售收入。

最常见的终端形象就是现实生活中的专卖店等卖场形象,可以分为卖场的硬件形象和服务形象。

(一)卖场的硬件形象

1. 场地形象

用于销售产品和提供服务的物理空间,主要包括楼层、面积、高度、开间等。其形象由场地的大小、位置、光线和装修设计风格等因素决定。

2. 道具形象

用于陈列和销售商品的道具,主要包括橱窗、形象面、货柜、收银台、灯具、展示台、衣架、休息椅、试衣间、库房、饰品柜、穿衣镜、人台等。其形象由设计风格、配置数量、制作材料和制作质量等因素决定。

3. 广告形象

用于宣传商品的物品,主要包括样本、灯箱、广告画(也称形象画)、包袋等。其形象由设计创意、人物知名度、取材主题和制作效果等因素决定。

4. 标志形象

卖场最显眼位置的标志性品牌形象设置或卖场内最显眼的品牌象征物。主要包括形象墙、品牌 Logo、吉祥物等。其形象由设计创意、表现形式和视觉效果等因素决定。

(二) 卖场的服务形象

1. 人员形象

分工明确和服务规范的营业员状况,主要包括导购员、收银员、售货员等。其形象由营业员的长相、妆容、衣着、语言、行为、商品知识等因素决定。

2. 销售形象

为顾客带来愉悦消费的服务规则,主要包括退换商品的规定、促销活动和会员卡等促销手段及售后服务等。其形象由方便、合理、优惠等因素决定。

3. 陈列形象

对顾客起到一定引导作用的货品陈列状况,主要包括主题、系列、秩序、疏密等。其形象由陈列方式、色彩搭配、饰品配套和视觉效果等因素决定。

二、卖场硬件形象的要点

(一) 道具形象

专门设计制作的卖场道具是品牌服装与普通服装的销售现场的主要区别,是品牌服装用来体现品牌风格的主要手段。来自不同地区的,在商场里巡游的品牌服装代理商往往会根据卖场的品牌形象来选择品牌代理的目标。因此,卖场的品牌形象成为争夺品牌服装代理商的重要工具(图7-2)。

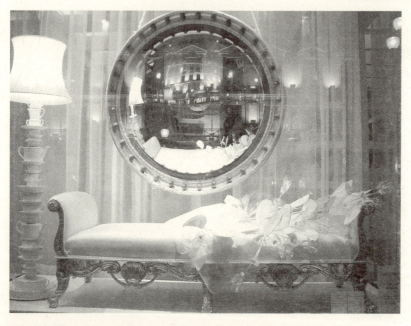

图 7-2　道具的创意设计:橱窗里用杯子、盘子等构建的灯饰和沙发

（二）装修风格

根据品牌定位的风格,确定卖场的装修风格。装修的目的是为了促进销售,与品牌风格背离的装修只能起到事倍功半的效果。

（三）装修材料

装修材料是根据装修风格决定的,然而一种装修风格可以有不同的材料组合方案。在装修预算和装修风格允许范围内,应该尽可能使用新颖的装修材料,获得材料美感。但是,要避免新材料的过分堆砌而落入俗套。

（四）装修效果

在符合品牌风格的前提下,根据卖场周围环境,只要比同类风格的其他品牌的装修效果略高,就能在整个商场里突显出来。一般来说,个性鲜明的装修效果容易成为引人注目的目标。有时,装修效果与装修费用不一定成正比。

（五）装修等级

卖场装修分为初级装修、普通装修和高级装修。装修级别与商场档次、品牌档次有关,商场越是高级,对装修的要求就越高。

一般而言,卖场开出的数量越多,其装修价格会因为道具的批量制作而成本越低。因此,有些常用道具应该有一定量的备货,既可以降低制作成本,也能应付不时之需(表7-1)。

表7-1　卖场装修等级情况表

装修等级	基本内容(以中型边厅为例)	装修价格
初级装修	板墙隔断、货柜、形象面、模特、专用衣架、试衣间、穿衣镜、储藏室、工作台、灯箱	1 000～2 000元/平方米
中级装修	灯光板墙、灯光货柜、形象面、专用人台、专用衣架、抛物架、追加灯光、试衣间、穿衣镜、储藏室、工作台、摆件、灯箱	2 500～5 000元/平方米
高级装修	灯光板墙、灯光货柜、形象面、专用人台、专用衣架、抛物架、展示台、饰品柜、追加灯光、音响、顾客休息区、试衣间、穿衣镜、储藏室、工作台、摆件、灯箱	7 000～10 000元/平方米

（六）装修准备

商场对进驻品牌的装修有许多条件限制,首先是装修图纸必须经过商场工程部等有关部门对道具的尺寸、用电量、施工时间等内容进行认可,要求严格按照认可了的装修图纸施工。其次,在商场现场施工的话,会受到场地小、不得使用油漆等施工条件的限制,因此,很多作业必须在场外预先制作完毕。另外,现场施工时间非常有限,装修程序必须考虑在较短的时间里能够完成,因此,有些部件要做成拆卸式或组合式,到现场拼装。

三、卖场硬件形象的设计

（一）橱窗

橱窗设计分为面对街道的外橱窗和面对商场内通道的内橱窗两种。橱窗是展示重点款式、促销款式、体现品牌风格的宝地,在设计时,或简单或复杂,都要考虑与品牌风格结合,外橱窗还要注意展示的主题性(图7-3)。除非在自营的专卖店,普通品牌很少有在外橱窗展示的机会。

（二）形象墙设计

形象墙设计主要有三种方式：一是注重情调的营造，不过分强调形象墙的存在，使之与卖场融为一体；二是重彩浓墨，刻意抢夺顾客的注意力；三是简洁洗练，仅仅是品牌 Logo 的安身处，没有纷繁的细节和雕凿的痕迹（图 7-4）。

图 7-3　美国品牌 GAP 童装在情人节期间的位于伦敦的橱窗展示

图 7-4　美国品牌 GAP 的形象面设计

（三）货柜

货柜分为高货柜和低货柜，主要是挂货和展示用。货柜有组装型、现场制作型两种，各有特点。设计时要注重灯光的照射和货柜距离地面的高度，在结合品牌风格的同时，做到精致、时尚，并且要考虑人体工学的特点。相对而言，低货柜（也叫中岛柜、中岛架）受到的限制条件多。

（四）收银台

收银台一般与形象面一起考虑，设计时要考虑实用、新颖、安全、大气，设计的发挥余地较大，其材质、造型与色彩与品牌风格相符合。

（五）灯具

灯光决定卖场的照明效果，对营造气氛起到很好的作用。卖场对灯光照明的要求很高，灯光不仅要考虑自己专柜，还要考虑相邻专柜的灯光，一般要求亮度高、温度低，用不同的灯具形成直射、反射、漫射、点射等多种照明形式；要层次分明、主次清楚，符合点、线、面组合的采光要求。

（六）展示台

展示台的用途是展示商品和强化品牌形象，丰富顾客的视觉感受。在卖场面积较大时，可以考虑设置展示台。展示台形式多样,是卖场内一个富有创意的设计点,其设计重点是造型和色彩的选择。

（七）衣架

衣架也称衣夹,是放置和固定单件服装的用具,尽管其体积很小,而且被服装所覆盖,但是,因为它是顾客触摸频率最高的卖场道具,因此,其设计和品质必须精致、细腻,从这个很小的细节很能反映出一个企业对品牌的用心。

（八）休息椅

卖场中的休息椅反映出品牌以顾客为中心的人性化销售的价值,在实用性得到保证的前提下,主要考虑其造型、色彩和材质与品牌风格的谐调。一般要求简洁、舒适、独特、新颖(图7-5)。

图7-5 设计新颖的休息椅

（九）试衣间

试衣间是卖场内最能体现人性化服务的硬件,干净整洁,装修精致,尽可能宽敞、私密性好,里面应该配备顾客在试衣过程中一切可能使用的物品,如挂衣钩、拖鞋、坐凳、地毯、纸巾和搁板等人性设施。高质量的试衣过程能使顾客感到舒适、温馨,提高购买的成功率。

（十）库房

库房做暂时存放货品之用。要求设计得比较隐蔽,通常藏在形象面后面,或者与试衣间相连。小型卖场则不具备设置库房的场地条件。

（十一）饰品柜

有些产品系列齐全的卖场需要配备饰品柜,展示如香水、领带、围巾、腰带、首饰、鞋帽、袜品、包袋等其他产品。这些产品种类繁多,形态各异,设计时要注意摆放区域和展示方式,显隐有度、突出重点,不能出现紊乱的观感,体现出大牌的气度(图7-6)。

图7-6　有条不紊的服饰品展示柜

(十二) 人台

　　人台是立体展示服装的最好道具。人台以一个固定的姿态和表情,生动而尽职地展示着服装款式,可以充分体现品牌的风格,这是真人模特所不具备的。人台本身就具备一定的外观风格,选择人台造型实际上就是匹配服装风格。有实力的品牌应该设计和特制符合品牌形象的人台(图7-7)。

图7-7　生活场景式的橱窗里仿真的展示人台

（十三）摆饰

专卖店里的摆饰形形色色、种类繁多，一般没有实用功能，仅起装饰作用，如花卉、瓶罐、雕塑、画框、相框、装置等。既可专门定制，也可购买现成品，须与品牌风格相吻合。如处理得当，可成为终端的一个亮点。

四、卖场的广告形象

卖场里的广告形象主要包括样本、灯箱和广告画片。

（一）样本

样本是非常重要的广告形象，其作用主要有：一是联系商场的敲门砖。品牌服装公司欲进某商场设柜销售前，商场必须对该品牌的产品风格有所了解，此时，产品样本就成了品牌风格的无声代言人。二是指引消费者的导购册。产品的推出是根据产品最佳销售时段而逐步进行的，不可能将所有产品全部同时推出，为了让消费者对产品有一个全面的认识，印制精美的产品样本很有必要，可以使消费者对产品更有信心。具体实施要注意以下环节：

1. 选择与品牌风格相吻合的模特儿

模特不是越漂亮或越有名越好，关键是模特的形象和气质必须能够反映出品牌的风格（图7-8）。人们欣赏模特的口味也在不断地变化，从唯美型到丑女型，从丰满型到瘦弱型，从高贵型到平民型，从成熟型到少女型，不一而足。有时，对模特的选择采用逆向思维，也不失为一种聪明之举。近年来，我国丑女型模特在国内外模特大赛上频频获奖的事实就足以说明。

图7-8　Benetton 06/07 秋冬样本，该品牌始终选择与品牌风格吻合的各种族模特

（资料来源于 Benetton 官方网站 www. benetton.com）

> ■ 案例
>
>   SNW 是一个在国内颇有影响的少女装品牌，它选用的模特是拥有邻家女孩般普通脸型的高中生，那长满雀斑的稚嫩脸蛋和身高 165 公分的中等身材根本无法进入职业模特的行列，但是，其清新可爱的高中女生形象却赢得了大多数女孩的青睐，使她们对自己充满了信心，该品牌也成为国内商场中首屈一指的少女装品牌。

2. 选择有风格倾向的摄影师

    和画家一样，服装摄影师也有明显的风格倾向。选择了摄影师就等于选择了摄影风格。摄影师有自己的趣味和专长，对题材和场景的处理各有所长。同样的产品和同样的模特，经过摄影师的艺术处理，会表现出不同的艺术风格。因此，在样本拍摄之前，应该对摄影师的艺术风格有所了解。

3. 注重样本的版式设计

    对样本的排版来说，摄影作品仅仅是版式设计的原材料，由平面设计师完成版式设计。相当于电影中的电影剪辑一样，在很大程度上，样本的最终效果控制在版式设计上。因此。样本的版式设计必须得到服装设计师或品牌企划师的确认，或者由他们亲自督阵。

4. 把握印刷制作效果

    样本的印刷制作是控制样本效果的最后环节。选用什么纸张，指定什么印刷技术和采取什么样的装订方式都大有讲究。

（二）灯箱

    卖场内常见的品牌宣传物品。一般在样本中选择效果最满意的图片，做适当的排版，制作成灯光片，以背面打光的形式作品牌宣传。特点是明亮、耀眼。

（三）广告画片

    广告画片也叫 POP，是卖场内常见的品牌宣传物品。与灯箱不同的是，它以正面受光的悬垂形式安置在卖场内。特点是省电、省地方，更换方便。

（四）卡座

    卡座也称卡夹、立牌、挂卡，是用于介绍商品信息的局部装饰，标示货品的新旧、促销甚至工艺特点等信息，其内容大于形式，如能巧妙设计，制作精良，也能体现品牌的良苦用心。

五、品牌服务形象的要点

（一）营业员的形象

1. 营业员的外表

    营业员是品牌形象很重要的一部分，是与顾客直接接触的销售最前线，也是品牌的活体形象，在一定程度上也代表企业形象。因此，对营业员外形的选择非常关键。选择时，首先应该有一个理想化的营业员模型，然后在应聘者中选择一个准模型，根据准模型的外形条件，比如，身高、体重、脸型、肤色、发式等，最后，再选择与准模型比较接近的应聘者作为录用的营业员人选。

营业员在工作时的服饰一般是由商场统一规定的,每个商场为了保持其商场形象的统一性而规定品牌公司的进驻人员必须穿着其统一制服。只有当商场的合作者是赫赫有名的大牌公司,其销售业绩在商场内举足轻重时,才有可能允许其穿着代表该公司品牌形象的服装。

2. 营业员的技能

除了营业员有与品牌风格接近的外形以外,还需有匹配的服务技能。营业员的语言和行为对销售起着非常直接的作用。营业员的工作敬业度、语言感染度、行为规范度是营业员扩大销售业绩的三大法宝。销售结果是因人而异的,不同的营业员在同样的卖场和同样的时段销售同样的产品,会有不同的销售业绩。

营业员的服务技能培训是品牌服装公司人力资源部的一项主要工作。

> ■ **案例**
>
> CM 公司是以 35 岁以上女性为目标对象的品牌服装公司。按照一般的习惯做法,将安排年龄相仿的女性营业员在卖场服务。然而,该公司却以逆向思维对待营业员的问题,在其全国各地的卖场内,全部安排 25 岁左右的男生做营业员。其基本观点是:年轻女孩正是年龄的黄金时期,不缺男孩子的大献殷勤。中年妇女却已失去年龄的优势,难免有一种失落感,但她们从心底里也有一种需要得到异性关怀的愿望,年轻男生为其提供购衣服务,使她们在下意识中得到了某种满足。因此,这一服务方式一经推出,立刻得到了很好的效果,成为一种销售特色。

(二) 销售的形象

1. 定价政策的稳定

在一定时期内,品牌应该采取一个相对稳定的定价政策,不能随心所欲地使零售价格忽高忽低,这样就可以使顾客对一个品牌的销售规律有一个基本的掌握。那种希望以悬殊的产品价格带通吃不同消费档次的顾客的想法违反了品牌的市场细分化特点,也不切合实际,因为一个品牌的风格不可能让所有人喜欢。特别是在一个产品系列内,更应该做到正价、折扣价等都划定在一个比较清晰的界限和范围内,不能飘忽不定地制定。作为产品零售正价的核定并不困难,难得维持这一价格的稳定,因为影响正在执行的零售价格的因素很多。即使是折扣价格,也不能朝令夕改地经常调换,如果在比较相近的时间内,因为先前产品定位不准、定价过高或质量问题导致了产品的滞销而连续不断地将正常价格和处理价格的距离拉得过开,可能会使顾客产生厌烦心理,影响其对品牌的忠诚度。

> ■ **案例**
>
> TM 品牌是在 1999 年推出的一个以少淑女为目标消费者的品牌,由于品牌运作经验不足等原因,其销售一度陷入困境。为了应付周边卖场的价格战,该公司不得不采取大幅度降价措施,商品全部打折,其中部分商品打一折,使得前不久刚以其第一零售价买入该品牌服装的消费者大呼上当,并有人发誓今后再也不买这一品牌的产品了。

2. 促销方式的运用

价格始终是争夺市场份额的利刃,促销的实质是供应商以或明或暗的方式降低产品的售价,争取扩大销售总额。如果一个品牌始终不搞促销活动,可能会流失部分消费者,如果频繁地开展促销活动,企业的利润率又会受到影响。因此,促销是一把双刃剑,促销一定程度上有助于知名度的提高,但品牌最忌讳的是毫无节制,没有计划的价格促销,它在无形中培养了消费者以价格为购买基础的心理,同时也削弱了品牌在消费者心目中的形象地位。价格是一个非常敏感的市场因素,真正能做到价格坚挺的品牌,需要极强的产品力支撑。为了保持良好的品牌形象,一些品牌将那些在进行了有限的促销之后依旧滞销的产品送回公司集中处理。

(三)形象代表的选择

形象代表也叫形象代言人或形象大使。聘请社会名流、演艺明星、著名模特、体育名将等具有社会知名度和感召力的人士作为品牌的形象代表是目前许多品牌公司争相效仿的做法,意在凝聚人气,吸引顾客。选择形象代表,首先是选择其知名度,知名度越大,影响力也越大。其次是形象,流行服装是人衣合一的生活用品,消费者在移情心理的驱使下,会以形象代表作为模仿对象,感觉穿了某品牌的服装以后,也有形象代表的几分风采。因此,有许多相貌出众的演艺明星等社会人士已相继成为品牌代表。

尽管许多品牌都在人云亦云地聘请著名人士做自己的品牌形象代言人,但是,真正成功的案例并不多,主要原因是这一毫无创意的做法已经令消费者麻木,而且,企业看中的往往是形象代言人的外表,不能与品牌理念相结合,这种貌合神离的"代而不言"还是取消为好。因此,形象代表的作用并不是唯一的(图7-9),不要过分夸大形象代表的作用。如果产品不过关,消费者并不买大明星的账,其结果只能是大做形象的企业自掏腰包支付大明星的巨额出场费。

图7-9 选择明星代言品牌并不是品牌运作的必须手段,ZARA 品牌始终选择亲切、阳光的普通模特形象作为品牌形象代言人,图为 ZARA 06/07 秋冬推广形象

■ **案例**

2000年秋冬季保暖内衣市场硝烟弥漫,全国有几千家服装企业争先恐后地生产保暖内衣,企图分得前两年保暖内衣的一杯羹。几个老资格厂家纷纷拆巨资聘请国内著名演员大拍广告,大有决一雌雄的架势。然而,不断被新闻界曝光的产品质量问题使这些厂家后院起火,穿着后"不怎么样"的感觉在消费者中迅速蔓延,厂家之间的相互指责、揭短更是让消费者不知就里,只得隔岸观火。众多厂家用足力气放开一搏的保暖内衣市场终于全线崩溃,造成的大量积压产品将在今后数年内也无法售空,许多厂家因此而负债累累,甚至倒闭。

第三节 品牌形象的实施

在充分酝酿了品牌形象之后,必须要有一个好的实施方案,确保品牌形象得以顺利推广。在此仍以实体终端形象为例展开讨论,虚拟终端形象的实施在原理上与前者相同。

一、品牌形象的实施要点

无论何时何地,一个品牌的终端形象必须整齐划一,否则,不仅使消费者在认知品牌时感到迷茫,而且,人们会因此而怀疑品牌的实力,将对品牌形象大打折扣。为了做到这一点,必须通过严格的终端形象标准化运作,才能达到目的。这一工作表现为以下几个方面:

(一)统一化

设计标准和制作标准的统一。虽然品牌终端形象由公司统一设计,但是,由于历史遗留的问题,一些品牌的视觉识别工作不扎实,甚至拥有很多版本,有些品牌连自己到底应该使用哪种"标准字体"也说不清,人员调动频繁的结果也加剧了混乱现象。应该花一定的时间和精力理顺这一至关品牌形象大事的关系,没有或许,只有唯一,做到设计思想的统一、表现效果的统一、制作成本的统一,使每个细节都成为推广品牌形象的唯一标准。

(二)组合化

组合化对于连锁品牌的形象统一非常重要。每个卖场的大小、方位、高低、采光等条件不同,情况比较复杂,客观上造成了品牌形象实施的困难。此时,应该采取灵活性和原则性结合的办法,将道具、字体等内容设计出若干通用的单元,以便在不同场合下自由组合,灵活使用。比如,货架设计成可以分解的组装件,根据现场情况就地安装;规定标准字、标准色,以及标准材料之间的合理搭配,考虑成本和制作周期等因素,根据实际情况进行具体使用时的再选择。

(三)日常化

建立监督管理机制,保持终端现场的始终如一,是维护品牌形象的关键。品牌形象的维护,关键在于日常管理。只要完全按照标准化的设计方案施工,装修一新的卖场可以做到品牌形象统一的要求,但是,随着时间的推移,现场人员懒于执行标准,疏于日常维护,比如,卖场的清洁工作、出样方法、异常道具的复原等等,这些营业员早已麻木了的现象,对于顾客来说可能是触目惊心的。尤其是代理商远在异地,公司建立的统一标准更是执行困难。有些品牌以在当地聘请监督员的方式进行经常性地现场检查,将发现的问题及时上报给公司。

二、品牌形象的实施方法

(一) 分步实施

在品牌企划中对品牌的形象应该有一个系统的企划。在有相当的资金实力但资金暂时不能一下子到位的情况下,可以根据品牌形象内容的主次顺序,逐步地、分阶段地实施。

首先,卖场装修。在进行卖场装修时,其先后次序是先大后小,即先制作大道具,摆出卖场形象的架势,然后再逐步添置小道具。

其次,广告形象。要制作优秀的样本、灯箱和广告画是一笔不小的开支,例如,出国拍摄、大场景拍摄、等等。

最后,形象代表。由于聘请形象代表的出场费一般都很昂贵,因此,聘请形象代表的品牌都会给人以大牌的感觉。就品牌服装而言,大部分品牌聘请形象代表的投入与产出比不高,故通常改为使用著名模特做形象代表,而非开价更高的影视明星。

(二) 分点实施

对于投资不大的小型品牌来说,应该集中有限的资金,根据卖场开出的先后顺序,开一个成功一个的原则,做好每一个卖场的装修。尤其在品牌开创的初期,必须给外界一个好的品牌形象。如果用将就的标准追求卖场数量或卖场内装修项目的完善,今后为了提高品牌形象的档次而付出的代价将数倍于先前仓促应付的费用。

(三) 整体实施

整体实施是指在资金充足且到位及时的情况下,全面展开品牌形象的实施工作。这种做法效果十分明显,给人耳目一新、出其不意的感觉,并且,由于形成一定规模的制作,可以降低单价成本。但是,对资金投放总量的要求很高,必须是拥有大量资金的品牌才能担负得起。

(四) 选择承接商

现代企业经营理念中有一条:做自己会做的,把自己不擅长的工作交给擅长者做,即"专业的人做专业的事",这是现代化社会分工合作的大趋势。因为人们对事物的要求越来越高,卖场形象的工作含有很多专业技术制作的成份,非一般只精于服装之道的品牌服装公司所能承担的。由于目前市场竞争的不规范,多如牛毛的广告公司或装潢公司的专业水平良莠不齐,鱼目混珠的现象触目惊心,一个优秀的品牌形象方案可以被品质低下的承接者篡改得面目全非。因此,选择优秀的承接者是体现品牌形象的关键。

只有在卖场形象的工作多到足以开设一个小型装潢公司来应付时,才有在品牌服装公司里设立装修部门的必要。

第四节　品牌形象的维护

　　飘洋过海之船无论是逆水而上还是顺水而下,为了对付各种风暴、暗礁和潜流的威胁,在奔腾汹涌的海洋中,行进中的船体需要不断地进行维护和修缮,才能克服千难万阻,最终到达目的地。品牌之舟犹如行进在市场的洪流中,必须时时刻刻保持前进和向上的姿态,应对随时可能出现的市场变化,化解老化和淘汰的危险,完成任重道远的远航。

一、品牌形象的维护要点

　　"江山易打不易保",在此,"保"说的是局面维护问题。品牌竞争也是如此,企业带领品牌一路过关斩将,登上一个新的竞争平台之后,在击掌相庆之余切不可掉以轻心,巩固阵地是夺取阵地后的首要任务,任何怠懈都有可能使经过奋勇拼杀才占有的一席之地顷刻间得而复失。品牌形象的维护主要有以下几个方面:

(一)正确认知品牌

　　人贵有自知之明,意指人们对自己的能耐都心知肚明。然而,在生活中,常常发现人们对自己的评价往往高于外界对其评价,很多人喜欢夸大自己的能耐,做出"溢价"评估。美其名曰"自信",掺杂其中更多的是自傲,甚或由自卑逆反而来的自负。这种心理状态对个人心智的健康和正确地发展极为不利,也会影响其行为结果。企业若拥有这种心态,将不利于品牌的发展。

　　企业在评价自己的品牌现状时,如果仅仅是为了对外宣传或给员工壮胆的需要,夸大一些事实倒也情有可原,但是,这种夸大应该在一个有限的范围内,不然,谎话说多了,自己也会信以为真。每个品牌在运作过程中都会遇到形形色色的问题,只有正确认知品牌的现状,在做到保持信心的同时,不盲目乐观,对困难估计充分,才能做出正确的决断,更沉着地应对困难,带领品牌勇往直前。品牌之前进犹如高速道路之行车,一旦走错方向,不仅耗时费力的转向掉头非常麻烦,而且会造成误点,所不同的是,品牌的行进远非走错匝道的汽车,只要按照路标明确的指示即可返回正路那么简单,品牌的方向更为抽象,认知更为模糊,前方的未知因素更为复杂,具有不可逆转性。只有认清品牌的处境,才能开出维护的良方。

　　要真正认清自身品牌的处境,需要以其他品牌为参照物,通过认清别人的现状,才能认清自己的位置。龟兔赛跑是因为兔子的快速才显得乌龟的缓慢,如果乌龟的参照物是蜗牛,那么,这则寓言的结局就要改写了。因此,企业必须花时间了解相关品牌,特别是竞争对手的真实情况,才能找到维护品牌的有效对策。

(二)防止品牌老化

　　有些观点认为只有产品才会有生命周期,品牌并无生命周期。这仅仅是一种美好的愿望,一个不可忽视的事实是,天体物理学家已经断言宇宙是有生命周期的,那么,对于宇宙来说,地球算得了什么? 对于地球来说,人类算得了什么? 对于人类来说,品牌又算得了什么呢? 因此,如同许多事物一样,品牌是一个具有生命周期的社会化事物,周期的定性是绝对的,周期的长短是相对的,不能因为在我们的有生之年没有看到一些百年品牌的消亡而断定品牌没有生命周期。当然,我们不能把品牌的周期简单地理解为生物体的周期。产品周期的延长可以加长品牌周期,品牌在行将消亡之际可以因为某个激发因素而振兴,也可以在退出市场之后被注入新鲜血液而复活,这是生命体所不具备的特征。既然品牌有生命周期,就存在着老化问题。品牌维护的振兴工作之一就是防止品牌的老化。

品牌老化的成因主要是企业行为所致,当然也不排除竞争品牌的迅速崛起等客观上造成品牌老化的环境因素。具体来说,品牌老化的主观因素是企业的思维老化和行为脱位的结果,首当其冲的是品牌决策层的思想松懈,表现为品牌执行层的行为惰性。

美国著名社会心理学家、人格理论家和比较心理学家马斯洛(Abraham Maslow,1908—1970)在其的需要层次理论中表明:人对消费资料的需求和欲望,客观上存在着层次的渐进。当生理、安全等低层次的需要基本得到满足以后,原先处于优势地位的这一需要所带来的激励作用就会降低,更高一个层次的需要会取代前者成为推动行为的主要原因。人们的有些需要一旦被满足,便不再成为激发其行为的诱因,这些需要被其他需要取而代之。作为消费资料的品牌服装,这种行为反映为:当消费者的需求超过品牌所能提供的消费快感后,如果品牌拥有者没有对构成品牌的相关因素进行及时调整,创造新的消费诱因来适应品牌消费口味的升级,品牌就可能会因为很快老化而遭到消费者的忽视。因此,防止和修复品牌老化现象是品牌维护工作中必须考虑的重要内容。

(三) 加强创新意识

如果说防止品牌老化是被动的品牌维护行为,那么,加强创新意识就是维护品牌的主动行为。在各行各业谈创新的今天,与时尚、流行等社会现象密切关联的服装品牌更是当仁不让地担负着创新的重任。创新意识是指由于社会和个体生活的需要而引发的创造新事物的观念或动机,以意向、愿望和设想的形式在人们的创造活动中表现出来,是创造性思维和创造力发展的前提。它是一种在品牌形象的维护过程中主动积极的、富有展示性的表现形式,是企业进行以攻为守、创造性地维护品牌形象的内在动力。

品牌形象的维护要善于将创新意识中的创造动机、创造兴趣、创造情感和创造意志与品牌的现状结合起来,经过整理,反馈给相关部门,成为激发其品牌形象维护行为的依据。创新意识是创造活动的动力因素,能够推动和激励人们发动和维持创造性活动,能促进创造活动的成功,促使人们积极接触新奇事物,是引起、推进乃至完成创造的心理因素。

以创新意识维护品牌形象,必须依靠坚韧的创造意志。创造比复制困难得多,是在"前所未有"的前提下冲破阻碍、克服创造中的困难,以顽强性和自制性,达到创新与维护合二为一的目的。正是因为创造性行为比复制行为更能吸引人们的眼球,这种"能见度"强的特点本身就可以成为品牌形象的一部分,参与完成品牌形象的维护工作。

二、品牌形象的维护办法

(一) 做好基础工作

目前,国内服装品牌阵营的结构已显山露水。一批品牌从实力、知名度上均已形成了一定的气势,成为国内服装的知名品牌。品牌维护的关键是做好基础工作,服装零售的主战场在卖场,因而,凡是与卖场相关的工作都是不可掉以轻心的基础工作。广告轰炸过后,真正惊心动魄的阵地战是发生在卖场之间的争夺,如卖场风格、产品质量、款式数量、灯光效果、货品摆放、试衣环境、业绩反馈、亲和语言、体贴服务等,这些终端形象是品牌形象的重中之重。做好这些工作的基础是企业的品牌运作能力和管理水平,因此,基础工作也是支撑品牌形象提升的基石。

"冰冻三尺,非一日之寒",品牌形象要深入人心,需要长期不懈的建设,并且重在维护,本土品牌要与外来品牌争雄,不能因为一时的销售火爆而"一俊遮百丑",其品牌形象是不能等到品牌运行到出现了问题再腾出手去维护的,不进则退早已是社会发展中一条不变的定律,它必须依靠日常性的维护计划得以实现。

(二) 事先预防老化

扭转消费者心目中对品牌形象的认知并不轻松,尤其是一旦品牌形象产生老化以后,要从差的形象扭转为好的形象更是一件极其艰难的事情。解决品牌老化问题的最好方法是事先预防,而不是事后补救。只有密切注意消费者需求的变化,做好事先预防,才是解决品牌老化的最有效手段。在此,建立相应制度防止老化是一个有效的办法。比如。在产品设计上建立一套既能够保持品牌的既定风格,又可以使产品面貌常换常新的流行元素吸纳规则。又如,形成消费者对品牌消费的需求动因是消费快感,如果企业能够使消费者在消费品牌的全过程中享受足够的消费快感,那么,预防品牌老化的目的自然而然地达到了,同时,也赢得了消费者的认同和喜爱,产生接踵而至的品牌美誉度和忠诚度;反之,如果消费者对消费快感的需求超过了品牌所能提供的,那么品牌在消费者心目中的地位就会越来越下降,消费者的注意力将"移情别恋"。

(三) 留足维护资金

有心亦有力,事情才能达成。维护品牌形象不能成为仅仅是对基层员工呼喊的口号,需要能够保证各项品牌维护规范正常开展的资金支持。说得形象一点,无论对企业还是对消费者来说,玩品牌都如同烧钱,因为品牌带有奢侈品的特征。从一定意义上来说,与"奢侈"沾边就是与"挥霍"结缘,意味着需要大量金钱的支撑。拿破仑曾说过:"打仗第一需要的是钱,第二需要的还是钱,第三需要的仍然是钱"。维护好历经千辛万苦建立起来的品牌形象,对于企业来说是一项巨大的耗资和耗时工程,所谓"创业容易守业难"。随着市场环境的不断成熟,创建品牌的成本正在不断加大,如今,用同样多的费用已经难以"砸"出原先的效果;同样,维护品牌的成本也在增加。品牌维护体现在细微之中,是一步一步修缮积累的结果,虽然品牌的市场份额、销售业绩均能在强势的资金支持下短期内大幅提高,但是品牌形象的维护却不能一蹴而就,一些企业之所以在攻城掠池后又溃不成军,就是因为品牌形象的维护力度没有跟上。因此,在品牌发展过程中必然是市场进攻与品牌维护同时行进,否则,一味的进攻将导致后防的漏洞。企业在维护自己的品牌形象时,既要有气魄,也要有耐力,得过且过或敷衍了事的结果必然会晚节不保并被对手赶超。因此,企业应该在每年的财务预算中留出不得挪用的维护品牌形象的资金,保证这一品牌行为的落实。

(四) 突出品牌特色

一切品牌形象的建设与维护工作都是为了树立良好的市场口碑,延长品牌在市场舞台上表演的时间。仅我国本土服装企业就拥有 20 余万件商标,要从中脱颖而出,没有过人的胆略、良好的机遇和充足的资金,谈何容易? 而这一切几乎都是围绕着一个中心工作进行,即制造品牌特色。要达到这个目的,必须依靠突出品牌独有的特色,才能让消费者从漫无边际的品牌海洋中认出。品牌特色依靠品牌的差异化体现,没有差异化也就没有特色,没有特色也就没有品牌形象。因此,品牌不仅要做到差异化,而且要做好差异化,做透差异化。"做到"仅仅是差异的初级化,"做好"是差异的优质化,"做透"是差异的极致化,三者之间应该是一种递进关系。在制造水平高度发展的今天,产品差异化程度已经越来越小,产品的相互模仿早已司空见惯,特别是面大、量广的品牌产品，更易成为到处泛滥的驳样对象。因此，只有依靠大手笔的产品开发，使产品保持相当的先进性，才能暂时甩开竞争对手的纠缠。然而，品牌文化是竞争对手不便模仿的东西，而且，只要是真正出自企业核心深层的品牌文化，即使竞争对手企图模仿，也只能窃取一些照猫画虎的表面东西，真正的品牌文化精神永远不可获得。因此，以品牌文化建设为抓手是突出品牌特色、强调差异化的有力武器。

（五）建立造血机制

对于肌体养护来说，输血不如造血。输血是从外界提供的给养，造血则是由内部产生的给养，虽然围绕的是同一种东西，但是，一字之差，却有天壤之别。如果品牌形象的维护能够采用造血机制的原理进行，那就达到了品牌形象维护的很高境界。造血机制在品牌形象维护上可以通过两个方面体现：一是建立能够源源不断地涌现创新思维的人才机制，从根本上保证品牌维护意识的召之即来，形成员工主动工作的积极性；二是截留因为品牌维护而带来的利润，为维持品牌形象维护工作的良性循环所用。根据企业投入品牌形象维护工程的力度以及策略的正确与否，投入前后的销售总额会发生相应的变化，如果企业允许销售的增长部分按一定比例返还品牌形象维护工程，形成良好的循环运作，无疑于品牌形象的维护机制产生了造血功能。

第八章

服装品牌经营

　　品牌经营是指利用已经成型的品牌无形资产,对品牌牌誉和品牌产品进行经营的活动。经营品牌与经营产品在思路上有着本质的区别,前者的着重点是对无形资产的经营,是把产品作为实现无形资产价值的载体;后者的着重点是产品本身的实际价值,产品价格剥离了无形资产的附加因素。

　　一个品牌从无到有地创建起来,并且被市场所接受,其间会倾注创建人的大量心血和精力。此时若安于现状不思进取,或发展过速能力不济,都是对品牌资源的浪费。虽然创建初期的经营模式往往是在某个品牌的名义下进行产品经营,但是,当相对成熟的产品已经为品牌带来市场份额时,企业就不能还是满足于比较初级的产品经营,而是要把工作重心转移到对品牌的经营上面来。品牌发展的高度应该由起初的产品经营过渡到后来的品牌经营。尽管品牌经营似乎与产品经营区别不大,但是,理念上的裂变会渗透到产品中去,在卖出的产品中,品牌理念的比例会明显增加。从设计人才转变为经营人才的设计师不乏其例,这也是品牌服装经营的一个发展方向。从设计师岗位走向经营者岗位,除了要具备管理知识、营销知识,还要掌握品牌的经营知识。

第一节　品牌愿景

　　品牌经营是将品牌的当前事务与品牌的未来愿景相结合,以市场为核心,以需求为导向,在充分预测未来环境变化和分析自身条件的基础上,谋求品牌更大作为的商业行为。打造强大的品牌首先要从发展清晰的品牌愿景开始。品牌愿景是关于品牌未来发展的最重要的描述,是对品牌未来竞争环境、市场范围、品牌使命和品牌价值观的预想,也是对品牌长远发展方向及目标的总体设想。

　　品牌愿景包括四个部分构成:未来环境,市场范围,品牌使命,品牌价值观(图8-1)。

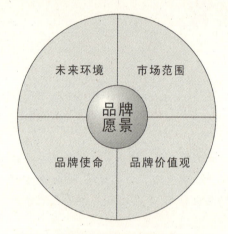

图8-1　品牌愿景的四大构成部分

一、未来环境

　　我国服装产业经过30多年的磨练,取得了有目共睹的跨越式发展,但在发展过程中也出现了一些诸如盲目运作、缺乏规范、过度发展、结构欠佳等问题,导致无序的市场竞争。所有这些问题的产生都是缺乏品牌发展战略所付出的代价。全球经济一体化、竞争无国界化的崭新格局,正在使服装品牌的经营发生着深刻的变革。这意味着企业必须适应这种变革,通过对品牌发展现状进行调查,找出发展优势及存在的薄弱环节,以提供有针对性的依据,制定和调整自己的品牌发展战略。国际市场营销竞争环境将发生战略性的重组,竞争国际化将进入专业营销人员的视野。展望未来品牌发展的环境,可以归纳出以下几个新的发展动向:

(一) 市场个性化

　　未来市场将进一步个性化和细分化,市场经营者应该把注意力从集中于缺乏个性的大群体转移到强调个性的小群体。虽然消费者需求的特殊性增加,不同消费者在消费结构、时空、品质诸多方面的差异自然会导致消费市场的分流,但是,不断膨胀的人口和全球经济的增长将促使社会零售总额抬升,目标市场特殊性的强化预示着消费者的成熟及其行为的多元化。具有良好教育背景的消费群体日益壮大,他们在服装消费上更倾向于差异化的产品,甚至要求根据单个消费者的特殊需求进行产品的设计开发,对送货、付款及售后服务等方面也提出了特别的需求,这是导致市场走向个性化发展的基础。

（二）经营虚拟化

市场信息资源与以互联网技术为基础的高新技术融合在一起,在信息社会发展的催化与影响下,将建立一个全球性的统一而又抽象的市场,可以将产品或服务通过互联网最直接地传递给处于世界任何一个角落的客户,商品或服务的推广不再是面对面地与客户直接产生交易,而是借助电脑与互联网在网上与客户直接见面;客户不再是被动地去接受商品或服务,而是利用互联网、多媒体手段主动与企业建立互动式的商业关系,消费群体、消费行为、广告促销、市场调查、分销渠道和购物结算等都可以通过互联网而转变为数字化行为。因为互联网技术使信息社会供求关系变为动态的互动关系,无论何时何地,消费者可以利用互联网技术将自己特殊的需求迅速地反馈给供应商,使得供需双方在工业时代难以预测和捉摸的市场将变得逐渐清晰和有章可循,形成了虚拟化经营的品牌经营新模式。

> ### ■ 案例
>
> 诞生于 20 世纪 90 年代中期的 NC 品牌主要经营休闲风格的男女服装。在公司成立之初,由于公司创办人并非服装专业人士,在技术上并不了解一件服装出笼的来龙去脉,于是,该公司索性摒弃了当时服装公司的一般做法,大胆采用只抓产品开发和市场销售,把产品的生产环节全部外发给当地比较发达的服装加工企业完成的策略,开始了品牌的虚拟化经营,一度被业内戏称为"皮包公司"。虽然这种做法带有一定的风险,但是显而易见的优点是可以使该公司轻装上阵,从比较宏观的角度看待市场,利用敏锐的商业头脑弥补"门外汉"的缺点。从品牌创立初期,该公司就明确地坚持品牌经营的虚拟化,认为自己不是在经营服装,而是在经营品牌,服装只是其实现品牌梦想的载体,把服装产品作为普通产品一样看待。经过 10 来年不懈努力和把握机遇,该品牌已经成为国内较大影响力的休闲服装代表。

（三）反应快速化

世界的经济与技术正面临一个不连续的年代,发达程度不同的国家在某些方面可以站位在同一条起跑线上,体现出数字化时代在一定意义上的机会均等。社会生活节奏的加快,客观上要求产品推出速度的加快,从计划、投产到上市,要求沟通畅通、反应迅速、加强业内外的协调和互动,这样一来,传统的社会产业分工将被挤压而萎缩。因为信息化社会的品牌竞争强调速度竞争,产品更新、消费行为、生产技术和营销手段等因素变化之快令人眼花缭乱,目不暇接。这一切将建立在品牌运作环节的合理精简、富有弹性和有效互动的基础上,并且高度地实现网络化、清洁化、自动化和敏捷化。

（四）服务人性化

工业时代品牌竞争的重点是产品和价格,依靠降低生产成本和提高劳动效率作为竞争的优势,而全球经济一体化使得品牌竞争的焦点变为对社会资源的争夺,以产品为导向的营销手段将逐步转向以客户为中心的人性化服务,全方位满足客户需求,不断创造更新、更好的产品,品牌业务发展的中心将从以往注重业务量的增长转向注重业务质的管理,努力开拓业务范围、提高客户忠诚度。电子商务借助互联网的广泛应用而迅速崛起,促使消费者由以往被动购买信息改变为主动搜寻信息,现代高科技赋予了决定着信息价值取舍的消费者前所未有的权利,顾客身份的国际化也促使企业必须随时随地将品牌经营的重点转移到客户资源的开发和维护上来,人被放在了首要位置,服务自然地被赋予更多的人性色彩。数字化互联网技术的成熟和普及推进了人性化服务的进程。

(五)产品多样化

人们个性化需求和先进的高新科学技术加速了产品的发明创造,越来越清洁而敏捷的制造技术极大地影响着人类的生产方式和生产领域,使得产品的多样化生产越来越容易,新产品的市场周期越来越短,产品生命周期缩短。产品多样化满足了消费者个性化的消费需求,同时也加剧了市场竞争的激烈程度。以市场上一些服装品牌此起彼伏的阵势来看,正是产品多样化要求带来的结果,不具备实现产品多样化转变的同质化品牌将被无情淘汰,预示了品牌未来的发展趋势。

(六)市场国际化

近年来,一大批国际顶级品牌纷纷进驻国内一线时尚城市最繁华的商业区,预示着所有本土品牌不仅面临着来自于本国的市场竞争,还要接受国外强势品牌更严峻的挑战。随着国际自由贸易区域的扩大和各国政策法规对外国投资的放宽,全球性的战略联盟进一步加速了品牌的国际化竞争,市场将出现进一步国际化的趋势,特别是国家之间、区域之间和跨国公司之间的战略性联合,缩短了国际市场之间的时间差异和空间距离。随着互联网和全球经济一体化进程的加快,工业社会形成的市场壁垒被逐渐攻破,在知识经济和信息技术的整合下,全球经济将融合为一个没有时空差异的统一市场,在国家的市场经济改革开放大潮中,绝大部分国内服装企业被毫不留情地置身于同一个与国际品牌较量的竞技场。

(七)品牌全球化

与市场国际化相对应的必然是品牌的全球化。造成品牌全球化的主要原因有两个:一是国际化市场的开放培养了消费者购买模式的标准化,对接受国外品牌的服务方式坦然自若;二是因为跨国公司之间在全球范围内的合并,导致了品牌的文化、生产和销售也在全球范围内极度伸展。特别是网络营销和电子商务的出现,既降低了品牌全球化的运作成本,出现了以前无数在传统工业社会难以跨出国界的品牌在一夜之间进入国际市场的局面,消费者可以在任何一个国家买到其钟情的品牌服装,同时,也可以足不出户地买到过去无法在本国买到的世界知名品牌。未来的品牌经营在趋于全球一致以后,将在全球范围内激发为争夺品牌的领导地位而开展的竞争。同时,亦将敦促尚未形成全球化的品牌为之发奋努力。在未来全球化市场环境中,除了国际顶级品牌能够在全世界范围内谋求利益以外,优质化和差异化品牌也将占有不小的地盘。

(八)营销科技化

20世纪末人类高科技时代的到来,极大地改变和影响了我们的生活理念、生活方式和生活质量,传统的市场营销管理体系和原则也不可避免地打上了时代的烙印,以令人瞠目结舌的速度不断发展的高科技是品牌营销新思路得以实现的技术保障。在高新技术的创新努力下,以前认为不可能实现的事情可以借助高科技手段得以实现,人们的思维会在高科技的刺激和诱惑下释放,利用高科技成果建立闻所未闻的营销技术,为品牌运作和产品经营过程中出现的虚拟化、个性化、快速化、人性化、多样化、国际化和全球化趋势提供技术支撑。

二、市场范围

近年来,市场营销观念主要经历了三个阶段:生产观念阶段、推销观念阶段以及需求观念阶段。前两个阶段所处的经济时代的市场特征是"供给"决定"需求",即市场供给是由生产商决定的,生产什么推销什么,其中虽然不乏生产商对市场需求作一定的调研,但是,在消费者个性没有完全释放和生产技术不能支持个性化生产的过去,市场的个性化需求并没有也不可能放在产品开发的首位。第二个阶段的市场特征是"需求"决定"供给",即新产品开发动力源于需求,产品只有迎合消费者需求,才能进入市场。这是由于个性化时代的到来,消费者对产品提出了更高的要求,新兴生产技术也有能力制造符合个性化要求的产品,可以说是科学技术的发展"宠坏"了消费者。

未来知识经济时代,生产商努力揣摸消费者心理,竭尽"阿谀奉承"之能事,凭借先端科研和高新技术,研发出奇思妙想的新产品。比如,纺织行业开发的具有护肤功能的牛奶纤维、具有发热功能的碳纤维、具有环保意识的彩棉纤维、具有防静电功能的铜氨纤维、具有释放功能的芳香纤维等,由此可见,服装产品的市场范围得到了扩大。

市场范围的开拓具有五个特征:一是抛弃线性渠道,即企业更加注重市场供应的随时性及方便性,摆脱原有的供应程式;二是废除折扣定价,即不以生产成本乘以倍率进行机械的定价,而是按照产品的全部价值进行定价;三是实行精确定位,即企业采取"一对一"的精确定位方式进行促销,市场被进一步细分;四是推行差异化研发,即企业全线生产符合消费者个性化需求的产品;五是同一标准的产品市场将越来越少,企业的销售人员将大幅减少。

拓展市场范围的主要手段是互联网。全球经济已建立了得益于将顾客与商家联系在一起的全天候商业网络发展,企业将产品信息以最快的方式输送给消费者,而消费者则通过互联网选择所需产品,也可以根据个人的需求,向商家提出定制个性化产品的要求,然后商家根据上述信息设计制造产品,除了送货上门,整个交易在网上完成。由于商家与顾客可在地球任何角落任何时间通过互动方式进行商品交易,顾客也可以非常方便地在网上选择不同品牌的服装进行比较,因而大大提高交易效率。虽然目前基于互联网的服装"B to C"电子交易所占比例不高,其中一个很重要的瓶颈因素是无法真正判断试衣效果,但是,随着信息技术的飞速发展,能够进行惟妙惟肖地试衣的三维模拟试衣系统已指日可待,届时,消费者只要在系统的窗口输入个人体型特征数据,就能够在系统自动生成的个性化模型上看到极其逼真的试衣效果。如此之类的数字化技术将为极大地扩展市场范围而推波助澜。

三、品牌使命

虽说我国品牌服装起步晚、基础弱,但从改革开放至今,也有30余年面向市场经济的发展历史了。中国企业走的品牌之路非常艰辛,花了不少学费,走得让人心里不是滋味,再加上外国服装品牌在我国遍地开花,在国人眼里好服装总是国外品牌,认为时尚而优质的服装依然是国外的好,只有档次低、价格便宜的产品才是本土品牌的专利。这的确是中国消费群体的品牌观,尽管国内不缺乏档次堪与国外品牌媲美的服装产品,但是,短时间内依然无法改变这一现实。

做品牌就是有一种使命感在召唤,依靠经营服装而单纯赚钱的行为大可不必打品牌大旗,走品牌道路之初可能还会因为摸索过河而付出很大代价,但是,真正有民族意识的企业家会自然地担负起创造中国的世界名牌的使命。品牌使命不是空喊口号,使命的雷区在于现实与预言的差距,使命制定过"实",容易被指"急功近利",对未来的重任没有战略性发展目标;使命制定太"虚",又会被疑"好高骛远",对实现理想缺乏根基。制定使命目标的虚实有度、掌握使命进程的张弛有道是实现品牌使命的关键所在。

(一)品牌使命的含义

品牌使命是指对品牌存在目的的表述以及对社会发展应有贡献的设定而产生的心理召唤与社会责任,它不仅诠释了品牌未来的任务,而且要指出完成这个任务的动因以及完成任务的行为规范。通过品牌不断地有计划地提升,在符合政府政策法规、经济增长环境、竞争领域展望及业务地域范围的前提下,整合企业未来的业务运作空间、业务竞争优势和资源开发利用,实现企业制定和承诺的对未来的社会责任、品牌工程和企业誓言等远景目标。品牌使命是挖掘潜力、凝聚人心、广纳贤才,鼓舞员工憧憬前程,为员工提供创造大量机会的发展平台,对品牌的现状提出挑战,并为之不断创新,从而确保品牌的不断成长,最终实现远大的品牌梦想。

对于"百年品牌"来说,其"健康长寿"的重要原因之一就在于其使命的内涵从未发生过根本性的变化,坚定的品牌信念为企业在不见硝烟的商战中找到了一种克敌制胜的"独门兵器",使得品牌能够从容应对明炮暗枪,朝着主攻目标不断前进。

(二)品牌使命的作用

迄今为止,我国现代服装产业的发展历史不过30多年,在如此短的时间内却产生了一批具有使命意识的品牌,有的企业已经为之行动起来,大兴企业文化,大论品牌之道,甚至有的品牌蓝图已经规划到了45年之后!打造百年品牌的勃勃雄心已跃然纸上,对人才的聚敛、前景的描述、平台的建设、目标的实现,无不起到极大的鼓舞和引导作用。

品牌使命意识能够促进建设企业文化、保持整个品牌经营目标的一致和清晰,为整合品牌资源提供条件和平台;通过集中而形象的表述,将预见性的经营目的转化为具体化的工作任务,使企业员工在理解品牌愿景的情况下、伴随绩效参数评估和控制参与企业活动。

(三)品牌使命的内容

品牌使命往往伴随着比较明确的崇高意义和具体挑战性的目标,将这些内容以非常亲和的方式集中表述,努力做到企业内外人尽皆知。从广义而言,品牌使命的主要内容包括品牌愿景目标、品牌战略目标与品牌经营目标三部分。

品牌愿景目标是品牌战略管理者对品牌前景和发展方向做出的高度概括和生动描述,包括企业的基本哲学和信仰、品牌的核心理念、行为准则以及品牌的未来模型,构成对未来远大的目标和数据的基本陈述,制定可以在一个特定时期内实现的品牌发展战略,描绘一幅令人振奋的又可望又可及的蓝图。这一目标制定的重点是对品牌生存、发展和盈利的关注,也要兼顾消费者、股东、企业员工、社区、协作单位等各利益相关团体的利益,成为企业内部人员的纲领性精神指南,也可以向企业外部人员昭示品牌的鸿鹄之志。

品牌战略目标是保证品牌使命具体实现的政策性措施的表述,包括从绩效考评角度出发的规定性衡量标准、按照时间段划分实现目标的里程碑、品牌的核心竞争力、各项指标的具体含义、制定目标的原则、实现目标的方法等。通过寻找与竞争品牌的"关键差异",制定品牌战略改变的最佳时机,决定整合竞争基础资源的优化策略,推断施行改变竞争基础或创造性举措的组合条件,以保证品牌使命目标的实现。

品牌经营目标是对品牌未来的市场目标和经营范围等所做的概括描述,包括市场区域和延伸行业的范围、主要的产品风格或服务方式、消费者的价值定位等内容,它比品牌愿景目标更为具体地表明了企业的实力、发展方向以及公司存在的理由,为企业内部的所有经营决策提供参照目标。通过对经营手段的选择,保持持久稳定的市场销售,达到让顾客明显感觉到本品牌优势的目的。

四、品牌价值观

我国政府基于经济发展的需要,近几年出台了许多关于加大知名品牌对市场经济发展的促进作用的措施。各级政府和企业把加快品牌建设作为重要工作任务。然而,品牌的生存周期一直困扰着企业,如何避开或延长品牌的生存周期成为人们关心的问题,中国企业的平均寿命明显低于西方发达国家的事实,促使企业想极力维护品牌的生存周期却又不能很好地发现问题,更不知道从哪里下手。任何一个品牌,哪怕是如日中天的国际大牌都存在着各种各样的问题,有些问题甚至是致命的。在产品销售上升阶段,良好的销售业绩可以掩盖一切问题,在生意应接不暇的情况下,企业根本没有精力顾及,或者认为没有必要去理会那些问题。随着销售增幅的平缓甚至下降,那些问题就会显山露水,时间久了,就会"养虎成患"。等到问题大了,解决问题的成本将成倍增加。那些通过巨额广告宣传效应"砸"出来的品牌在鼓噪一时之际,迅速走向没落的事实就是很好的例证。这些问题的关键是通过品牌的核心竞争力表现出来的品牌价值观。

(一)品牌价值观的含义

品牌价值观即品牌伦理,是指品牌的价值取向和对事物的基本判断。品牌价值观的缺失意味着在企业快速发展的过程中,没有一个处理品牌关系的优秀的价值引导和与之般配的行为方式。人类行为一旦违反伦理,受到社会谴责的日子将为时不远,品牌也是如此。一方面,有相当多的企业发展轨迹是随波逐流,发展到哪里算哪里,根本没有明确的品牌价值观;另一方面,有些品牌价值观表现出明显的急功近利、唯利是图的趋向,缺失企业对社会与人性的责任和关怀,这样的结果自然是品牌被社会抛弃。事实上,品牌的价值观取向很难在短时间内形成,它是跟随着品牌的发展不断地积累、修正和更新的过程。品牌价值观是企业文化的重要组成部分,一旦形成具有独特意义的品牌价值观,其他竞争品牌将很难模仿和超越。

(二)品牌价值观的作用

品牌价值观没有品牌使命那么宏观,但对品牌运作的指导更为实在。如果一个品牌在创建之初就能确定其价值观取向,将对企业的良性发展产生非常有益的导向作用。虽然一些尚未形成品牌价值观的企业在职业经理人和专业技术人员的打理下,火爆的销售业绩掩盖了危机,似乎没有生存之虞,但是,这些完成了资本原始积累的企业又该如何健康发展呢?如果没有明确的品牌价值观引导,企业发展之路可能会越走越窄。比如,近年来江浙一带很多赚了钱的企业因为没能够建成自己的品牌,在市场环境发生改变以后,不得不将资金投到一些"炒房""炒煤""炒油田"等资源性产业上投机。也许,对这些企业来说,除了赚钱还是赚钱,价值观并不重要。这从一个侧面暴露了这个问题。

从消费者层面来说,品牌价值观的作用体现在消费者对品牌的崇拜。消费者有自己的道德标准和道德取向,当一个品牌的价值观与其道德观不谋而合,就会对品牌产生一种信任感,如果该品牌的产品也符合其消费习惯,那么,该品牌成为其首选品牌的可能性很大。因为消费者也有价值观,它是一种对生活方式、生活态度和人生追求的伦理,当品牌价值观通过适合的形式与消费者实现了深度的沟通,并引起消费者的心理共鸣,此时,品牌已经跨过产品实体而具备了鲜活的生命感,品牌价值观会为消费者提供生活中的某种意义和规则,品牌的象征意义会积极影响其生活中扮演的角色,由此而产生的消费者对品牌的追捧将演变成对品牌的崇拜。

(三)品牌价值观的内容

1. 寻找存在的理由

任何事情的存在都应该有一个理由,品牌作为一个社会化的商业性事物,更应该具有支持其生存的理由。从企业角度上来说,企业的生存当然是品牌存在的理由,企业首先要解决生存阶段的问题,然后才是发展阶段的问题。这两个阶段对于品牌存活质量所提出的要求是不一样的,事实上,生存阶段的需求实际上不是品牌存在的理由,不以品牌为借口的做法也许能争取更多的生存空间,这也就是为什么目前社会上对品牌的理解依旧模糊不清的原因,一个全年销售额不过几十万的服装企业居然也大言不惭地嚷嚷"品牌战略";发展阶段才是品牌生存的阶段,才需要寻找其存在的理由以及在这种理由下所采取的伦理行为。中国比较成熟的思想方法是儒家思想,按照其观点,品牌的伦理行为应该以道德原则为基本概念和衡量标准,来分析道德义务所产生的行为结果;反过来,再以行为结果的好坏或者对事物采取的价值态度来探讨行为本身的意义,这一为大多数人能够接受的轮回体系产生了两个相应的企业基本伦理行为,一是"品牌爱财,取之有道",意即品牌完全可以爱财,并且在符合社会道德原则下获取,这里的"道"是指道德,而不是方法。二是"见利思义,散财消灾",意即企业面对赢利应该考虑其对社会的责任,用散财的方法,为社会排忧解难,也为自己留一条后路。

2. 创造关系者价值

从某种意义上来说,品牌运作是品牌拥有者在操控一个多人参与的类似"非零和游戏"的经营活动,参加这个游戏的玩家是均有利益期望的各方,包括消费者、股东、客户、社会团体、员工等,形成各有利益驱动的品牌关系者。如果一个游戏中的赢家永远是制定游戏规则的人,谁还会愿意继续陪他玩这个游戏呢?因此,品牌价值观包括如何看待品牌关系者的共同利益,这种利益表现为品牌关系者价值。这似乎体现了一句中国老话:与人方便,即与己方便,体现出智者的经营之道。

品牌关系者价值挖掘的是人的本性和情感,而人的本性和情感与品牌的发展进程密切相关,伴随着品牌的获利,所有关系者都能够满足不同的诉求。在不同的社会环境、历史背景,以及不同的生活水平和文化水平下,品牌关系者发自本性的价值需求各不相同,而且其表述方式和表述时间也是各有所异的,即使是人类与生俱来的诸如对自由的追求、对公平的企盼和对富裕的渴望等人类永恒的渴求,也往往需要在特点历史背景下才能被迅速而充分地激发。这就需要品牌运作者能够及时发现并尽量满足这些诉求的差异点。

3. 创造品牌影响力

品牌影响力是指品牌利用具有归属感的品牌崇拜现象,开拓市场、占领市场并获得利润的能力,其基本指标包括市场占有率、品牌美誉度和品牌忠诚度等。

如果没有好的品牌价值观取向,品牌影响力就难以构建。品牌影响力不是空洞的招牌,而是市场动力的基石。在目前产品差异化不大的情况下,消费者之所以购买此品牌而非它品牌的产品,就是因为品牌影响力发挥了作用,拥有足够影响力的品牌可以改变消费者的社会地位,消费者可以从旁观者羡慕和赞叹的眼光中得到极大的心理满足,它带给消费者的想象力和象征性是品牌消费的主要特征。如果一个品牌能够代言消费者"本性"的话,那么这种"本性"的价值就能够使企业的产品或服务与消费者联合起来进行有效的互动,人们购买一个被崇拜品牌的产品是为了在消费这个产品时,自己能够成为该品牌消费群体中的一员,这个群体由超越社会和经济阶层的性格特质与共有的价值体系而联系在一起。因此,品牌的影响力是品牌价值观刻意追求的主要内容之一。

品牌影响力可以便于品牌的传播、推广与商业运营,指导企业确定经营范围与运作方法,甚至帮助企业确定管理体系和雇佣机制的实行。品牌影响力的制造主要通过挖掘消费者情感诉求,因为情感可以更具有蛊惑性、煽动性和人本性。备受崇拜的品牌价值观念应该吸引消费者的心,抓住人的本性和感情,设法减弱或摆脱理智的掌控,将情感价值摆在中心位置,利用相关的方法点击已经存在于人们内心深处的情感因子,让它成为打动人们情感之弦的动力。

第二节　品牌的经营模式

品牌经营模式是把品牌当作一种独立的"无形资产"和"虚拟资源",进行经营并获得长期收益的经济活动系统,具有网络化、虚拟化、知识化、资本化的特征。在对企业的优势资源与发展瓶颈、市场环境与消费趋势分析的基础上,品牌经营要求把所有的战略、技术、产品、营销、资源等方面的创新工作围绕着这一系统的融资能力、复制能力、营销能力和整合能力进行强化,从而快速进入新的领域和新的市场,并取得长期增长的收益。

一、品牌经营理念

品牌经营理念是指经营者以贯彻品牌理念为基本,以追求经营绩效为目的,而提出的系统的、根本的经营思想和依据。不论是大品牌还是小品牌,一旦有了利用品牌资产进行经营的想法,就应该建立自己的品牌经营理念。

通常,一套经营理念主要包括三个部分:

(一)对经营环境的基本认识

包括对社会、经济、市场、顾客、科技等各个方面的现状、结构、需求、前沿等问题的认识,并有一定程度的预见。

(二)对品牌使命的基本认识

包括对企业社会责任、品牌愿景等多个品牌未来方向上的认识,了解自己想要干什么和希望达到的目标。

(三)对核心竞争力的基本认识

包括对当前的品牌无形资产正确评价,对已经拥有或希望拥有的品牌核心竞争力的客观认识,保持头脑清醒,不能与现实脱节。

二、常见的品牌经营模式

（一）自主经营模式

自主经营是指品牌拓展计划和日常销售管理等工作由公司全部负责完成，在自主经营的模式里面没有品牌代理商等非本公司销售成分。其优点是销售权力集中，局面容易控制，在贯彻上货计划、促销方法、价格体系等方面能够步调一致，品牌保险系数好，人员管理比较方便。缺点是铺底资金太大，市场发展有限。

> ■ 案例
>
> BH品牌来自于法国MFF服装集团，该集团旗下共有3个休闲风格的品牌。该品牌进中国大陆初期，由于对中国市场运作方式很不了解，从一开始便决定采用自主经营的方式实现销售。于是，该品牌以上海市场为切入点，首期开出5家卖场，在产品适销对路的情况下，年复一年地制订着新的销售计划，目前已在上海、北京、西安、成都、杭州、南京等十几个省会城市和30余个地级市开发出200余个卖场，在这些省会城市设有自己的分公司，每个卖场都由这些分公司掌控，不允许代理商、批发商介入。虽然铺底资金已超过1亿人民币，但是，统一管理和统一形象为品牌赢得了稳定的客流。

（二）品牌代理模式

品牌代理也叫品牌加盟，是指代理商在允许加盟的品牌商制定的模式下进行品牌经营活动，将产品在指定的范围和时限内销售。品牌代理的实质是品牌模型的贩卖，这种做法的优点是可以借用代理商的资金和人际关系，在品牌服装公司暂时无意或无力介入的地区打开市场、扩大销售。缺点是存在管理盲点，容易产生合同纠纷。品牌代理并无固定模式，每个品牌服装公司都有一套适合自己特点的做法。为了规范代理行为，避免不必要的合同纠纷，双方应该拟定严密的代理合同。代理合同一般包括以下内容：

代理资格审定、代理计划、代理范围、代理期限、销售预计、代理资金、折扣率、退换货率、退换时间、退换方式、专柜装修、费用计算、信誉保证和违约条款等。

品牌代理又可分为总代理和分代理，两者承担的义务和享受的条件不同。一般而言，总代理可以得到最低的代理价格，但是，销售目标也相应增加。

（三）品牌代销模式

品牌代销是指委托指定的代销商，将产品在商定的范围内销售。代销与代理最大的区别是，代销商可以将销售后的剩余产品全部退还品牌服装公司，在其他方面的规定也不如对代理商那么严格。然后，品牌服装公司提供产品的折扣率较高，相对代理商来说，产品的毛利率较低。

（四）品牌经销模式

品牌经销是指经销商买断产品，在商定的范围内销售。这种做法的优点是买卖关系干净利落，不存在产品的退换货（有质量问题的产品除外），资金回笼快。缺点是无法保证经销商对品牌形象的维护，甚至会出现冒牌生产的情况。一般来说，这种做法不宜在具有影响力的大城市推广。

（五）品牌联合模式

品牌联合也叫品牌联盟，是指两个或两个以上品牌为了某种目的进行联合经营的经营方法。品牌联合的形式多样，环节复杂，需要有相当成熟的操作规范作保证，目前被采用的情况不多。其优点是品牌服装公司可以借助优秀的品牌联合模式，吸引合作者加入共同推广品牌的行列，借靠外力发展品牌，或形成品牌集团。缺点是合作者对品牌愿景的理解难以统一，经营行为不易控制，若操作不当将产生影响品牌形象的反面效果，甚至分崩离析。品牌联合是在双方对某种品牌运作模式认可的前提下，严格按照联盟合同运作。因此，品牌联合比品牌代理的范围更为宽泛。

品牌联合的形式主要有以下几种：

（1）多股资金的集合重组，合并为一个优势品牌。这种形式一般为紧密型结合。

（2）资金不发生重组，以优势品牌划块经营。这种形式类似品牌特许经营。

（3）以一种名义（公司名或品牌名）相互倚靠，各自经营。这种形式一般为松散型结合。

（六）中间合作模式

中间合作模式是指品牌服装企业以委托或合作的方式，与中间贸易机构共同开发市场。这种经营模式在国外比较普遍，其实质是生产与销售分离的社会化分工，但是，这种经营模式必须在良好的经济环境下才能成功。对于一些生产能力较强的服装生产商来说，其产品设计能力和加工能力都比较强，往往通过批发渠道，将其丰富的系列产品推向市场。在国内，这类企业一般缺乏品牌理念，处于企业发展的初级阶段，对市场的分析和控制能力较差，其品牌运作主要依赖中间商的市场开拓能力。目前，这种经营模式难以成为国内服装企业的主要效仿对象。

三、品牌的特许经营

在美国，每8分钟就有一家新的特许经营店开张。美国未来学家奈思比特声称：特许经营是商业领域中的一次革命，是继百货商店、超市之后的第三次商业零售领域中的革命，是有史以来最成功的营销概念，21世纪的主导商业模式。最为典型的例子就是麦当劳和肯德基等快餐业特许经营模式的大量"克隆"。数年前，这一经营方式已经在我国服装品牌行业悄然登陆。

（一）概念

在品牌初始拥有者的监控下，同意其他经营者完全按照品牌模型，以该品牌在一定的经营范围和经营权限内自主经营，并享有利益分配权。它是在有关法律的保护下，对一种成功品牌（包括商品管理、业务形式、技术、经验）的经验模式进行快速复制（克隆），以最小的风险获取最大收益的合作方式。它是当今世界最富有活力、发展最快的一种经营方式。服装品牌的特许经营不仅仅是简单的终端复制，更在于品牌被获准以独立的方式进行运作经营。

（二）意义

1. 借助外力扩张品牌的市场占有率

当一家品牌服装公司的品牌具有很好的市场发展潜力，但又缺少发展资金的情况下，可以借助外来资金，把握商机，扩张品牌的市场占有率。企业在快速发展过程中，都会遇到资金短缺的问题，一些成熟企业则苦于没有新的投资方向，闲置资金不能很好利用，往往会主动寻找发展方向，作为企业新的经济增长点。

2. 利用已有知名度涉足未知产品领域

著名品牌的商业潜力是无限的，只要开发利用得当，它就可以变成巨大的有形资产。品牌也可以跨行业发展,涉足一些以前未曾了解的行业。

■ 案例

叱咤国际服装界数十年的法国著名服装设计大师皮尔·卡丹(Pierre Cardin)将自己的品牌进行了多项业务范围注册,在世界范围内向品牌经销商颁发了485张特许经营证书,除了服装外,产品涉及皮具、香水、香烟、小家电、瓷砖、床上用品、家具、收录机、文具、电话机、洁具等(图8-2)。

图8-2　皮尔·卡丹品牌丰富的产品领域

3. 形成抵抗市场风险的规模化经营

市场经济的进一步成熟使得投资行为风险增加,市场经济初期形成的所谓"船小调头快"的小规模经营模式显然经不起市场巨浪的冲击,人们开始懂得"船大抗风险"的经营之道。虽然规模化经营之后,企业所占股份减少了,但是,资金总量的增加不仅可以增强企业抵抗市场风险的能力,而且可能会使利润总量增值。

(三)经营范围

1. 主营产品

主营产品是指原有服装品牌经营的服装系列产品和服饰品系列产品。虽然发出品牌特许经营号召的企业可能有较整齐的系列产品,但是,一家企业的实力毕竟有限,专业范围也存在着局限性。引入特许经营以后,产品的系列化程度可以大大加强,从男装到女装、从正装到休闲装、从皮革到羽绒服、从皮鞋到包袋,应有尽有。

2. 相关产品

具有时尚意味的产品都可以是品牌特许经营范围内的相关产品。相关产品的内容极其丰富,可以充分利用原有品牌的无形资产进行产品开发,使产品形象更为丰满。这种开发比起散乱开发具有见效快、品牌知名度高的优势。与此相关的产品有:化妆品、食品(烟酒)、文具、礼品、家电、装潢用品、家居用品等。

(四)经营权限

品牌特许经营的权限是有条件的,根据合作对象的综合能力和产品特点,确定经营的产品和经营的地区。

1. 部分经营权

部分产品或全部产品在限定区域内的经营。

2. 全部经营权

部分产品或全部产品在全部区域内的经营。

(五)利益分配

品牌特许经营牵涉到合作双方的利益分配,目前主要的利益分配方法有:

1. 根据销售额度提成

即根据以该品牌名义销售的总营业收入,在双方商定的提成比例内,返回品牌拥有者应得的利益。这是一个风险共担、利益共享的分配方法。其操作焦点是经营方必须公正、公开总营业收入报表。

2. 根据生产总量提成

以商标的使用数量为计算单位,按每一个商标合多少价格结算给品牌拥有者。这是一个对品牌拥有者相对有利的分方法,由于商标织造轻而易举之事,品牌拥有者必须有一套行之有效的监督制度,促使经营方规范行为。

■ **案例**

IF 集团属下有一个也称"IF"的女性内衣品牌。由于该集团的主营业务是男式西装和茄克,因此,推出已历时 5 年之久的女性内衣品牌因业务范围生疏而不见起色。此时,山东一家具有品牌意识的私营公司苦于自己没有响亮的品牌,决定与 IF 集团洽谈品牌特许经营事宜,想借助该集团整体形象的无形资产优势,做好 IF 女性内衣。双方商谈的结果是:第一,以根据生产总量提成的方法,该私营公司每生产一件女式内衣,即支付商标使用费 10 元/件;第二,商标(包括吊牌)的生产由 IF 集团负责,经营方不得仿制;第三,IF 集团将品牌特许经营授权书、其他证书复印件(营业执照、税务登记证、商标注册证)交给经营方,为其进驻商场提供方便;第四,产品的开发、生产数量和营销方式全部由经营方自主决定,但产品只能在长江以北地区销售;第五,IF 集团仍然可以生产和销售 IF 品牌内衣,但产品只能在长江以南地区销售;第六,IF 集团有权随时检查经营方的生情况;第七,双方合作期限为 6 年。

经过两年多的辛苦运作,IF 女式内衣的品牌形象大为改观,已经在北方市场的中低价位女式内衣中占据了一定的市场份额。

---

3. 一次性买断品牌经营权

由经营方出资,按双方商定的价格,一次性买断品牌的经营权。这种方法对经营方有利,因为一次性买断的价格通常比较便宜,仅仅在短期内资金压力较大,从长远来看是合算的。与品牌转让不同的是,一次性买断是对经营方而言的,品牌拥有者仍可以将该品牌用多种方式进行经营活动。

（六）品牌特许经营的行为规范

品牌特许经营在实际操作过程中会遇到许多问题,这与经营人员的行为道德和职业道德有关。必须不嫌其烦地在每一个细节上用合同形式规定下来,为以后可能出现的问题提供法律依据。首先,要对合作者的资质进行审核,包括对其个人和公司的审核。如果说合作的职业道德低下或者操作不够水准,将损毁品牌形象,合作过程也将是个麻烦不断的过程。其次,是就经营权限进行广泛深入的讨论,就利益分配进行耐心细致的谈判,达到共识后签订严密、周全的品牌特许经营合同,并对合同的执行情况进行跟踪。

品牌特许经营要有一个良好的市场经济氛围,要消除认识上的误区和操作上的犯规。合作双方都存在着一定的风险,品牌拥有者承担着品牌无形资产的损失的风险。另一方则承担着投资资金的风险。

品牌特许经营的合作焦点是对品牌无形资产的确认。品牌无形资产的价值可以通过资产评估机构认定,但是,由于认定方式的不同,同一个品牌可以认定出不同的价值。因此,合作双方对品牌无形资产的确认必须建交在商业诚信的基础上。

第三节　品牌的扩张与转让

品牌运作是一个既充满风险,又伴随机会的两面事物,当一个品牌发现自己有扩张的愿望和能量时,预示着品牌因经营情况良好而产生进一步壮大的需要。相反,当一个品牌认为自己应该转让时,说明了该品牌的经营状况令人堪忧,不得不通过转让而维持下去。

一、品牌的扩张

当品牌经营到一定的成熟时期,凝聚在品牌内部的力量会逐渐膨胀,要求拥有更多的发展空间。从某种意义上讲,品牌扩张也就是品牌资金规模的扩张。

品牌扩张主要有以下四个表现:

（一）形象规模的扩张

这里的形象是指品牌的卖场形象。品牌度过稳定期以后,原先窄小的卖场形象与销售业绩不太般配,成果显赫的销售业绩比较容易地在商场内争取到单体面积较大的卖场。企业对旗下的所有卖场进行调整,将规定在统一的面积范围内,小型卖场将不再考虑进入。卖场规模的扩大,装修风格也会做出相应调整,更为专业化、详尽化的卖场统一形象也是品牌扩张的一种表现。

■ **案例**

D品牌这几年来发展势头良好,其专卖柜已从原来的中区全部移至边厅区,每个卖场面积都保持在100平方米以上。边厅与中岛的装修内容是大不相同的,毫无疑问,其品牌形象得到了提高。

(二) 生产规模的扩张

销售一旦看好,扩大生产规模是势在必行的。问题在于,是扩大自己的生产实体,还是"借鸡生蛋"地外发加工,这两者的利弊关系已经在前面的章节论及。无论哪种方式,生产数量都得到了保证,品牌附加值高的产品完全可以消化因外发加工造成的加工单价高所带来的高出行业平均成本的那部分成本。

■ **案例**

F品牌是一个年轻的淑女装品牌,两年时间内已经开出30多家卖场,按照以前的经营思路,往往会开设与销售规模般配的生产工厂。但是,为了避免生产工厂可能会出现忙闲不匀弊病,E品牌始终不开设自己的工厂。宁可以较高的加工成本外发生产而不愿意承担工厂投资的风险。

■ **案例**

H品牌则与F品牌采取不同的扩张模式,将数年前的经营利润大部分用于扩大生产规模,又是买地又是盖房,固定资产规模迅速扩大。这种做法也有利有弊,利在庞大的固定资产可以赢得良好的银行信誉,为融资带来方便,也有利于降低生产成本,控制加工利润的外流。弊在固定资产投入过大将影响流动资产的比例,投入在产品开发和品牌宣传上的支出相对减少,而且,一旦遇到因市场不景气而引起产品的滞销,固定资产本身变成一个沉重的包袱。H品牌在近年来过于激烈的市场竞争中已遏制止了固定资产的继续扩大,甚至出现了变卖厂房和生产设备的紧缩现象,在资产结构调整中等待市场良机的出现。

(三) 销售规模的扩张

其实,生产与销售是紧密相连的,没有销售规模的扩大就不可能有生产规模的扩大,"以销定产"是当今服装产业的特点之一。销售规模的扩张是销售区域和销售网点的扩张,此时,区域布点非常重要。

■ 案例

　　K 品牌是香港独资的休闲装品牌,于1991年落户广东。当时,在国人尚未知道何为休闲装时,其清新、舒适的产品形象让国内同行眼睁睁地看其赚进大把钞票。这意想不到的成功使 K 品牌的经营者踌躇满志地制定起骇人听闻的宏伟蓝图:10年内在中国大陆开出1000家专卖店。当国人终于明白休闲装仅仅是一种体现生活方式的理念,而产品难度绝非高不可攀时,利益均分的市场经济规律开始发挥作用,雨后春笋般的休闲服装品牌毫不客气地瓜分起市场份额,从而使 K 品牌的市场扩张计划大打折扣,在其专卖店开到680家之后,便再也没有突破这一记录。当时的利好势头令其专卖店尽选大中城市一流商业地段,高昂的地价迫使它不得不忍痛割爱,专卖店总数已迅速缩水至300余家。

(四) 产品规模的扩张

　　产品规模是指产品的框架和产品的数量。随着品牌规模的上升,产品规模也更加齐整,不仅是各类产品一应俱全,就是在每一个产品大类里面,也能做到系列明晰、产品品种丰富(图8-3)。

图8-3　体现在终端的品牌形象扩张需要品牌在生产、销售、产品上的整体配合

■ 案例

　　1980年前后,我国第一批下海进入服装行业的人既没有品牌概念,也没有产品体系概念,在那个几乎只要敢于下海就一定能赚到钱的年代里,人们只是忙于简单制造和简单销售,"全民搞服装"的架势使许多水果店或皮鞋店也卖起了服装。到了1990年之后,习惯于单纯生产和销售机织面料或针织面料服装的服装公司开始知道在自己的卖场内也应该放一些其他类别的产品,于是,在机织服装的卖场里出现了针织服装甚至皮革服装,在冬季卖场里出现新品衬衣,产品形象大为丰富。

　　品牌仅仅是一个认知符号,支撑这个认知符号的顶梁柱是产品。产品结构做适度的、合理的变化,不仅不会削弱品牌形象,反而给人以经久不衰、永葆青春的感觉,但是,其产品结构却会随着时代的改变而发生很大的变化。可以做一个有趣的比较:将一些国际顶级大牌50年前的某些产品与今年的产品比较一下,会发现它们之间似乎并没有什么联系。有些品牌的标志性图案在其皮革制品上闪烁了几十年光芒,然而,有些产品若去掉其品牌商标的话,人们可能怎么也认不出它到底属于哪个品牌。这就说明人们生活方式的改变迫使服装必须做出符合时代潮流的变化。

二、品牌的转让

　　品牌转让是指将部分或全部品牌权益以商品形式转让给他方。与品牌特许经营相比,在品牌永久性或暂时性转让期间,如果没有特别约定,品牌原始拥有者一般无权对品牌的经营状况过问。

(一)品牌转让的形式

　　品牌经过一个阶段的运作会发生增值和贬值两个结果。品牌权益转让是指专门从事培育新品牌并且在其升值期内将其出售的经营项目。把已初具成效的品牌作为商品销售,是一种赚取知识产权的风险投资。所有品牌权益转让主要都有品牌的无形资产转让,其中也可以包括销售网络、经营模式和库存产品等实体内容的转让。

1. 商标的转让

　　商标转让是品牌无形资产的转让。商标转让分为两种:一种是商标的完全转让,即将商标使用权通过工商管理部门以法律形式全部转让给其他公司。另一种是在一定范围内向其他企业转让部分商标使用权。按照我国现行法律,商标可以作为一种无形资产出售。

　　商标转让必须向国家工商管理部门办理有关转让手续。

■ 案例

　　L公司最多时拥有9个品牌,其经营策略是:凭借其成熟的品牌运作经验,不断培育新品牌,将达到一定知名度的品牌及时出售。并且在该品牌中保留部分股份,坐享其成地瓜分利润。目前,市场已有数个品牌均出自该公司。虽然培育新品牌过程并不轻松,需要花费很大的财力,但是,拥有一定市场份额的品牌,也拥有一定的无形资产。该公司的利润所在即品牌刻意培育出来的无形资产。这不失为一种聪明之举,轻松地达到经营品牌的目的。

2. 经营的转让

品牌服装公司将品牌经营的地区或管理模式转让给需要者。由于种种原因,品牌服装公司可能会退出正在自主经营的地区,改成品牌代理或品牌经销的形式在这些地区继续保持品牌的影响,一般会在原来的代理商或经销商中间寻找愿意接受者。管理模式的转让是纯技术服务形式,品牌服装公司将一整套行之有效的管理模式有偿转让给需要者。

3. 整体的转让

是指将品牌的商标和全部资产都转让给需要者,也就是公司收购行为。收购行为会在以下三种情况下发生:

(1) 收购者需要寻找一个自己没有的品牌,扩充自己的品牌阵容。

(2) 转让者需要寻找更可靠的合作伙伴,保证品牌的快速发展。

(3) 转让者拥有收购者认为非常超值的品牌。

（二）转让的条件

1. 品牌具有很好的市场潜力

收购者看好的是品牌的市场潜力,如果被收购品牌没有市场上升空间,收购行为就不会发生。所以,收购绝不是什么慈善活动,而是一个彻头彻尾的商业行为,甚至比普通的购买行为更加艰辛。虽然被收购的品牌具有很好的市场潜力,但是,收购者为了能够压低收购价格,会对欲购品牌大贬其值。收购者希望以最低的价格买进,转让者希望以最高的价格卖出。由于价格的进出数额较大,其中的心理差价很难协调一致。因此,收购与转让的谈判比较艰巨。通常情况下,当事者会聘请专业资产评估机构对品牌进行市场评估,将其结果作为转让谈判时的参考价码。

2. 具有物超所值的收购价格

虽然被收购品牌拥有一定的市场潜力,但是,收购者仍然希望以低于市值的价格收购品牌,也就是所谓“物超所值”。否则,收购者完全有理由重新开创一个全新的品牌。在收购行动中,品牌无形资产的评估结果对收购价格的最终认定起着相当大的作用。因为,有形资产的估价是有目共睹的,无形资产的估价却由于计算方法的不同而会产生很大的差异,这也是双方争论的焦点。

物超所值的收购还表现为,被收购的品牌虽然危机重重,但是为了收购者市场战略的需要,仍然会发生收购行为,一般的前提是收购价格低于被收购品牌的无形资产和有形资产的总和。

▓ 案例

TT 集团是资金实力雄厚的服装上市公司,主营男西装和衬衫。1998 年,该集团为了寻找新的经济增长点,配齐品牌阵容,毅然收购了一家休闲装品牌。经过两年多的运作,该品牌的业绩并非 TT 集团期望的效果。据业内人分析,找到了这次收购行动失败的原因:一、ZF 品牌在被收购前的实际销售业绩并非人们想象那样优秀,是该品牌的经营者蓄意炒作的结果,其炒作目的就是为了吸引收购者的注意;二、TT 集团首次收购行为,缺乏经验,对 ZF 品牌的财务状况审计等不够严密,收购价格并未做到物超所值;三、无形资产评估过高,由此而增加了收购成本,为今后分摊收购成本留下了后遗症;四、TT 集团从未涉足休闲服装,对休闲服装的市场情况缺乏真正的认识,对运作休闲品牌缺少必要的经验。

■ **案例**

　　ZG 集团收购 TZ 品牌则是一个非常奇特的例子,TZ 品牌是一个早于 ZG 集团创立由设计师自营的职业休闲女装品牌,规模虽然不大,市场反响却非常好。ZG 集团在推出了 ME 品牌以后,发现 TZ 品牌对其造成很大威胁,TZ 品牌设计师的才华让 ZG 集团羡慕不已,于是,该集团很快收购了缺乏发展资金的 TZ 品牌。其真正的收购目的有两个:一是挖掘设计人才,将 TZ 品牌的设计师收至麾下。二是消灭 TZ 品牌,杜绝其对 ME 品牌的影响。目前,市场上已不见 TZ 品牌的踪影。业内人士认为,这种霸气十足的收购行为其实是一种缺乏远见和得不偿失的愚蠢行为。

(三) 品牌企划的转让

　　他山之石,可以攻玉。品牌企划转让是指将企划完整的虚拟品牌出售给投资者的品牌经营方式,是针对设计环节薄弱的企业进行的。那些企业往往相信成功的品牌服装公司所做的企划方案,有购买品牌企划方案的愿望。品牌企划的转让类似于设计外包业务,所不同的是,前者的企划方案一般是事先完成的,后者的企划方案是委托完成的。因此,品牌企划转让也可以看成是把企划方案作为商品出售。

　　此举也可以专门注册一个完整独立的品牌,再与品牌企划方案捆绑出售。

1. 概念型品牌企划出售

　　概念型品牌企划出售是指将品牌理念、流行信息和产品概念,以文字和图形的形式出售给需要者。由于有些品牌服装公司的经营者或设计师过于专心于自己的品牌或缺乏交流,对自己的经营思路或设计思路极为不满,需要借助外脑补充。

■ **案例**

　　M 品牌的产品开发由其首席设计师负责,这位首席设计师工作非常认真,曾于 1997 年前多次创造了该品牌销售奇迹,成为不可缺少的产品开发基石,在以后的几年中,M 品牌又裂变出两个新品牌,以迎合年轻时尚的消费者需要。然而,该首席设计师的专业技术知识结构显然已经不适合主持此类品牌的设计,似有"江郎才尽"之感,在勉强设计了一年产品以后,低迷的销售业绩终于使品牌经营者不得不采取借脑策略,聘请著名设计师担任产品设计顾问,为该公司旗下的三个品牌每季提供产品概念,然后由该公司的其他设计师分解完成。

2. 完整型品牌企划出售

　　完整型品牌企划出售是指在概念型品牌企划的基础上,制定出更为深入、具体的设计方案提供给需要者,必要时到直接提供样衣为止。

> ■ **案例**
>
> UT公司是一家服装品牌策划公司,其主要业务范围是为品牌服装公司提供品牌的咨询和策划服务,包括营销系统咨询和产品系统开发,前者有销售企划、产品管理体系、品牌加盟体系、卖场管理体系、品牌形象体系和资金运作体系等内容,后者有产品企划方案、产品设计方案、原材料样品、样衣样板制作、编制工艺单等内容,为各种类型的品牌提供点菜式服务。该公司在实践中发现,不少品牌服装公司普遍存在着对自己的产品开发缺乏信心的现象,找不到市场感觉,发展方向迷茫,希望遇高人指点。因此,国内已有不少类似的公司应运而生。

第四节　影响品牌发展的不利因素

有些品牌会在刚开始时发展迅猛,随着时间的推移,其发展势头会明显下降,品牌的可持续发展将出现障碍,每个品牌服装企业迟早都会遇到类似问题。究其原因,在品牌生存的环境中,有许多不利于品牌发展的因素。

影响品牌发展的不利因素分为外部因素和内部因素。

一、来自外部的威胁

(一)赝品、冒牌的出现

当一个品牌的产品旺销时,会随时随地遇到被其他企业仿制驳样的危险,大量仿冒产品紧随其左右。仿冒的目的是为了以低于正牌的成本制造出类似正牌的产品,抢夺原先应该属于正牌的市场份额。如果对方不仅可以逼真仿制,而且又有价格优势,正宗品牌的产品会立刻被打败。更为严重的是,一些不法企业会以注册或不注册的方式假冒畅销品牌,用低价格直接威胁和抢夺正牌的市场份额。

> ■ **案例**
>
> 2000年秋冬市场上,阿尔巴卡(羊驼)面料再度盛行。以冬季女式大衣见长的TS品牌早在前两年已在新面料上尝到甜头,自然不愿放弃驾轻就熟的产品套路,便早早地在3月份签下30万米阿尔巴卡面料的订单,准备放手大干一场。不料,当其系列产品隆重上市之际,其他众多品牌均采用国内仿制的阿尔巴卡面料,做成的产品令一般消费者难真伪,零售价却是TS品牌产品的一半。导致TS品牌的面料大量积压,前两年赚取的利润一大半转移到库存上去了。

（二）市场的进一步细分

品牌服装的特点之一就是目标市场的细分,市场细分化不仅是品牌为了保持特色而需要,也是消费者进一步成熟的表现。相对来说,细分化了的市场将被剥离掉一部分顾客。市场进一步细分是品牌服装发展的必然趋势,如何以出色的品牌形象和产品形象聚拢一批忠诚的品牌消费者,是每一个品牌服装公司应该认真研究的课题。

> ■ 案例
>
> H 品牌曾在 1994 年产品热销期前后自诩目标顾客为 20～50 岁的女性。那是品牌消费市场尚不成熟的表现,现在哪个品牌如再做出这样的顾客定位,将成为业界笑柄。这是因为,20 岁女性和 50 岁女性不仅生理年龄存在着太大的差异,其心理年龄也是一道难以逾越的沟坎。随着消费市场的进一步成熟,H 品牌面临着青年女性和中年女性都不愿在其品牌风格模糊的卖场驻足的尴尬局面,销售业绩直线下降。严峻的事实促使 H 品牌的决策者终于在 1998 年起将该品牌逐步裂变为三个不同风格的品牌:一个为太太装品牌,两个为少女装品牌。虽然其中一个少女装品牌因定位不准而退出市场,但是,其余两个品牌走势较好,仅一个品牌的销售额就超过了以前最低迷的状态,从而避免了仅用一个品牌在市场上硬撑,随时可能导致崩盘的危险局面。

（三）市场的过度竞争

服装市场已从卖方市场转入买方市场,大量积压产品的产生迫使服装企业不得不陷入过度竞争的境地,其结果是损害了企业正常利润率,使企业底子单薄,弱不禁风,缺少抵抗市场风险的能力。过度竞争催生了恶性竞争,其主要表现是大打价格战,而价格肉搏的基础是极尽所能降低成本,此举势必影响产品质量,这不仅造成对手企业两败俱伤,而且将导致整个服装产业的恶性循环。

> ■ 案例
>
> TS 品牌以秋冬产品见长,夏季产品是弱项。眼看其他品牌在夏季市场风光十足,TS 品牌的经营者不甘寂寞,自行组织面料,设计出所谓"四无"连衣裙,即无领子、无钮扣、无腰带、无袖子,不仅用料省,而且制作也很非常容易,工价很低。低廉的总成本使该产品以极低的价格出售,迫使同类品牌的产品进行大减价,当减至接近 TS 品牌的产品时,TS 品牌立刻再减价一半,其他品牌只好再次减价。最后,终于拖垮了这类连衣裙的正常销售价格,并且连带到其他产品。令 TS 品牌始料不及的是,该年秋冬季,消费者对 TS 品牌夏季低价格政策记忆犹新,对其以正常价格销售的秋冬产品产生抵触,使这些产品销售欠佳。

二、来自内部的威胁

（一）成本提高与利润增长成反比

在品牌的概念导入服装企业之初,产品的间接成本会明显增加,尤其是企业规模扩大以后,部门设置的齐全、广告投入的加大、基本建设的扩张,使得经营成本直线飙升,这对心理准备不足的企业将是一种考验,如果品牌提升计划不匹配或者执行不力,利润的增长可能会出现反比例增长。

(二) 规模扩大过快和管理水平落后

任何企业的急速膨胀都会遇到一个共同的难题:人才匮乏。如果品牌定位非常符合市场需求,极有可能使企业在短时期内规模迅速扩大。超常的扩大速度会凸显管理水平的落后,从而被迫放慢发展速度。如果控制不当,失去江山的时间比打下江山的时间更快,所谓"乐极生悲"。

> ■ **案例**
>
> X 品牌是 1997 年推出的新品牌,刚开始时,产品质量精致,设计风格明确,颇受消费者欢迎,因而吸引了大量代理商,这些令人兴奋的利好迹象使经营者产生了急于扩张销售规模的想法,然而销售规模的扩大不是简单的图像放大,对品牌管理体系是个严峻的考验。由于 X 品牌内部管理体系尚未健全,代理制度也未成型,无法面对因销售规模的扩大而引起的整个盘子扩大所产生的种种问题,最突出的问题是产品质量下降,交货周期违约、经营人员舞弊,使加盟不久的代理商纷纷倒戈,商场也频频发出清场通知,品牌的市场地位反而没有以前高了。

(三) 产品的设计观念和成品质量滞后

时代变化之快使市场也会自叹弗如,一些缺乏时尚意识的企业会出现产品设计概念的滞后,以前靠一个品种打江山的产品经营模式不再显灵,自然会影响到品牌的生存。另外,成品质量也是能否吸引顾客的重要因素,新的服装加工设备不断出现,导致制作工艺的提高,品牌服装必须跟上这种变化的步伐。如果上述两个问题都出现在一个品牌上,这个品牌离退出市场的日子为期不远了。

> ■ **案例**
>
> T 品牌曾经非常红火,5 年前的销售业绩比较可观。但是,由于其设计观念相对滞后,成品质量也因规模发展较快而有所下降,眼界有所提高的原顾客因不满足其相对滞后的产品状况而纷纷"叛离",导致库存商品大量压仓,呈现出衰退趋势。

三、解决方法

(一) 提高产品技术含量,防止赝品过早出现

产品技术含量的提高非一朝一夕之功,主要体现在产品研发水平和加工工艺两个方面。产品研发水平包括内在品质研发和外在风格设计。比如,有些品牌为了使产品更加符合人的体形,让穿着体验更为舒适,不惜重金建立人体体型数据库;有些品牌则加强产品设计力度,以新颖的设计思路甩开竞争对手。加工工艺的改善是品牌实力的体现,因为,这需要先进的生产设

备和高超的技术素质支持。有些企业购买最新生产设备,制定严格的工艺标准,认真对待每一件产品。一般来说,仿冒者都是品牌实力不济者,企图通过仿冒达到窃取属于别人利益的目的。改善加工工艺,提高产品品质,将使无力进行技术改造的仿冒者的产品犹如照猫画虎,神形分离。

> **案例**
>
> KNX 品牌是国内著名的以男西裤为其可行产品的男装品牌,为了突出其"男西裤专家"的地位,在其每个卖场内都明显地放置一块列举其工艺特色的铭牌,上面刻有裤型关键部位的工艺提示,包括多少道工序、多少个针迹、多少遍熨烫等,目的在于以该品牌对旗下产品品质的自豪与自信,感染和鼓励消费者做出购买决定。

(二)自行开发新型面料,发掘面料特殊来源

原材料的技术含量一般难以垄断,因为对于大部分品牌来说,由于其市场规模不足以有足够的资金买断原材料生产商的生产权益,所以此品牌可以得到的材料,彼品牌也能够获取。只有利用特殊的信息资源,找到鲜为人知的原材料生产渠道,才能保持一定时间的先进,不然,就要采用自主开发新材料的办法,垄断新材料。对一些运作良好的大中型品牌服装公司来说,应该有能力聘请面料设计师自行设计面料或委托面料生产商仿制国外新颖面料,并与其在合同中签订保密条款,买断面料品种,形成某种面料的垄断,在一定时间内保持面料优势。

> **案例**
>
> M 品牌于1998 年的全盛时期推出过一款女式冬季大衣,使用了让同行摸不着头脑的面料,销售非常火爆,使一贯在市场上找畅销款式驳样的企业因找不到相同的面料而干着急。奥秘在于:该面料是一家面料工厂于1994 年生产的外销面料,外商因质量问题拒收,厂方为急于脱手因长期存放而即将报废的面料,以6 元/米的价格清仓给 M 品牌。M 品牌则将这几万米面料全部褪色后重新染成当季流行色,并作了压花处理,最后,这批面料制成的系列服装以令人乍舌的1 500 ~1 800 元/件的价格出售,赚得盆满钵溢。虽然这一举动带有明显的"暴利"之嫌,但也由此可见 M 品牌经营者的智谋和胆略。

(三)利用商标图案特征,突出产品视觉元素

商标经过注册以后受到法律保护。商标中有很强烈的视觉元素,包括图形和色彩。当商标元素被强化到产品中去以后,产品就有了较高的认知度,使其他品牌不便直接模仿。即使被直接模仿了,也会使对方的产品留下明显的模仿印迹,将给对方的品牌形象带来不利影响。

利用商标元素进行产品设计有两种方式:一是直接将商标形式完整地放置在产品的显眼位置,既能成为装饰,又能使仿冒者有所顾忌。这种方式适合休闲类和运动类品牌;二是将商标的部分元素用于产品设计(图8-4),最常见的是提取商标的色彩元素,即经常采用经过商标注册的专用色,突出产品特色,这种方式适合礼服类和职业服类品牌。

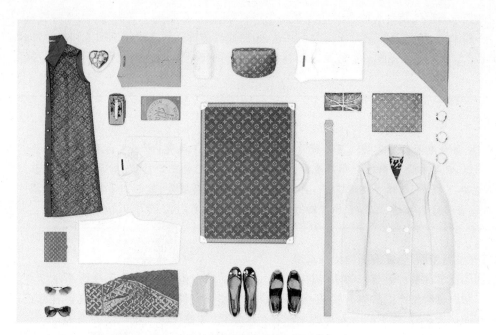

图8-4　路易·威登(Louis Vuitton)品牌的商标图案成为其产品的典型特征

（四）产品开发频繁多变,不断开更换产品面貌

发挥本品牌的设计能力,不断开发新产品,坚持多款式少批量的原则,使仿冒者疲于奔命,同时,也给消费者对该品牌的产品常换常新增加信心。

当然,频繁的产品开发是一把双刃剑,一方面它可以增加品牌被仿冒的难度,另一方面它会增加产品开发的成本和产品库存的风险。

（五）加大辅料开发力度,做到高档化配套化

服装辅料的高档化和配套化也是提高产品形象和克服被仿冒弊病的有效手段(图8-5)。仿冒产品为了降低成本,通常采用低价辅料,此举将暴露出其产品的质次。对外观辅料的专门定制,会限制一部分小型企业仿冒产品的出现。钮扣、拉链、吊钟、里布、腰衬等辅料刻上品牌内容,至少能起到延迟仿冒产品上市时间的作用。

（六）努力改善服务质量,提高顾客的忠诚度

如今的服装品牌已多如牛毛,风格相同的品牌重叠现象也满眼皆是,顾客可挑选品牌的范围大大增加,本身就很脆弱的顾客对品牌的忠诚度受到很大挑战。在卖方市场早已转化为买方市场的情况下,优异的服务质量成为争取顾客回头率的有效手段。提高服务质量应该从最细微处做起,用真心实意打动顾客,"顾客是上帝"之类形式化的口号早已失去吸引力,只有将自己置身于顾客位置,才能切实掌握顾客心理。

（七）控制无效成本增长,调整产品价格倍率

"家大业大浪费大"似乎是企业管理中难以克服的顽症。任何一笔支出都可以看成是成本的增加。在成本增长中,有些是无效成本或低效成本,这就形成了的浪费。在产品成本和管理成本中,都存在浪费现象。

图 8-5 高档化配套化的辅料是产品品质的重要因素

　　为了消化品牌运作成本的增长,可以采用适当提高产品零售价的方法,前提是品牌形象必须同步提升,不然,品牌不存在要求消费者为其提高了的零售价买单的理由。

> ■ **案例**
>
> 　　ZHS 品牌是国内著名男装品牌。每年投入在品牌维护方面费用的增加使得其品牌运作成本的不断增长。经过对市场接受度的反复研究,该品牌从 2005 年起,在全国服装市场的零售价徘徊不前之际,毅然开始推行提价政策,以每年 3% 的提价尺度,将提价部分的销售所得用于品牌维护,此举虽有一定的冒险成分,但也表示出该品牌对自己产品的信心。

(八)把握规模扩大速度,夯实基础管理水平

　　品牌的发展过程也是企业文化积淀的过程,文化的积淀需要一定的时间。经营品牌就是经营企业,经营企业最忌讳的现象之一是企业在尚未完全站稳脚跟之际,产生好高骛远的膨胀心理,难免出现很多经营上的漏洞。

　　企业基础管理水平的提高,可以促进品牌运作各方面的工作,使企业拥有很强大的战斗力和应变力。企业可以通过有计划的员工培训达到提高管理水平的目的。

(九)更新品牌经营理念,严格把好品质关口

　　优秀品牌首先是品牌理念的优秀,品牌理念的变化引领着设计理念的变化,导致设计结果

的改变。仿冒品牌则由于底气不足而无法理解这一切,永远不可能提出什么新的品牌理念,因此,其行动总是滞后。

品牌服装的质量是识别产品真假的试金石。仿冒产品必须降低成本才有生存的可能,降低成本的代价是降低产品的质量。品牌服装能够做到严把质量关,就可以保持其正牌产品的权威地位。

(十) 整合补充人才结构,合理优化团队模式

品牌服装做的是时尚产品,对时尚反应最敏感的是年轻人。要保持品牌对时尚的灵敏反映,必须时刻保持品牌运作基本队伍的年轻化。另外,当人才结构不适合品牌运作时,也要及时做出调整,努力使人才结构最优化。优秀的人才在不同运作模式下会得到不同的结果,因此,研究采用何种最适合企业的运作模式,是企业经营者必须认真思考的问题。

第九章

服装品牌变革

　　世界万事万物都在不断的变化与发展之中,服装品牌作为一种发生在人们身边的常见事物,也在不断地发生着变化。这种变化的原因,有来自于品牌自身发展的需要,也有外界对品牌产生的压力。变化与发展的结果只有两个:一个是往好的方向变化和发展,另一个是往坏的方向发展和变化。"以不变应万变"的鸵鸟政策可以蒙混一时,但是,这种侥幸心理绝非服装品牌的长远生存之道,"不进则退"是事物发展的不变真理。

第一节　品牌的质素

在专业领域,质素主要是指事物的材质和质量。质素特指物,素质特指人。任何品牌都有一定的质素。品牌的质素是指品牌与生俱来,或后天养成的内在品质和基础。品牌变化和发展的程度依赖品牌的质素,质素高的品牌底气足,可以有惊天动地的变化,质素低下的品牌则经不起则折腾,只能有小打小闹的改变。

一、"强"与"大"的辩证关系

(一)"强"是品牌的质素,是"大"的前提

在品牌经营之道中,强是品牌的根本,强意味着强悍、精干,具有旺盛的战斗力;意味着经营状况的良好,资本积累的厚实;意味着内部结构的合理,人均创收的可观。尤其在品牌经营初期,确立一个强势品牌的地位是给品牌的发展奠定了一个良好的基础。在内部管理机制还未健全之际,如果经济效益相当,则应该采取"宁强勿大"的策略。服装企业可以上升很快,但是也可能衰退更快,顷刻之间服装品牌全面"崩盘"的例子常令人触目惊心。

> ■ 案例
>
> M品牌在1999年全盛时期,由于西南地区销售分公司因经营人员与总部发生利益分配政策的误解,产生消极怠工现象,长期积压的抵触情绪顷刻爆发,导致许多人员离职,管理突然失控,部分营业款被转移,营业额直线下降,迫使西南地区各大百货商场对该品牌在这些商场内的专卖柜联合"清场",导致该品牌痛失年销售额达2 000万元的西南市场,使该品牌蒙受重创。

(二)"大"是品牌的规模,是"强"的表现

企业当然要进行品牌的规模经营,追求品牌的规模效应。一旦品牌之"强"足以在更大的市场内施展拳脚,就不能错失良机,在严密可行的计划下,有序地扩大市场份额。但是,规模的扩大会将原先隐藏的矛盾暴露出来,好比照片一经放大,原先在小照片中不太明显的毛病和照相机的质素会暴露无遗。在未强之前先求大,是急功近利的企业经营者容易出现的毛病,是其非理性经营的表现。用一个形象的比喻,未强先大等于是一个在拳击场上的外强中干的软弱巨人,必定是不堪一击的。

> ■ 案例
>
> L品牌是以领先的设计概念见长的品牌服装公司,1992年前后,经过近4年的经营,其品牌在当地已经具有相当大的知名度,企业人才队伍也经过4年来的不断更新淘汰变得精明强干。当时,公司认为扩大品牌规模的时机已到,开始大量融资,开辟全国市场,并聘请高级管理人才,稳步推出5个品牌,使年销售额达到2.3亿元,成为业界瞩目的品牌公司。

(三)"强"与"大"的相对性

"强"与"大"都有一个相对的范围,有一定的技术数据可以反映,其中,最为关键的数据之一是资本的投资回报情况。虽强而不求大,会失去发展的机会,反之,虽大而不求强,会因虚弱而倒闭。强势企业与大型企业在经营思路上很难分清孰是孰非,这与经营决策者的价值取向有关。我国服装企业急功近利现象比较普遍,虚荣心极易受到刺激而极度膨胀,服装产业集群化使得相邻企业容易产生相互攀比的心理,而且,都是借助于看得见的厂房和机器等硬件设施来炫耀,造成部分地区服装加工规模的不断扩大。有一种误解是,规模大似乎可以说明其强劲。事实并非如此,当规模与业绩脱钩时,企业的经营者就成了热锅上的蚂蚁。

■ **案例**

1995 年秋,东华大学顾问教授、法国著名设计师伊曼纽尔·恩加罗(Emmanuel·Engaro)在该校做讲座时被问及他的公司有多少员工创造着多少市场份额时,他的回答是:公司总部共有30多位员工,创造着9亿美元的年销售额。这个回答令在场的一位领导着10 000 余名员工、年销售额达40亿人民币的国内服装龙头企业老总目瞪口呆,让他看到了"强"与"大"的区别,领教了国际顶级品牌的魅力(图9-1)。

20 余年前,国内男装市场兴起一股西服热,许多男装企业为了争夺市场的霸主地位,纷纷斥巨资置办了大量厂房和机器设备,形成了强大的生产能力,不料,国际流行市场的休闲之风毫不客气地吹遍祖国大江南北,男士西服市场迅速萎缩,近几年来,这些超大型男装公司不得不以承接团体制服来弥补零售市场份额的空缺而造成的生产能力过剩,与品牌的初衷相去甚远。

图9-1 法国著名设计师曼纽尔·恩加罗及其品牌

二、新生品牌与传统品牌

新生品牌和传统品牌永远是时尚界竞争的对手,服装品牌出现的此起彼伏现象一直是服装产业的一大特点,新老品牌的交替也比其他行业更为频繁。在市场竞争中,新生品牌与传统品牌都有各自的优势和劣势,双方只有发挥各自的优势,克服各自的劣势,才能站稳市场脚跟。

有些商场在每次商场换季调整时,会引进一定比例的新生品牌,以此保持商场在消费者心目中不断出新的良好形象。这是新生品牌推广的最佳机遇。

(一)新生品牌的优劣势

新生品牌的优势在于:观念新颖、负担较轻、矛盾较少。

新生品牌的劣势在于:缺乏经验、规模较小、知名度差。

(二)传统品牌的优劣势

传统品牌的优势在于:经验丰富、知名度高、产品成熟。

传统品牌的劣势在于:缺乏活力、成本较高、矛盾较多。

三、强势品牌与弱势品牌

(一)强势品牌的标志

强势品牌是指销售业绩良好、内部管理规范、品牌声誉上乘的具有可持续发展前景的品牌。强势品牌不分新品牌或老品牌,不分大品牌或小品牌,只要符合以下基本条件,就可以视为强势品牌。反之,则为弱势品牌。

1. 资本运作良好

企业运作状况之优势,主要看其资本运作状况是否良好。即使品牌有多么高的市场地位,资本运作不当的话,也是徒有其名。资金的合理分配、资产负债率的良性表现,资金的及时回笼,都是资本运作良好的具体表现,控制在正常范围内的投资回报率为品牌的发展提供了强劲的推动力。

2. 产品结构合理

好的产品结构加上优良的产品品质,意味着品牌拥有可以上升的市场空间。产品结构很难在品牌刚面世时就臻于完美,而是在经营过程中不断地进行动态调整才走向完美的,并且,这种所谓的"完美"带有一定的局限性。能够自动地进行产品结构调整,说明该品牌存在着明显的运作优势,是强势品牌运作能力的体现。

3. 品牌信誉优秀

品牌信誉包括品牌在消费者、商场和供应商等所有品牌关系者中的信誉。当前的品牌发展已脱离了巧取豪夺的蒙昧阶段,进入了知识竞争时代,信誉是品牌得以生存的立足之本。品牌服装公司内部规范化的运作理念是保证品牌信誉的必要条件。品牌信誉的确立,预示着品牌认知度的上升。

■ 案例

ZG品牌是以社会名人命名的女装品牌。在该品牌推出伊始,凭借其名人效应,品牌的推广速度很快,供应商和加工单位也纷纷愿意为其提供方便。然而,该品牌的经营者采

取长期拖欠面辅料款和加工费等占用他人资金的做法,弥补自己的资金不足,在供应商和加工单位中已形成很坏的影响,导致只要是该品牌的业务便不愿接受的尴尬局面,严重挫伤了该品牌在业内的信誉。

4. 内部管理严密

综观服装企业的现状得知,具有管理素质的服装企业为数不多。相对一些先进行业而言,服装企业经营者的总体素质不高,造成许多品牌服装公司发展不稳定,呈蛇形前进,有些品牌经营者竟然不知 CIS 为何物,也不知道现代企业管理制度是怎么一回事。毫无疑问,这些品牌的战略高度肯定缺乏系统性和前瞻性。严密的企业内部管理可以防止或减少企业内耗,理顺运作机制,保证品牌良性发展。

四、知名度和美誉度

知名度是指品牌被认知的范围和程度,衡量知名度的单位是大小。知名度大说明该品牌被很多人知晓。知名度完全可以通过广告手段来达到。

美誉度是指品牌被认可的范围和程度,衡量美誉度的单位是好或差。美誉度好说明该品牌被很多人接受。美誉度必须依靠销售实绩来说明问题。

(一) 知名度是表象

知名度仅仅是一种表面化的现象,知名度大却不见得其销量也大,更不见得其赢利状况好,两者之间不成正比关系。要成为知名度大的品牌,可以由以下几个途径获得:一是广告轰炸,靠大量的广告投入来获得知名度。二是新闻炒作,寻找一些新闻卖点,通过新闻媒体大肆炒作。三是广开卖场,利用品牌资金实力,大力开设卖场,成为事实上的品牌大户。

> ■ **案例**
>
> GI 品牌是国内为数不多的一家上市服装集团经营的品牌,资金雄厚,规模庞大。在不到 3 年的时间里,动用数千万元人民币进行品牌炒作,使其迅速成为一个人皆知的"名牌"。然而,由于在重视品牌形象的同时忽略了产品形象,其产品很难被顾客认同,品牌地位与市场地位名不副实,因而该品牌逐步淡出市场。

(二) 美誉度是实质

美誉度是品牌的价值所在,美誉度越好,说明其受消费者欢迎的程度越广,美誉度与销售业绩成正比关系。要成为美誉度好的品牌,必须通过以下几个途径获得:一是产品的市场定位准确,只要产品定位准确就可以吸引大量消费者。二是产品质量过硬。在如今"质量就是生命"的年代里高品质的产品不用过多宣传就会有口皆碑。三是精选卖场。如果选择大型超市作为零售的主窗口,即使产品好得被消费者交口称赞,其品牌形象一定会被大打折扣,产品的高附加值也无法谈起。

■ 案例

HF品牌是近年来新崛起的女装品牌。该品牌兢兢业业地在产品开发上花大力气，始终把消费者的需求放在首位。虽然该品牌从未在广告上花过一分钱，但是，良好的美誉度使其可以轻松进驻目标商场，成为业内争相赶超的目标。许多品牌服装企业普遍为自己的产品被驳样而头痛之际，该品牌却毫无惧色，因为它拥有一支素质优秀的产品开发队伍——这支队伍已经成为一些产品开发力量薄弱的企业挖掘人才的首选。

（三）美誉度加知名度可以扩张品牌

光有美誉度而没有一定规模的市场，虽然可以达到相对高的投入与产出比，但是，不能形成规模效应，缺乏大牌气概，销售的绝对收入有限。另外，美誉度好也并非一定是盈利良好，那是因为有意"花钱买吆喝"的品牌往往会将此举放在品牌面世初期，投资回报则依靠接踵而至的规模效应实现。

良好的美誉度加上响亮的知名度，犹如品牌腾飞的两翼，是品牌扩张的利器。品牌的美誉度和知名度达到最佳组合状态之时，就是品牌进行规模扩张之日。

■ 案例

H品牌为了使刚刚面世的产品给消费者留下好的印象，在产品比较过硬的情况下压低售价，零售价仅为产品直接成本的2倍。经过一年半的运作，该品牌的盈利状况一般，但却赢得了相当好的市场美誉度，同时也发展了不少品牌代理商。该品牌的经营者认为收获季节已到，可以适当提高价位了。对卖场形象作了一些调整以后，该品牌在新一轮销售季节转换时，将所有新产品定价为产品直接成本的3倍，这次比较合理的价格调整并没有引起顾客的反感。再过一年，该品牌对卖场形象作了进一步调整，并且在电视台的某档节目后注上"××服装提供"的字样，将新产品的定价定为产品直接成本4.5～5.5倍，这个举措虽然并没有增加产品的销售数量，但是，销售额却上升了，而且，产品批发的利润空间也加大了。H品采用了"先廉后贵"的定价策略。

第二节　品牌的裂变

裂变是核物理学中的概念，原意是指一个原子核分裂为几个原子核的变化，同时释放出能量的过程。裂变的前提是只有一些质量非常大的原子核才能发生核裂变。这一概念可以借用于品牌的经营，品牌的裂变是指一个品牌在一定的经营状况下，为了争取更大的市场份额或形成品牌集团而采取的品牌派生方式,因此,品牌的裂变又称品牌的派生,其前提是以高质素品牌为基础。

一、主线品牌与支线品牌的关系

当主线品牌(也称一线品牌或正牌)发展到一定阶段,其上升的市场空间已经不大或缺乏可以容纳当今流行要素的设计空间时,就会有重新创立一个品牌的需要,支线品牌(也称二线品牌或副牌)则应运而生。通常情况下,支线品牌与主线品牌有一定的关联。是在主线品牌的基础上派生出来的,一般要求是既能保持主线品牌的优势,又能去除主线品牌的不足。

(一) 延续关系

延续关系是指支线品牌对主线品牌的修正和完善。当主线品牌在经营多年以后被发现与当今流行品味有比较大的出入,且不愿意放弃已经形成的顾客群时,可以及时推出一个与主线品牌风格比较相近、侧重点有所不同的支线品牌。这种做法的优点是比较稳妥,既能保持主线品牌的一贯风格,又能抓住流行品味有些变化的老顾客,适时发展新顾客。

具体做法是对主线品牌的设计元素进行补充和调整。

> ▧ **案例**
>
> ER品牌是数年前推出的面向普通中年妇女的服装品牌,虽然销售在同类品牌中保持上游,但是,经营者已明显感到其品牌的上升空间没有了,若再不调整产品的路数,将面临销售下降的危险。经过认真的市场调研,发现比其现有产品高一个档次的中年妇女仍有一定的市场空间。于是其新品牌在老品牌中注入"华贵"的概念,用富丽、奢华的面料和色彩去迎合那部分经济条件较好而又讲究衣着的顾客,在新产品中保持原来产品的技术数据,注册了一个图形比较华丽的商标,产品很受市场欢迎。

(二) 独立关系

独立关系是指支线品牌对主线品牌的变革与否定,也可称为对立关系。独立关系是当主线品牌的流行风格与当今时尚差异很大,或主线品牌以相当稳定,支线品牌欲另辟蹊径时采用的品牌裂变方法。由于品牌思路发生了重大变化,经营方针和营销手段也会偏移到原本不太熟悉的程序里去,使得这种做法具有一定的风险,而且容易让顾客产生风马牛不相及的印象。但是,这种突变式的改变是大幅度改变企业形象的途径。

具体做法是采用一些与主线品牌毫不相干的设计元素。

> ▧ **案例**
>
> MAX MARA是意大利女装品牌,其率性、朴实的风格赢得不少消费者的青睐。近年来,随着人们生活方式的改变,带有运动风格的服装大行其道,似乎人人都想从钢筋水泥的森林中跑出来,投入大自然的怀抱呼吸一下新鲜空气。该公司也有意开拓一个带有运

动风格的产品系统,但是,如果这个产品系统仍然沿袭 MAX MARA 品牌,显然两者的产品风格相去甚远,于是,该公司索性推出一个新品牌:SPORT MAX,直截了当地点明产品的风格,推出伊始,便挟正牌的大名而一举成功(图9-2)。

图9-2 MAX MARA 及其支线品牌 SPORT MAX

二、支线品牌产生的时机

(一) 主线品牌已经相对成熟

支线品牌推出的时机不容忽视,过早或过晚推出都不利于主线品牌的经营业绩,更不利于支线品牌的市场存活。比较恰当的推出支线品牌的时机一般是在主线品牌各项运作指标比较成熟之际,利用主线品牌强大的市场影响力,自然而然地推出支线品牌。不同企业不同的品牌运作模式就像不同型号的汽车发动机,必须经过磨合期,才能发挥最大功效。而且,由于人为的因素,品牌的运转机理比发动机复杂得多,磨合期也不是一个简单的定数,只有稍有不谐和因素存在,就会影响运转功能的最佳发挥。因此,主线品牌的运作经验和市场声誉是支持支线品牌推出的基础。

如果仅仅为了改变主线品牌的困境,以匆忙推出支线品牌的招数意欲解救,则会出师不利,尤其是在没有找到主线品牌失败的真正原因时推出支线品牌,那么,这种支线品牌的推出将面临很大的投资风险。

(二) 支线品牌拥有市场空间

即使主线品牌市场表现不俗,支线品牌的推出也不能硬性而为,不能为了企业品牌阵容的齐全和顾及脸面而盲目推出支线品牌,最关键之处还是要通过有效的市场调研,分析支线品牌的风格是否有存活于市场的空间。如果凭品牌经营者的突发奇想而开拓理想中的支线品牌,其成功的可能性就非常渺茫。

目前,我国服装产业经营的特点之一是产业的集群化经营,在一定程度上,这种经营方式带有一定的政府行为,虽然可以带来可观的社会效应和经营上的便利,有利于降低经营成本,但是也应该看到,服装企业"扎堆经营"的负面效应是将企业拖入价格战的恶性竞争,这种"零距离肉搏"对品牌战略极为有害。

第三节　品牌的提升

品牌提升是指将原有品牌在品牌的整体形象上作一定幅度的拔高,提高品牌的档次。品牌提升的实质是企图以完美的品牌整体形象,谋求更大的产品附加值。不管自己的品牌是否成熟,也不管其销售量有多少,为数不少的品牌服装公司均不满足自己品牌的地位,希望它有一定的提升。其实,品牌提升是一把双刃剑。好的结果是提高了品牌的整体形象,产品增加了附加值。坏的结果是可能因此而失去原来比较固定的消费层。

一、品牌提升的核心

品牌提升的核心是提高品牌的盈利能力、推广品牌的认知程度和激活品牌的创新能力,衡量品牌提升的标准是经营业绩的提高。品牌提升对于企业的发展十分重要,企业要有意识地在品牌建设的各个方面开展不同程度的品牌提升活动,使品牌保持旺盛的创新能力,通过提高市场认知程度而获得更大的市场份额。

由于每个品牌所处发展时期或经营模式不同,其品牌需要提升的侧重点也不同。比如,新兴品牌是要从品牌知名度角度或产品完整化角度出发进行提升,传统品牌需要从品牌创新力角度或理念时尚化角度出发进行提升。因此,在实践中,品牌提升并不是一味地美化品牌形象、推出高端产品、拔高产品售价、装修豪华终端,而是要从战略层面出发,修正原有品牌定位,全盘考虑包括市场地位、产品开发、品牌传播、创新能力和经营管理等多个方面的品牌整体实力,找到品牌在某个特定时期需要提升的侧重点。

二、品牌提升的准备

在制定品牌提升计划之前,要做好以下几个方面的准备工作:

(一) 检查各环节现状

成功的品牌是各个环节超强链接的结果,需要提升的品牌一定是某个或某些环节的链接出了问题,导致绩效不佳。中国铁路的某些路段进行了数次提速,在提速前,铁路部门对路车况和营运系统都经过周密的测算,才保证了提速的成功。品牌的提升也基于此理,并非想提就提。环节首先要畅通无阻,指令的下达和信息的反馈都要快速、及时,更要注重完成指令的质量和时效,只有在这种工作环节无障碍交流中,才表明该品牌存在着提升的空间。否则,突然加大的力度会使原来就不牢靠的运作系统崩溃。

（二）品牌的横向比较

在确定了某品牌的运作系统切实可靠之后,要对该品牌作纵向品牌的比较。提升的目的是要摆脱与同类品牌的竞争,横向比较已经没有多大意义。纵向比较是为了瞄准市场地位高于自己的品牌,是一个寻找潜在对手品牌(也称目标品牌)的过程。面对对手品牌,首先要带有一种谦虚的态度去研究它。一个品牌会成为自己的对手品牌,一定有它存在的道理,草率行事或高傲自大的后果是不堪设想的。其次要认真剖析它的成功与失败之处。再强大的对手也往往有其致命的弱点,寻找弱点是为了避免重蹈覆辙,大可不必迷信对手,否则会将其糟粕当作精华。

当品牌提升计划启动以后,潜在对手升格为正式对手。对对手品牌的客观情况了解得愈多,品牌提升计划的实现就越有可能。可以同时选择几个品牌作为潜在对手,从中找到自己品牌的提升方向。仅从卖场形象等表面情况是无法准确判断这些品牌的真实面貌的,还要通过其他途径侦察潜在对手。

（三）寻找品牌附加值

找准了目标,就可拟定品牌提升计划。品牌提升计划的拟定可能比开创一个全新品牌更复杂,因为这毕竟不是在一张白纸上画画。但是,它也有一定的可取之处,即需要提升的品牌已经积累了一定的运作经验,比另起炉灶新建一个品牌更有基础。

品牌提升的重点内容之一是提升品牌形象系统。品牌提升可以根据不同的要求分为不同的阶段或不同的目标,最简单的品牌提升仅仅是对品牌终端形象的改变,高要求的品牌提升则必须根据品牌愿景规划,结合品牌文化和产品风格,对品牌形象的主张、元素及组合方式作系统考虑,提出切合实际的提升方案。

（四）品牌的可持续卖点

品牌要达到长盛不衰的目的,必须要赋予该品牌的产品拥有可持续卖点。品牌的可持续卖点其实就是品牌的既独一无二,又迎合消费口味的品牌专属的、差异化的设计元素。在无数个设计元素中要找出这些可以组成最佳搭配的元素并非易事,此时,设计师的悟性显得非常重要,其中的重要工作之一就是优化品牌设计元素遗传基因。

品牌提升的重点内容之二是提升品牌的产品系统。作为品牌的精髓,产品系统包括产品的开发和生产,在企划部门的指导下,认真研究对手品牌的产品特点、提炼其精华元素并溶入到自己品牌的产品风格中去。同时要逐步形成自己的设计元素开发系统模式,为本品牌提供源源不断的设计动力。

第四节　品牌的优化

品牌的优化是指在不改变品牌原有风格的情况下,提高品牌的质素,做到产品体系的完美化和管理体系的优异化。可以说,绝大多数服装品牌在品牌推出之初都不会有非常完整远大的计划,都是摸着石头过河般一步一步走过来的,更有甚者是走到哪里算到哪里,没有什么明确的目标。直到品牌初具规模,在市场上打拼出一片属于自己的天地时,才有了真正的品牌意识,此时,品牌的优化非常必要。品牌的优化分为品牌的完美化和品牌的优异化两个部分。

一、品牌的完美化

(一) 充实品牌的产品结构

许多品牌的产品结构初始状态并不理想。经过一段时间的经营,强势产品和弱势产品才逐渐显山露水,作为一个完整的品牌服装产品结构,弱势产品不等于可以丢弃,而是应该花大力气迎头赶上。还有一些缺项产品更应该补齐,使自己的产品形象更为丰满。

(二) 保持产品的精益求精

强势产品是一个品牌的利润之源,不仅不能以为该类产品已做到一定的高度而高枕无忧,更应该把这类产品做得更强,让"一招仙,吃遍天"的神话得以再现,使产品的强项得以延续。可以采用开发独家面料、购买外国产品解剖、提炼经典设计元素和适度融合流行元素等手段对产品进行深度开发,保持这类产品的领先地位。

(三) 完善品牌的形象系统

当刚开始并无宏图大略的品牌在积聚了一定实力,有望冲击著名品牌之际,品牌的形象系统肯定需要作进一步调整,甚至是彻底调整。因为,先前推出的形象系统在经过一段时间的运行以后会显现疲态和落伍,随着品牌的优化计划的实施和品牌市场地位的上升,原先的品牌形象将显得不合时宜,会有损产品的销售,完善和提升新品牌的形象系统势在必行。

二、品牌的优异化

(一) 引入领军品牌的优秀质素

就目前品牌服装市场总体情况来看,各种类型各种风格的品牌应有尽有,即使在同类档次同类风格的品牌中,也不乏业绩优秀的领军品牌。如果能够善于思索,将这些领军品牌的质素提炼出来,根据自身情况,有选择有计划地溶入自己的品牌,将是一个非常好的优化品牌的举措。

(二) 巩固品牌的成功因素

一个品牌从蹒跚学步到立足市场,总有它成功的道理。哪怕撇开它作为品牌精髓的产品系统,也有它的可贵之处。比如,其产品设计、开发的保障体系是什么?其市场营销和商品管理的特点在哪里?甚至其融资渠道或公共关系的长处等,都有值得保留和再利用、再开发的价值。品牌的优化步骤无非是将科学的品牌理念导入既成系统,使其更为合理,更加强势。

(三) 加强品牌的基础管理

基础管理是品牌是否能够保证可持续发展的根本。基础管理工作非常琐碎,可以具体到每个细小角落,而优秀的品牌业绩正是每一个完美的细小角落聚合而成的。建立必要的管理条例并严格实施,每个管理条例相互配套,不相矛盾。还要重视管理人才和技术人才的知识和技能的更新。

> **案例**
>
> A品牌是一个设计师经营的淑女装品牌,品牌创建初期,产品形象清新可人,销售业绩节节上升,引来了不少各地的品牌代理商。由于该公司是一个全部人员加起来不到8个人的微小型公司,无法一下了适应突如其来的销售规模的扩大。该品牌的经营者不舍得放弃如此大好形势,决心采用"赶鸭子上架"政策,打算在工作过程中克服困难。然而,随着规模的不断扩大,出现了供货不及时、生产跟不上、货款难回笼、人员能力差等管理弊病,许多环节已处于失控状态。不久即与代理商的矛盾激化,经营者不得不抽出大量精力应付业务纠纷,被迫关掉许多卖场。面对这样的结局,其经营者最大的心得是:悔不当初。

第五节 品牌的推广

品牌推广是指以一定的形式塑造品牌及产品形象,让更多品牌关系者了解、认同和接受品牌的一系列促进活动。品牌推广主要有两个目的:一是新增经营业绩,即通过品牌美誉度的扩散,将产品迅速转化为商品,争取实现最大的销售;二是汇聚品牌资源,即通过品牌知名度的提高,获得品牌关系者各方的进一步支持,有助于品牌的后续经营活动。

一、品牌推广的原则

(一)以统一品牌诉求为原则

品牌推广应该以品牌核心价值为标杆,统一企划某个阶段的品牌推广系列活动,即任何一次品牌推广活动或任何一次沟通公众的机会,都要以演绎品牌核心价值为基准,而不能各部门分散行动,各行其是。只有这样,才能使品牌关系者在任何一次接触品牌时都能感受到统一的品牌形象,使每一分推广经费聚焦于统一的品牌诉求。

(二)以考核实际效果为原则

高强度、多方位、同时段的品牌推广的费用十分巨大,需要花费大量资金。作为经营活动之一,企业必然要评估每次推广活动的实际效果。品牌推广在某种程度上是一系列能够形成品牌关系者记忆的感官刺激活动。实践发现,分时段、分重点的多次刺激比集中一次刺激更能有效地深化和持久这种记忆。因此,要根据品牌生命周期的原理,在品牌所处的不同时期,推广不同的内容及其深度。

(三)以推广模式创新为原则

品牌推广非但没有一成不变的固定模式,出其不意的推广模式反而是品牌推广首先在形式上的取胜,这是品牌创新的举措之一。因此,相对其他品牌而言,策划一个品牌推广活动计划,不要在形式上抄袭、不能在内容上剽窃,不必在规模上攀比,不求表象上的华丽与热闹,而是要针对具体的目的、产品、市场和状况来设定,根据实际需要解决的问题,拿出适合自己优势并致力于创新意味的推广计划。

二、品牌推广的媒体

在明确的目的和正确的方法指导下,品牌推广需要通过一定的途径,借助一定的媒体,才能将品牌的主张、促销的策略、产品的信息等品牌推广的内容传播开去。这些媒体促成品牌拥有者和品牌关系者的沟通,目前,品牌推广借助的媒体有以下几个方面:

(一)声音媒体

利用声音形式进行信息传播的媒体,如广播、声讯电话等。其受众面比较广泛且相对确定,主要是喜欢收听广播的受众,如司机、学生等。

(二)出版媒体

以出版刊物的形式进行信息传播的媒体,如报纸、杂志、内部刊物等(图9-3)。其受众面广,且比较固定,如订阅报刊的企事业单位、家庭等。

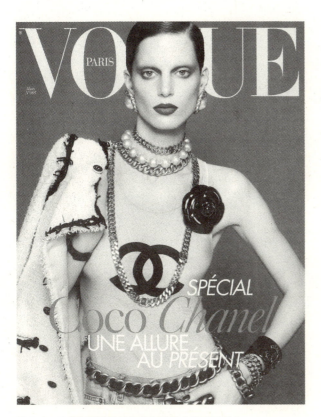

图9-3 时尚出版媒体是品牌服装推广的重要媒介

(三)移动媒体

将传播内容附着于移动物体上进行信息传播的媒体,如车身广告、车载电视等。其受众面广,但不固定,如行人,乘客等。

（四）固定媒体

　　以某个醒目位置的固定物体作为信息传播的媒体,如灯箱、路牌、霓虹灯等。其受众面广,但不固定,如行人、游客等(图9-4)。

图9-4　长沙市黄兴南路步行商业街街口景象

（五）社交媒体

　　以各种形式的社交活动作为信息传播的媒体,如公益活动、礼品、体育比赛等。其受众数量有限,但指向明确,如宾客、专业人士等。

（六）影视媒体

　　利用电影电视为媒体进行品牌信息的传播,如电影广告、电视广告等。其受众面很广,效果也好,如观众、家庭成员等。

（七）网络媒体

　　利用国际互联网进行品牌信息的传播,如企业官方网站、购物网站等。其受众面呈年轻化,并有可参与互动的特征,如企业、网民等(图9-5)。

（八）展示媒体

　　利用各种展览展示方式进行品牌信息的传播,如博览会、时装发布会等。其受众面有限,但比较专业,如客户、百货商等。

三、推广媒体的选择

　　不同的媒体有不同的宣传效果,投入的费用也不同。通过媒体推广服装品牌,应该选择一种或几种合适的媒体进行品牌宣传。服装品牌选择推广媒体的原则如下:

（一）受众面广

　　服装产品是与每个人的生活密切相关的生活用品,服装广告应该让尽可能多的受众很方便

图 9-5　网络媒体逐渐成为品牌推广的新战场

地接触到。媒体的传播途径是决定广告受众数量的重要因素,因此,必须对媒体途径认真考虑,选择具有实际意义的媒体。

（二）投资额少

在传统产业里面,虽然服装产品的毛利率很高,但是,去掉损耗因素以后,服装产品,尤其是女装品牌的净利率并不高。另外,服装企业的资金盘子一般都不大,按销售收入百分比计算的广告费总额不多,因此,服装品牌所做的广告往往花费不大,很少会在全国性电视台的黄金时段看到花费昂贵的服装品牌广告。

（三）制作简便

服装产品的季节性决定了服装广告必须选择具有制作简便、快速见效特点的媒体。投资浩大、制作艰辛的广告并不适合服装广告,尤其不适合以宣传产品为目的的服装广告。

四、广告宣传的要点

（一）内容

由于流行服装产品时间性很强,产品淘汰率高,不可能用巨额资金来专门宣传一个产品,因此,流行服装品牌广告传递的内容是品牌信息而不是产品信息。受众首先注意的是广告形式,然后才是广告的具体内容,所以,广告的形式感要新颖,内容要高度概括,极其精练,语言煽情。

（二）时段

广告时段有两个概念:一是一年或一季中的哪几天。二是一天中的哪段时间。前者泛指出版媒体、移动媒体、固定媒体、社交媒体、网络媒体、展示媒体等推广途径,后者泛指声音媒体、影视媒体等推广途径。媒体的不同,选择的时段也不应相同。

(三) 周期

广告周期是指每一段品牌广告宣传之后的间隔,以及整段广告宣传期的时间。前者可针对所有品牌传播的媒体,后者主要是针对影视媒体而言的。

(四) 次数

在广告媒体相同和宣传频率许可的条件下,广告宣传的次数与宣传效果成正比。广告依靠不断刺激人们的感官达到加强记忆的目的,然而,广告出现的次数与广告费用也是呈递增关系的。

(五) 范围

传播的投放范围必须认真对待,若不认真选择,投入将打水漂。服装传播的范围一般选定在目标顾客群中间。

(六) 形式

内容一旦决定,形式也就基本确定。在传播过程中,形式对于内容来说非常重要,在某种情况下,形式甚至超过了内容。

五、网络推广的要点

网络推广是指通过互联网的特殊优势功能而进行的品牌推广活动。作为互联网营销的一部分,企业从开始申请域名、租用空间、网站备案、建立网站、直到网站正式上线,即为介入了网络推广活动。国内网民已突破5.64亿人,成为世界第一网民大国。在当前的互相网经济时代,网络是一个品牌推广中不可放弃的重要阵地,其任何媒体都无法替代的鲜明优势可以快速有效地提升品牌的知名度,越来越多的品牌开始重视网络在品牌推广中的作用。

(一) 策划网络推广计划

根据对调研资料的分析,详细列出哪些网络推广方法的受众面更广,如搜索引擎推广、邮件群发推广、电子书推广、内容营销推广、博客推广、微博推广、论坛社区推广、QQ 群推广、发表软文推广、网上活动推广、网络广告推广、网络团购推广等,对每一种网络推广方法的优劣及效果等做出分析,并结合品牌自身特点进行排序,指出具体如何采纳与实施,最终确定网络推广方法及策略。

(二) 利用网络信息平台

选择一些相关论坛、贴吧、黄页和分类信息,建立多个博客和 QQ 群,利用邮件群发、共享功能,加入相关的圈子,对品牌信息进行发布和宣传,在邮件里添加标签广告,通过视频门户网站推广优质的视频等。同时,通过第三方网站发布相关信息来实现品牌推广是一种较为简单的推广方法,企业可以选择一些高权重的网络平台,在标题设置与内容编辑上认真对待,争取得到能让更多潜在客户看到的好排名,达到品牌推广的目的。

(三) 明确每一阶段目标

确定品牌推广计划中每一阶段的工作目标,比如,每天 IP 访问量、PV 浏览量、外部链接量、各搜索引擎收录量及排名、网站的排名或 PR 值权重、网络推广实际转化的客户量等。

(四) 监控推广实施效果

及时安装监控工具,对数据来源和点击情况进行跟踪与监测,对每一阶段进行推广效果评估。数据监测和分析是网络推广中的一个重要工作,采用相应技术,为每个推广渠道挂上代码,把这些渠道的推广数据分析到各个节点,发现每种推广方式各带来多少流量或流量的各种转化率是多少,等等。

(五) 调整优化推广计划

在监控中一旦发现问题,及时调整、优化推广策略和渠道。为了分析每个渠道的有效性以及持续发展能力,应该根据每项工作的记录和分析结果,采取优化措施,尤其应该注意对付费渠道的优化工作。

(六) 网上网下结合

网下活动,采取网上网下联动的推广方式,在实体专卖店、网上专卖店同时出现品牌发布的各种信息。在企业的其他物品或品牌的平面媒体广告中,如企业的工作服、名片、车辆及信封、便笺等办公用品或一些赠品上同时出现网址。

第十章

服装品牌战略

　　迄今为止,我国从计划经济走向市场经济只有短短 30 多年时间,虽然取得了辉煌的 GDP(国内生产总值)增长数字,但是在创建品牌方面的状况却不容乐观,看看那些不断刺激我们眼球的可口可乐、奔驰等一大批历经百年历史的国际品牌,不免为一些曾经令人为之振奋的国内品牌过早地成为昨日黄花而唏嘘不已。这些曾经辉煌的品牌迅速走向崩溃的重要原因之一是品牌战略发生了偏差,或者是根本就没有品牌战略。

第一节　品牌战略的含义

战略(Strategy)一词最早源于军事术语,是指军事将领用来指挥军队作战的战争策略。当前,"战略"一词已被广泛引申至政治、经济、文化等领域,其涵义泛指全局性、长远性、统领性、目标性的谋略、方案、原则和对策。在微观经济领域,战略是指企业为了获取竞争优势或长远目标而采取的一系列整体的、综合的、协调的规则、计划和约定。因此,战略带有一个多指向集合名词的意义。选择一种战略,意味着企业公司选择了一种包括主要目标和主要途径的竞争方式,对企业的发展起着至关重要的方向性作用。

一、品牌战略与服装品牌战略

(一)品牌战略的定义与特征

品牌战略是指企业将品牌作为核心竞争力,以获取社会价值和附加利润的企业经营战略。品牌战略的本质就是在日趋激烈的竞争环境中,在产品开发、生产技术与营销服务面临日趋同质化的趋势下,企业以品牌创造差异化为核心手段谋求发展的战略抉择。为了获得企业的长远发展,实现企业的品牌愿景目标,企业必须将品牌的核心竞争力作为品牌战略的抓手,从战略高度重视品牌的发展道路。如果品牌的发展没有上升到战略高度,则只能徘徊于战术层面;同样,如果品牌的某一要素不可能成为该品牌的核心竞争力,则该要素难以提升到战略要素的高度。

品牌战略具有以下几个特征:

1. 全局性

品牌战略的全局性表现在空间和时间两个方面。世界、国家、地区的市场竞争格局都可以是影响品牌战略的制定。在时间上,品牌战略贯穿于品牌建设的准备与实施的全过程。品牌运作领导者要始终树立全局意识,站在全局层面看问题,处理好整个局面中的各种关系,在解决局部问题之际,抓住主要矛盾,解决关键问题,特别是解决好影响全局的具体问题。因此,品牌战略是"一把手"工程,其制订、决策和执行均由企业最高领导挂帅。

2. 前瞻性

品牌战略关乎带领品牌往哪个方向走的原则性问题,需要战略制定者具有很好的前瞻性。在广泛调查、研究的基础上,全面、客观、科学地判断和预测国内外宏观经济和微观经济的走势,建立危机意识,预见品牌竞争环境诸因素可能的发展变化,发现影响品牌发展的潜在危机及其性质和程度,看清品牌面临的优势、劣势、机遇和挑战,前瞻性地提出品牌将要前进的方向。

3. 谋略性

品牌战略是基于市场经济环境下提出的竞争策略,应该尊重和重视竞争对手可能采取的应对策略,要求在合法和可行的条件下,深谋远虑,多谋善断,反位思考,谋划全局,精心计划,变劣势为优势,化挑战为机遇,确定适当的战略目的,有针对性地调动和使用好各种资源,实现品牌运作意欲达到的目标。

(二)服装品牌战略的定义与内容

服装品牌战略是指以服装产品为载体,围绕着服装品牌的长远发展而制订和展开的战略。国内本土服装品牌在取得骄人战绩的背后,伴随着成本上升过快、品牌同质化严重、市场表现不稳定等背离品牌道路的现象,对品牌的良性发展隐藏危机。大部分以为自己在走品牌道路的服装企业,往往只有指导品牌运作的具体策略或战术细节,而无真正的从宏观角度掌控品牌发展轨迹的战略规划。国内品牌的短视行为导致了企业将品牌战略看作可有可无之物,或者仅仅作为对外宣传时使用的口号式的壮胆之物,企业领导大谈特谈一知半解的品牌战略,甚至干脆摒弃品牌战略,认为品牌战略是理论家们玩弄的游戏,与自己无关。这种对品牌战略的认识误区极大地阻碍了适合本土服装品牌战略的滋长,从而导致在大量外来品牌的进攻面前束手无策,使得不少红极一时的国内品牌退守在二线或三线城市,事实上,当这些国外品牌在攻陷了一线城市以后,已将战火波及二线和三线市场,蚕食这些市场的结果将导致国内品牌生存余地岌岌可危。因此,对品牌战略的重视是国内服装品牌当务之急。

目前的服装企业更多的是关注完成当年的经营指标,更关心企业今天的生存,希望企业在积累了雄厚的经济实力之后再考虑品牌战略的问题。然而,对于一些已经拥有相当实力的企业来说,如果只是重视眼前的经济利益而缺乏长远的战略规划,容易让企业输在市场竞争接力赛的交接棒上,在发展中处于落后的境地。

任何一个事物都面临适用性的问题,品牌战略也不例外。虽然品牌战略对一些企业塑造核心竞争力、谋求更好发展而言确实至关重要,但是,应该理性地看到,并不是所有的品牌战略都能成为化腐朽为神奇的万能良方,而且,即使企业获得了为其度身定制的品牌战略,也会因为执行这个战略的人才与时机的问题而产生截然不同的运作结果。根据品牌的原始定义,作为企业或产品标识的品牌策略适用于绝大多数走品牌道路的服装企业,但是作为品牌核心竞争力的品牌战略,却对战略的落地与适用对象有一定的限制。一些尚不具备施行品牌战略基础的服装企业,特别是一些经营状况欠佳的中小型服装企业,对其奢谈品牌战略无疑是画饼充饥。不过,适当地在经营思想中提前引入品牌战略的概念,对其触类旁通地拓宽经营眼光、未雨绸缪地提升战略思维将有益无害。

服装品牌战略主要包括以下几个内容:

1. 品牌文化取向

解决品牌的文化根基问题。品牌文化是品牌竞争的高级形式,品牌竞争的本质是品牌文化的竞争。文化是"人化"的"化人"工具,有形化、视觉化、感知化的品牌文化将成为一种能够感化、培育和统领团队行为的精神力量。

2. 品牌类别界定

解决品牌的基本属性问题。品牌是企业的符号,在制造商品牌、经销商品牌、设计师品牌、奢侈品品牌等不同类别的品牌中,根据企业本身特点和能力,界定好自己在品牌中的身份和符号,这将预示着品牌要走不同的道路。

3. 品牌模式选择

解决品牌的运作方法问题。品牌模式并无优劣之分,却对一定的品牌类别或企业现状有一定的适用性。比如,用于 A 企业的品牌模式未必适合于 B 企业,A 企业 10 年前的品牌运作模式未必适合于今天。

4. 品牌形象决策

解决品牌的形象识别问题。企业希望消费者认同自己的品牌形象,就需要从品牌的理念、行为和视觉等三个识别方面规范品牌相应的内外涵义,体现在品牌的社会责任、终端形象和员工行为等各个方面,便于品牌关系者清晰地认知品牌特征。

5. 品牌人才建设

解决品牌的人才队伍问题。品牌需要优秀的人才和团队来建设,实现品牌战略更需要未来人才的担当。品牌人才队伍建设包括人才的来源、结构、培养、去向、待遇,人才梯队的构建、体制、储备、考核、提高等内容。

6. 战略时效限定

解决品牌的实施时间问题。品牌战略应该有一个相对明晰的时间节点,便于整个团队统一行动,即在什么时间、什么地点做什么事情。行为拖沓,效率低下,一旦错过了了商机,再有神力相助,也无回天之力。

7. 战略目标设定

解决品牌的目标愿景问题。品牌战略的最大贡献是有理有据地指明品牌将来会出现在哪里。品牌愿景一旦设定,也会对品牌的运作资源、运作措施等进行梳理和调配,将整个团队的行动纳入有序而系统的轨道。

8. 品牌管理规划

解决战略的执行效率问题。规划品牌运作的管理机制和措施是明确品牌发展各阶段的目标与衡量指标,防止品牌在运作过程中出现可预见偏差,从组织机构与管理机制上为品牌建设保驾护航。

二、品牌战略与品牌战术的区别

虽然战略和战术都是为了达到预定目标而采取的方法和手段,但是,两者存在很大区别。简而言之,前者比较宏观,后者比较微观,有时,在对某些具体的方法和手段进行战略或战术分类的话,会遇到概念上的模糊,尤其是定量分析,更是难以界定哪些属于战略,哪些属于战术。因此,在某种场合下,战略和战术是相对的。

在企业实际运作品牌的过程中,人们对品牌战略和品牌战术的认知度并不一致。要区分一个企业运用的是品牌战略还是品牌战术,或者说某项工作内容是战略性工作还是战术性工作,可以通过下表作一个简单的区别。

表 10-1　品牌战略与品牌战术的主要区别

	品牌战略	品牌战术
对公司发展总体影响	将对公司的生存与发展产生全局的、长期的、深远的和宏观的影响	对公司的生存与发展只是产生局部的、短期的、浅表的和微观的影响
对品牌发展总体影响	构成企业重要的、稳定的、甚至是唯一的竞争优势,属于品牌的核心竞争力	构成企业的基本竞争优势,可以不断地变化和组合,属于品牌的基本竞争力
对品牌负责人的要求	具有宏观战略眼光、熟知品牌运作概念的董事长、总经理	具有微观操作经验、熟悉运作细节的部门经理
品牌规划部门的地位	企业的核心组织,主导、支配和协调营销、研发、设计、生产等其他部门	企业的重要组织,与营销、设计、生产等部门并列,协同作战
工作结果的表现形式	编写一系列发展战略报告,制定相关的纲领性运作规范或主要经营指标	制定具体细致的规则或指标,重点在于日常性的品牌经营和维护工作

（续　表）

	品牌战略	品牌战术
运作环节的具体表现	督促、指导、检查各运作环节任务完成情况，提出方向性的整改意见	执行、自检、完善各自运作环节的细节落实情况，配合主要经营目标
对品牌规划的重要性	是企业战略规划的重要部分，具有非常独立的工作内容	是营销策略中重要部分，有些工作内容可以被其他部门分解

■ 案例

　　KQM 公司是浙江省海宁地区的一家以加工针织服装起家的企业，多年以来一直以 OEM 方式经营着公司，其加工品质和合作信誉在业在国内高端针织加工行业具有很好的口碑。在良好经营的基础上，企业又发展了 4 家控股子公司。2005 年起，公司一边继续为国内品牌进行高端针织服装贴牌加工业务，一边开始试走自己的品牌之路，把自己的产品批发给经销商，公司并不直接从事零售业务。此后又通过自建、收购等方式，拥有了三个品牌。虽然此举的经营业绩不错，但企业掌门人认识到，公司应该有一个从公司全局出发的品牌发展战略，要全方位地直接介入和控制品牌运作。为此，公司于 2012 年下半年，开始谋求转型发展。一开始，企业并不急于像一般企业那样狠抓产品开发或广招专业人才，而是首先根据本企业现状，确立品牌战略定位。经过半年时间的提出问题、目标设定、调查研究、方案认证等过程，对国内外针织行业现状和本身 5 个企业的关系、公司组织架构和人才队伍、品牌文化和价值观念、业务架构和核心竞争力等方面进行梳理和补充，提出"国内 ODM、国际贸易、品牌经营"为三大主营业务，在"成为国内优质时尚针织品牌典范"的品牌愿景指导下，终于在 2013 年初完整地确定了公司在未来 5 年内的品牌战略。

第二节　品牌战略的来源

　　企业经营的品牌是企业无形资产的总和。无论是品牌的产品运作阶段还是资本运作阶段，品牌战略的创建比市场营销更具长远意义，它不仅使企业的经营策略更加明确，而且比市场营销更具前瞻价值。从思维、实质和表现来看，品牌战略主要来源于三大方面：

一、品牌战略基于观念更新

　　现代商战的"品牌战略观"始于 20 世纪中期，其间大致经过了三个阶段：

（一）经典战略阶段

　　第一阶段是以 20 世纪 60 年代环境为基点的阶段。传统意义上的工业革命发展到了顶点，为了获取进一步的利润,企业不得不付出破坏环境的昂贵代价,而社会为了修复这种破坏必须付出更高昂的代价。人们认识到了保护赖以生养休憩的环境的重要性超过了企业利润,环保意识的呼声得到了前所未有的响应,当时的许多品牌战略皆围绕于此而展开。时至今日,环保意识已经成为企业乃至民众的社会责任感。

(二) 竞争战略阶段

第二阶段是以上世纪 80 年代产业结构布局为基础的阶段。以细分化市场需求为品牌战略的首要任务,争夺市场成为竞争的焦点,产品的同质化催生了品牌差异化思想的萌芽,谋求以品牌创造差异化竞争的战略抉择。

(三) 核心竞争力阶段

第三阶段是以本世纪初以来以资源为基础的阶段。资源整合是这一阶段的显著特点,品牌不再以硬性的产品制造为竞争焦点,而是以巧妙的资源整合手段,形成打造企业核心竞争力的战略思想。最能体现核心竞争力的载体就是品牌,因此,这个阶段也被称为"品牌战略阶段",其使命在于构筑企业的核心竞争优势,企业核心竞争力的诸多特征是一个强势品牌本身必备的基本要求。

品牌战略的核心动力在于品牌观念的更新。在市场竞争演变为全球化竞争的今天,市场竞争已不再是单纯的产品竞争,而是基于对品牌重新认识的观念竞争。这是因为消费者的观念也在不断更新,他们不仅仅是简单地购买品牌名义下的产品,还包括该品牌所代表的一切,同时也在选择一种观念和态度,其行为是促使企业品牌战略变革的外在动力。人类任何行为的革命始于思维,只有思维思变,才能有观念的更替,才会发生行为之变。同样,品牌的革命开始于观念的革命,只有对品牌战略做出正确的思考,才能采取正确行动。可以毫不夸张地说,有什么样的观念,就有什么样的与之匹配的行为,也会有始于这种观念的产品,因此,企业的创新或品牌的变革不在于产品,而在于观念。虽然这个话题可能已经是老生常谈,但是,真正要企业放弃现有束缚,转换思维方式,实现观念转变绝非易事。客观环境和行为个性等诸多原因可以成为拒绝观念转变的种种理由。

一些企业习惯于将品牌运作的焦点放在产品开发和营销管理上,虽然这两个方面的确是品牌运作的重点,但是,如果将品牌运作提升到战略的高度,仅仅抓好这两个方面显然是不够的。品牌战略体现出品牌的价值观,设计思维、经营思维等所有运作环节的思维都必须统一在品牌价值观之下,就像一个变速箱,所有的齿轮必须在一个设定的输出值下面工作,如果每个齿轮都不顾组合规律,按照自己的习惯埋头运转,那么,这个运转的结果就不得而知了。此时,输出值就是这个变速箱的战略要求,至于每个齿轮之间的组合规律则属于战术范畴了。

对于一个品牌来说,发生的观念变化都是其观念更新的结果,能够在市场中取胜并赢得市场的企业,必定是那些能够及时把握最有利的创新观念的企业。但是应该看到,观念的更新有一个"度"的问题,如果发现企业花了九牛二虎之力之后发生的"更新"不过是其他品牌的翻版,那么,虽然这种人云亦云的"更新"对这个企业来说不无是处,但是离开真正的观念更新尚有时日,因此,观念更新真正的关键在于创新思维。然而,创新也同样存在一个"度"的问题,首先,创新并非易事,需要创新人才审时度势,提出与众不同的结果,而且,这个结果必须切实可行,不然只是一个针对企业"谋财害命"的伪创新。其次,过于创新或创新不足的结果都不利于品牌的发展。每个企业的情况都不相同,对新生观念接受的基础和程度都有所不同,好比天然人参是一味上乘的滋补品,但是由于人们体质的不同,并不是每个人都能服用或都可服用同等剂量,如果服用不当,反而成为搅乱其代谢机制的祸害。

> ■ **案例**
>
> RTC公司是浙江省温州地区的一家服装企业,该公司以职业服定制为主营业务,以创新为特色,以质量为保证,在业界有良好的口碑,并成为国内第一家职业装股票上市公司。为了在当前竞争激烈的国内职业服行业中脱颖而出,企业掌门人审时度势,分析了整个社会走向时尚化的大趋势,一改职业服沉闷、严肃的概念,从品牌战略的高度,率先提出了将职业装时尚化的"时尚职业装"的概念。企业从公司网站到员工形象、从工作环境到商业活动、从广告宣传到产品手册,处处为品牌注入"时尚"基因,就连起初打算命名的企业自建的"职业装博物馆"也更名为"时尚科技馆",采用先进的展示技术手段阐述了职业装的历史及其未来,展示环境和道具等均采取时尚化设计元素,把普通的服装展示打造成了集时尚与科技为一体的职业装展示空间,给参观者留下深刻的时尚职业装印象。这种具有创新意义的品牌战略思维,正是其观念领先的表现。

二、品牌战略基于核心竞争力

品牌战略的本质是品牌核心竞争力的建设。顾名思义,品牌的核心竞争力即品牌的最为坚实和内在的竞争优势。在科技高度发达、信息高速传播的今天,产品开发、生产技术与营销服务等品牌外在表现很容易被对手模仿的情况下,欲成为品牌的核心竞争力,应该具备八大特征(图10-1):

图10-1　品牌核心竞争力

(一)唯一性

这种竞争力是否具有别人难以模仿甚至不能模仿的特征,即其综合特质具有不可替代的特征。要做到这一点,如何利用知识产权维护其唯一性是主要内容。品牌文化是一种强调心理感觉的消费者认知,这种认知和感觉不能被轻易模仿。

(二)先进性

先进的本身就蕴含着一时难以破解的秘密,拥有处于行业前沿的品牌理念、生产技术和营销管理是企业争当排头兵的武器,但是,这种先进性是暂时的,将视其先进程度而决定被模仿的难度,因此,先进性存在着不断升级的问题。

(三)核心性

一个存活于市场的企业必然会具备多种适应市场竞争的能力,在这些企业能力中,处于最

221

为关键地位的,发挥最为重要作用的对外竞争优势就是核心竞争力。它起着主导、支配和协调企业其他能力有序开展的作用。

(四) 必然性

成为品牌核心竞争力的企业竞争优势应该有其必然性,即这种竞争优势不是生搬硬套或偶然生成的,而是完全扎根于企业的,伴随企业成长自然积累的,成为因果关系的竞争力。虽然企业可以通过扶持的办法培育这种竞争优势,但也必须有坚实的基础。

(五) 延伸性

企业核心竞争力的可延伸性是支持品牌横向发展的关键,为开拓市场赢得更多的发展空间。大多数情况下,品牌的经营范围或经营目标都可进行适当延伸。从理论上看,品牌延伸的可能性越大、空间性越广,企业就越具备竞争优势。

(六) 防御性

防御性强的品牌,能够构建有效的竞争壁垒。作为受到法律保护的品牌,其标识功能不便被假冒,但是,产品开发与制造的能力较少被现有法规所覆盖,容易成为竞争对手模仿的对象。只有品牌的竞争优势不能被其他企业轻易模仿,才能成为企业的核心竞争力。

(七) 持续性

即产品开发系统具有使品牌持续创造佳绩的能力,是品牌的纵向拓展能力的表现。在品牌的经营范围受限的情况下,可以通过产品开发往深度方向发展,变成更加贴近市场的、符合品牌创导风格的产品,成为品牌持续获取额外利润的渠道。

(八) 亲和性

与今天市场细分化和人群个性化的情况有点背道而驰的是,企业出于生产的便利性和成本的考虑,所追求的还是消费群体的最大化。这就需要核心竞争力具有相当的亲和性,在取悦情趣相投的顾客的同时,施展其亲和的一面,尽量迎合中立顾客,努力讨好对立顾客,其目的是扩大边缘市场。

三、品牌战略基于夺取市场

与传统的产品经营相比,品牌经营对市场份额的欲求更为强烈,现代化高科技手段的加入丰富了市场竞争的手段,也使得市场博杀的场面也更为悲壮,不断推陈出新的竞争手段令人眼花缭乱,对财富指数的膨胀心理促使企业舍弃传统的经营手段,采用地毯式卖场布点、空袭式资金"砸"入、立体式广告轰炸等掠夺市场的策略。职业经理人对品牌竞技的嗜好犹如允许渔民使用电流捕鱼,品牌的麻醉作用也促使消费者为追求品牌消费的快感而自愿或被动地加入到这个竞技游戏中,为燃烧在品牌战场上的篝火加油添柴。

产品经营和品牌经营是两种经营理念,这两种经营理念的主要区别在于:

(一) 产品经营理念以产品为市场营销对象

传统的产品经营理念运用产生于 20 世纪 50 年代末的 4PS 经典营销理论[产品(Product)、价格(Price)、渠道(Place)、促销(Promotion)]进行组合营销,这一理论表现为企业内部以齐全的部门设置完成产品的全部营销工作。这种看似部门设置周到、营销功能齐全的做法,实际上是基于"肥水不流外人田"的传统经营思想,在社会分工尚未细化的工业化时代应该有其存在的合理性。但是,一个企业的力量终究不能与社会力量相提并论,单兵独斗的结果造成企业疲于奔命、效率低下,且专业化程度有限,尤其是对于中小型企业而言,有限的财力使得其组成的团队不可能都是精兵强将,"麻雀虽小、五脏齐全"的做法迫使其运作的专业性有所下降。

(二)品牌经营理念以品牌为市场营销对象

新兴的品牌经营理念运用产生于 20 世纪 80 年代的 4CS 营销理论[顾客(Customer)、成本(Cost)、便利(Convenience)、沟通(Communication)],企业以品牌为核心内容进行运作,融入资产的运作与重组、经营风险的划分与控制、工商利润的分解与共享、销售渠道的管理与控制等现代市场营销观念,以整合社会资源的方式,形成合力优势。品牌经营战略的主要特征是:企业通过其在品牌文化、人力资源、市场开发、销售渠道、产品开发、制造技术、生产管理、品质控制、信息管理、资金筹措等方面建立核心竞争优势,将一切可以有效利用的外部资源纳入本企业资源的整合范围,形成强大的抱合力,从而使企业的市场扩张能力及竞争实力迅速提高。这种风险较高的、资本较密集的、销售渠道规模与集成度较高的战略特点无疑于体面的市场掠夺,先进的经营理念与现代科学技术为国际品牌在全球化竞争的环境中,以温文尔雅的姿态,扮演着市场掠夺者的角色提供了方便。

■ 案例

2005 年,以经营"老百姓买得起的时尚"为口号的西班牙休闲品牌 ZARA 在横扫欧洲大陆之后,以强劲的姿态进驻被称为"中华商业第一街"的上海南京路,凭借其优秀的品牌战略和强大的实力,意欲抢夺中国服装市场份额。开业数日优异的市场销售业绩使得当地媒体在惊呼"狼来了"的同时,做出预言:ZARA 的进入将迫使本地 400 家服装企业倒闭(图 10-2)。

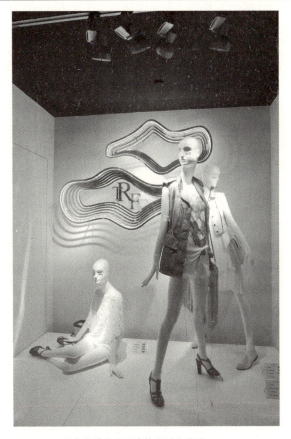

图 10-2 具有优秀品牌战略的 ZARA 品牌

第三节　制定品牌战略的原则

当前,品牌是企业经营中出现频率最高的名词,各行各业都在大谈争创名牌的品牌战略,在认识上却存在不少误区。品牌战略在我国尚属新生事物,整日忙于日常经营的企业家们可能无暇顾及品牌战略专家们提出的种种理论,出现这一现象在所难免。品牌战略原则是品牌走向的思维原点和品牌发展的整体思考,思维结果是形成与之对应的品牌战略细则。

虽然品牌战略并没有固定的模式,任何品牌战略都应该是根据每个企业的实际情况而度身定制的。企业之所以要制定品牌战略,就是贵在品牌经营模式的创新。制定品牌战略原则中的原则是"第一必须可行,第二确实可行,第三还是可行",无数事实表明,任何假、大、空的品牌战略,都是对企业不负责任的表现。具体来说,品牌战略制定原则应该遵循以下几个原则:

一、务必量力而行

制定品牌战略的重心必须是侧重于企业的"可行,可行,再可行",对于企业来说,至少是能够有效地降低营销成本的品牌战略才是好战略。目前,服装企业对品牌战略存在着热衷与怀疑两种不同的态度。

在许多发展势头正健,但年销售额亿元左右的、热衷于品牌战略企业的"战略规划"中,经常可以看到令人瞠目结舌的"数年内打造中国 XX 服装第一品牌"的类似口号,不仅表现出喊口号者对远远高踞其上的品牌视而不见的"气概",似乎其他品牌为了被其赶超而甘愿停下脚步坐以待毙,而且透视出前者对品牌运作的无知与膨胀心理的扭曲,这正是由于企业家们领教了品牌的力量之后,暴露出来的心急气躁、虚无浮夸的通病。任何品牌战略的制定必须建立在"知己知彼、量力而行"的基础上,那种有了一些超乎自己想象的发展而狂喜不已,不知道自己是天下老几的狂妄心理对品牌的正常发展将有害无益,在此心理驱使下制定的所谓战略都是极具危害。

很多品牌战略怀疑者只要一提到战略,都认为那是某些公司玩弄的虚无飘渺的奢侈游戏,不适合在自己的企业内实施,甚至可以举出负面案例为自己的固执己见提供充足的理由,从根本上排斥品牌战略的导入。如今,国内大部分服装品牌都出自于民营服装企业,一些不负责任的品牌战略使他们辛苦打拼多年而积累起来的资金化为泡影,在业内造成极为恶劣的负面影响,这是某些以品牌战略专家自居的机构或个人缺乏职业道德的表现。这些情况也使得有些意欲推行品牌战略的企业望而却步。

应该看到,虽然随着消费者的消费行为日趋成熟而形成了一部分人的品牌消费的信心和习惯,为服装品牌经营提供了必需的客观基础,但是,由于服装企业具有投资较少、回收期短等特点而使得企业数量及规模在近年内得到了迅速发展,生产能力出现了大量的过剩与闲置,导致了各类品牌服装在市场中的竞争异常激烈,服装企业的经营风险越来越大。这就要求企业必须理清家底,对市场经营风险进行评估,确定各个品牌运作环节的风险水平与利润水平,处理好风险意识与转变经营观念的关系,对企业的资源进行重新配置,化解服装市场的经营风险,增加力能从心的投资力度,形成品牌战略所需要的经营优势,并使其成为企业主要的利润核心增长点。

二、优化经营成本

品牌战略确实需要建设成本,然而,即使没有进行品牌战略的企业也需要运转成本,其中的差异只是反映出在什么名义或什么目标下使用资金的问题。没有实行品牌战略的中小服装企业普遍存在着怯懦心理,认为"品牌战略成本高昂,中小企业尽可回避",这种论调一方面反映出对大品牌的胆怯,大品牌表现出的凌人气势令其不战自降;另外一方面是小富即安的心理作祟,对一些行之有效的市场竞争策略自得其乐。

事实上,品牌战略与经营成本不成绝对的正比关系,有效降低经营成本的品牌战略主要表现在三个方面:一是以极具差异性的品牌识别策划取胜。品牌的差异化比拼的不完全是资金实力,而是在于卓尔不群的策划能力。衡量一个品牌在做得成功与否的标准是品牌形象策划是否清晰和丰满,优秀的点子与经营成本不能划等号,低成本实现品牌消费者对差异化品牌识别的认可并非没有可能;二是利用原有品牌的无形资产进行谨慎而有效的延伸和扩张,以降低新品牌营销的推广费用。在规划品牌战略的时候可以进行关于品牌延伸或者扩张方面的规划,企业可以通过对品牌资产的深度研究,分析和确定适合的延伸和扩张的内容,借势推广新的产品系列。可以想象,运作一个新品牌的费用有可能成倍地高于品牌延伸推广成本,而且新品牌运作成功的几率比较低,存在巨大的资金风险,而品牌延伸则可以为企业节省成倍的运作成本,同时也能够减少新产品进入市场的风险,如果新的产品系列在市场上表现出色,可以起到增加品牌无形资产的反哺作用;三是科学地规划品牌战略资源组合能够有效地降低品牌建设成本。科学而卓越的品牌战略不仅可以有效攻防自如地应对竞争对手,还可以通过企业资源的有效整合,挖掘潜在的,可以转变为资本的资源,为品牌运作注入无形"资金",从而有效降低品牌战略的建设成本。

目前,大多数"品牌战略"只是一种停留在比较老套的品牌策略上,具体表现为形象推广、概念炒作、广告轰炸、公关投入、铺设网点、扩大代理等传统模式,采用这种举措的企业似乎非常相信只要依靠大量的广告促销,树立一种新的"公司形象",就能赋予品牌震撼人心的力量并创造出强势品牌。在这些看似卓有成效的套路背后却隐藏着危机和暗礁,在依靠挥金如土取得暂时显赫战果的同时,忽视了品牌战略的实质,使得许多拥有"中国驰名商标"等光环的企业辉煌耀眼之后,迅速回归沉寂。这些品牌真正价值几何,令人质疑。虽然这种高举高打的威势可以立竿见影地显现和刺激短期市场业绩,但是究竟能否改善品牌在消费者心目中的体验与认知却值得怀疑,因此,这种一掷千金的浪费现象不应该成为后继企业、特别是中小企业的模仿对象,其成本增长往往超过了利润增长的结果说明这些只是表面化的市场举措,而不能成为真正的、科学的和卓越的品牌战略。

三、提高溢价能力

品牌战略必须为企业带来实实在在的利润,品牌拥有高溢价能力是品牌战略的重要目标。高溢价能力是品牌附加值的体现,具体表现为同样品质产品定价比一般的同类产品高出 15% 以上。表现比较突出的是那些具有奢侈品特征的品牌,其溢价能力高出业内同类品牌。

在产品经营阶段,品牌的精髓是产品,在品牌经营阶段,品牌的精髓是品牌形象,两者都可以成为不同经营阶段的品牌的主要利益点,是促使顾客认知、认同乃至喜爱一个品牌的主要力量,是一切品牌经营活动的原点,也是制定品牌战略的起点,品牌的灵魂最终汇合成为征服消费者心灵的真正武器的品牌文化。

　　品牌的高溢价能力通过提高品牌的核心价值实现,其中有三个类型:功能型核心价值、情感型核心价值和自我表现型核心价值(图10-3)。功能型核心价值的溢价能力主要依靠高技术含量的产品功能和制造技术的开发,即将产品本身的功能特点作为品牌核心价值来定位。如果产品本身具有对顾客而言极为重要的、竞争对手尚不具备的功能独特,那么,功能型品牌的核心价值就有很大的升值空间;情感型核心价值的溢价能力主要依靠调动消费者情感因素,形成情感共鸣,即指消费者在购买和使用某一品牌的产品过程中,所获得的审美体验和快乐感觉是一种情感满足;自我表现型核心价值在于以品牌的奢侈品特征带给消费者心理享受,体现消费者的社会价值,即指品牌所具有的表达个人价值观、财富、地位、成功和审美品位的象征价值。此时,品牌的价值已经成为消费者个人成就、身份地位、自我价值实现的一部分,品牌本身的价值已经大于产品实体的价值。

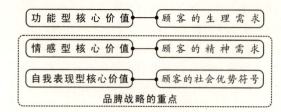

图10-3　品牌核心价值中的品牌战略的重点

　　以上三者之间有一定的递进关系:功能型价值仅满足顾客在生理上的物质需要,情感型价值则满足顾客更高层次的精神需要,作为奢侈品的自我表现型品牌所贩卖的是社会优势符号。在社会化生产越来越高科技化的今天,产品同质化越来越严重,功能型核心价值的定位容易被竞争对手所模仿和超越。只要竞争对手推出功能更强大、更有说服力的具有新概念新功能的产品,或者仅推出功能相同但价格更低的产品,则以产品功能为品牌核心价值的品牌价值必然大打折扣。因此,品牌战略的重点往往会被放在后两者身上,尤其侧重于能够给消费者带来尊重、成就、地位、荣耀、财富、个性等符号意义的自我表现型价值。当然,由于任何类型核心价值都充满了竞争性,无论何种类型核心价值,也不管是大众品牌还是奢侈品牌,品牌溢价能力的高低都与该品牌在某一核心价值类型方面是否能够做深做透有关,企业的品牌战略要获取更高的溢价能力,必须建立在卓越的品牌核心价值上,通过大量忠诚顾客持续消费的规模效应而实现。

四、定位经营范围

　　品牌经营范围存在着宽泛化与集中化的选题。品牌宽泛化战略指单一品牌对应着众多产品品类,甚至缺少关联性的产品大类,品牌核心价值、品牌个性和形象及其将附带的产品属性被虚无化和泛指化。由于持续不断地追求营业规模以及对于品牌感召力的自信和依赖,就品牌的核心价值而言,企业在规模继续壮大的同时,单一品牌下产品类别的扩展将导致品牌的虚无泛指现象越来越严重,当一个多系列的服装品牌之核心价值只剩下"时尚的、舒适的服装"等大而空的概念——事实上,所有品牌本质上都具备这样的概念,那么,这种品牌的宽泛化战略可能导致品牌核心价值含金量的降低。好比本来打"特浓"概念的牛奶在被掺和进奶粉、冷饮、豆奶等品种的奶制品以后,"特浓"的口感已所剩无几,不得不降格为一般牛制品普遍拥有的特点了,也就等于是没有特点。

品牌集中化战略指单一品牌对应着产品品类的聚集,品牌核心价值具体化、明确化和深入化。多数情况下,企业采用品牌集中化战略对应的是单一品牌构架下的"一品一牌"品牌战略和集中力量,强调品牌的专业化发展战略,即品牌诉求的单一。这种将品牌诉求点聚焦于单一点的做法犹如舞台上使用的追光灯,意在使品牌产品和品牌核心价值的双集中,能够强化消费者的认知和记忆,成为产品类别的代名词。比如,一个以"妖媚"为核心诉求点的女装品牌,其产品紧紧围绕着这一诉求点而展开,并且做得恰到好处的话,消费者就会对其产生明确的认知,如何在产品与风格的结合方面能表现卓越,那么,这一品牌将成为崇尚"妖媚"风格的消费者之首选品牌,将拥有不可撼动的市场份额。

对希望扩大品牌规模的企业来说,较为有利的战略是实施品牌宽泛化,但品牌的宽泛化战略具有一定的尺度,不能无限制地宽泛下去。当同一品牌旗下的多类产品面对多个竞争对手时,品牌核心竞争力的壁垒随之降低。此时,面对竞争更趋激烈的环境,这些实施多元化产品系列的企业应该适时定位经营范围,采用相对集中、回归主业的战略,这是品牌进行战略性防御的重要手段。一个企业采用正确的品牌宽泛化战略决策已属不易,而实施收缩品牌的集中化战略更需要勇气,只有懂得放弃,才能懂得攫取。在市场竞争更加激烈的今天,企业做大需要历经千险,而品牌做强更需要排除万难,回归主要产品业务是重塑品牌的竞争优势,抑制柱自膨胀的意愿,做透做细自己的优势领域,实施品牌从做强走向做大的品牌战略。

五、提升组织构架

制定品牌战略规划的目的是解决企业方向、目标、路线等品牌发展的根本性问题,是关于"什么才是品牌必须做的事"的战略性问题,是企业在某个时期指导经营行为的法规,起着提纲挈领的作用。

目前,我国大部分服装企业的各项经营规划中根本就没有品牌战略这一跨年度的规划项目,只有在少数规模超大或意识超前的企业里,制定品牌战略的工作才会被提到议事日程上来。品牌战略规划是一项非常严肃和极其高端的事情,应该将品牌战略组织上升到企业组织构架中的最高层次,必须由最高层领导亲自挂帅,组织企业的企划、销售、研发、财务等相关部门经理,成立品牌战略规划小组。只有企业最高领导主持下的品牌战略规划,才会有真正的战略合理性和可行性,才会适合企业出发点的高度,才能真正得到各级职能和业务部门的认真执行。制定品牌战略规划的程序首先以品牌战略规划小组召开的一系列务虚会议开始,适当引用"头脑风暴法",结合企业内外实际情况,就企业与品牌的愿景展开充分讨论;其次,根据会议讨论纪要总结出关键问题,形成初步文字,提交规划小组进一步会议讨论,统一思想,对由专门人员据此撰写的规划大纲深入沟通,直至大纲的确定;再次,将需要有关部门协作的内容分派到位,检查落实情况,限时限量地完成;最后,寻找可靠的支持数据进行理论上的佐证,注意方向与目标的合理性和可行性,文字表达的逻辑性和条理性,丰富和完善规划大纲的内容,在进一步讨论的基础上,明确目标,最终完成不含水分的品牌战略规划报告。

品牌战略的制定与执行都离不开高素质的团队。我国服装企业对品牌战略的研究尚处于起步阶段,需要大量真正了解品牌战略的精髓并且能够实际规划的专业性人才。大部分企业的品牌运作人员无法真正分清品牌战略与品牌策略的区别,将如何打广告如何搞促销等销售策略等同于品牌战略。在服装业内，人们对品牌乃至其运作人员抱怨最多的就是急功近利和唯利是图，缺乏长远的宏图大略。这一现象与品牌运作人员的专业素养有关，这就需要营销理论界的学者们进行长久不懈的探索和研究，通过高等教育及社会培训的大力推广和普及，不断地倡导和传播到企业实际的品牌运作中去。

为了提高品牌战略规划的高度和水准，企业最高领导必须全程关注和参与规划制定的全过程，必要时，应该聘请社会上的专业品牌策划机构参与品牌战略的规划工作。如果将本企业的品牌战略规划工作委托这些专业机构来制定，企业内的各相关部门必须做好各项配合工作。

六、放眼未来市场

制定品牌战略规划的基点要量力而行，制定规划的目的是放眼未来。但是，过于强调量力而行，会让企业安于现状，成为其裹足不前的借口，应该引导企业以动态的、变化的、发展的眼光看待未来市场。

品牌战略规划的重点在于瞄准未来市场，对未来市场的判断是否具有正确的前瞻性是品牌战略成败的关键。既然品牌战略之初是一种规划，那就意味着它是一个将来式，是今后数年乃至数十年才能实现的目标。对未来市场的判断并非凭空杜撰，必须有科学的依据和方法，是对未来市场做出的合情合理的猜测和判断。如果脱离了这点，任何规划将沦落为空想，接踵而至的是企业为这个不可能实现的空想做出的巨大牺牲。事实上，量力而行与放眼未来是一种辩证关系，只有在放眼未来市场的同时，兼顾企业短期利益的品牌战略才是一流的战略，如果制定了的战略只针对长远目标进行规划，而不解决企业短期内的实际问题，即使这个战略很严密，也只能美其名为"蓝图"，而不能称之为战略。企业在制定品牌战略时，首先应该规划一个比较完善的、在一定程度上超越企业现有能力的品牌战略，其次是制定实现这个"完美品牌战略"的发展步骤。这样既能够为企业提供整体而长远的品牌战略愿景，又能够兼顾企业各个发展时期的阶段性利益，从局部战役的胜利获得全局战役的胜利。

从某种意义上来说，品牌战略规划带有一定的预言家的色彩，其中，非自然力因素起着一定的作用。拥有过人天赋的预言家之神奇就在于其预言的不断应验，使得人们对其顶礼膜拜。预言的应验似乎是一种偶然，事实上这种偶然性里面包含着必然性，是预言者凭借其广博的知识源和对某一事物的长期关注，做出的综合性判断。知识源成为判断的横向坐标，关注度成为判断的纵向坐标，两者相交，定位于某一事物之上，并引领着以交汇点朝判断的方向移动。科学家因为掌握着科学领域最新成果而大胆预言着人们生活方式的变化，许多科学幻想一一成为现实。相对而言，科学预言更依赖于其对该科学门类前沿知识的深度了解；市场预言则知识交叉更为广博，预言的时间较短、更贴合实际，对未来市场的预言是预言者对市场长期的、多方位关注的产物，人类三大科学中诸多学科的知识，以及对品牌文化的认识而做出的感性加理性的判断；品牌战略规划则必须从企业实际出发结合，结合对未来市场的判断，侧重品牌未来发展目标的制定。

品牌战略规划原则中，除了考虑企业本身因素以外，还必须注意其他三个层面的因素：一是消费者层面，即消费者可能发生的消费观念的变化，消费者发生消费观念变化的因素很复杂，时尚文化对其产生的影响只是其中不大的一部分原因，更大的影响来自于国际环境、政治体制、经济形势、哲学思潮、城市文化等宏观因素的作用;二是社会层面,即品牌赖以生存的社会基础的变化,虽然消费者是品牌生存的主要社会基础,但是,政府的经济政策、银行的信贷政策、产业链的状况,以及其他社会配套基础也是影响品牌发展的重要因素;三是竞争品牌层面,即竞争对手的状况。在品牌战略实施期间,对手品牌也在不断发展,这是必须正视的影响品牌战路制定的因素。只有本身品牌发展的加速度超过对手品牌,才能摆脱竞争对手。

后　记

　　出于一些原因，本版没有进行结构性大调整，改编的工作量并不算十分巨大，比预想中的少了许多。插图并无多少变化，主要是对文字的改编。尽管如此，从开始改编到完成书稿，还是断断续续地差不多耗时一年，谢谢本书责任编辑对我多次延时交稿的宽容。

　　改编时发现，虽然借助互联网的线上服装销售比例渐渐上升，也有一些企业针对这一特点而开发用于线上销售的产品，但这些变化大部分仅仅是限于产品通路的变化，并非真正的完整意义上的品牌运作原理的变化，其品牌运作原理基本相同，因此，本次改编仍以线下销售为产品通路的品牌服装为主，并无如何开设网店之类的内容。

　　与第1版一样，除了一些其他行业的例子以外，本版中的绝大多数案例都是从我负责的东华大学服装学院服装研究中心多年来的企业合作项目和行业调研中获取的真实的服装品牌运作情况。书中仍然将国内品牌案例全部以英文字母为代号相称，目的是为了保证本书案例的公正性和不必要的名誉纠纷，避免所谓"植入式广告"之嫌。限于篇幅，我没有将将这些案例详细展开，只是点到为止。

　　最后，还是要再次感谢那些多年来为我的品牌运作实践提供方便的服装企业，感谢我的同事们和服装研究中心李峻、曹霄洁、罗竞杰、朱达辉、蔡凌霄、厉莉、顾雯等所有老师为本书提供许多企业合作项目素材，感谢傅白璐、冯利、原闻、段然等在读博士生和更多的在读硕士生为本书做的市场调研和企业调研工作，特别要感谢那些为本书的调研提供了属于商业机密的服装企业，恕我在这里只能用这种不指名的感谢来表达对他们的敬意。

参考文献

1. 刘晓刚.品牌创新导论[M].上海:东华大学出版社,2011.

2. 刘晓刚.品牌服装设计[M].北京:中国纺织大学出版社,2001.

3. 刘晓刚,程思,张金鲜,厉莉.服装品牌学[M].上海:东华大学出版社,2011

4. 王海忠.品牌测量与提升:从模型到执行[M].北京:清华大学出版社,2006.

5. 施安.品牌传播策划[M].重庆:重庆大学出版社,2012.

6. 谌飞龙.品牌运作与管理[M].北京:经济管理出版社,2012.

7. 张国才.团队建设与领导[M].厦门:厦门大学出版社,2008.

8. 菲利普·科特勒.品牌管理[M].楼尊,译.北京:致格出版社,2008.

9. 王建玲.服装品牌延伸的灰色评估模型与应用[M].北京:科学出版社,2012.

10. 毕振力.消费者品牌关系模型整合与实证研究[M].北京:经济科学出版社,2010.

11. 戴维·阿克.创建强势品牌[M].李兆丰,译.北京:机械工业出版社,2012.

12. 迈克尔·波特.竞争论[M].高登第,李明轩,译.北京:中信出版社,2012.

13. 陈雪颂,邬关荣.纺织服装企业设计能力评价与设计模式演化研究[J].纺织学报,2011,32(2).

14. 王俊,刘晓刚,袁蓉.服装设计师绩效综合评估体系创建与研究[J].东华大学学报,2009.

15. 中国服装协会.2011—2012中国服装行业发展报告[R].北京:中国纺织出版社,2012.

参考网站

1. http://www.internetworldstats.com/stats.htm
2. http://www.cnnic.cn
3. http://www.pop-fashion.com/
4. http://www.chinalf.com/
5. http://www.peacebird.com.cn/
6. http://news.ccaf.com.cn/